KB039568

인공지능윤리
다원적 접근

인공지능과 가치 연구회 저

ARTIFICIAL
INTELLIGENCE

박영사

머리말

이 책은 인공지능과 관련한 가치 및 도덕적 쟁점을 기술, 윤리, 법, 마케팅의 구체적 맥락에서 살펴본 책이다. 이 책의 필자들은 인공지능과 관련한 가치가 단순히 윤리이론에만 있는 것이 아니라 기술, 법, 마케팅이라는 손에 잡히는 현실과 깊게 연관되어 있다는 점을 인지하고 인공지능윤리 융합 교과를 공동 개발하였다. 그 결과로 2018년 3월 필자들은 국내 최초로 한밭대학교에서 인공지능윤리를 정규교과로 개설하였고 현재까지 여러 시도를 해왔다. 이 책은 공동으로 인공지능윤리를 강의하면서 나온 산물이다. 인공지능과 가치 연구회는 교과를 개발하고 강의하는 과정에서 만들어졌으며, 인공지능의 시대에 변화하는 가치와 관련된 여러 분야의 산학연 연구자들의 논의의 장이다.

이 책이 다른 인공지능윤리 저서와 다른 점은 다음 세 가지이다. 첫째, 인공지능의 가치는 기존 기술과 달리 인공지능이라는 이 시대의 기술과 관련되기에 인공지능 기술에 대한 지식이 인공지능 관련 윤리, 법, 마케팅에 영향을 준다는 점에 근거하여 인공지능기술을 중요한 부분으로 다룬다는 점이다. 둘째, 인공지능 관련 인문사회적 검토에서 흔히 다루어지지 않는 마케팅과의 관련성을 따로 다루어 경영 및 경제와의 파급성도 염두에 두었다는 점이다. 셋째, 관련 분야의 내용뿐만 아니라 가장 최근에 강의되는 내용과 기계학습 플랫폼을 이용한 실제 교육내용을 소개한다는 점이다.

총 4부로 이루어진 각 부분의 순서, 인공지능-윤리-법-마케팅은 인공지능과 관련한 가치를 생각해보는 데 있어서 정확한 이해와 응용을 위해 고안된 것이다. 인공지능의 기본원리를 이해하고 나서야 왜 기존 컴퓨터 윤리와 다른 차원의 윤리가 문제되는지 이해할 수 있다. 또, 윤리적 이슈에 기반하여 인공지능 관련 저작권 등 법적 문제들이 인공지능 시대에 새로이 마련되어야 함을 알 수 있다. 그리고 이러한 토대 위에서 우리의 실질적 생산 및 소비 활동과 관련한 마케팅에서의 가치가 어떻게 실현될 것인지를 생각할 수 있다.

1부 『인공지능 및 딥러닝 기술 개요』에서는 인공지능의 윤리적, 법적, 마케팅윤리적 쟁점을 제대로 이해하기 위해 인공지능의 기본 메커니즘, 특히 딥러닝의 작동방식과 유형을 소개한다. 이에 대한 이해는 인공지능에서 왜 윤리, 법, 마케팅이 기존과 다른 방향으로 진행되는 지를 알기 위해 필요하다.

2부 『인공지능과 윤리』에서는 크게 '인공지능윤리'와 '로봇윤리'를 다루면서 철학적 함의와 생각할 점을 함께 고민한다. 인공지능, 특히 딥러닝의 블랙박스적 정보처리에 기인하여 발생하는 데이터 및 알고리즘 편향과 이를 완화하기 위한 투명성, 공정성, 책임과 책무성을 소개하고 이를 확보하는 실질적 시도인 설명가능한 인공지능의 여러 시도를 소개한다. 이 과정에서 무인자동차와 자율 살상 무기를 예로 든다. 또한, 도덕적 의사결정과 행동하는 로봇을 제작하는 시도를 소개한다. 그리고 최근 이슈가 된 인공지능에 의해 생산되는 진짜 정보와 가짜 정보의 문제가 제기하는 철학적이면서 공학적인 튜링검사 이슈, 개인정보 문제에 대해 설계자, 생산자, 사용자로서 염두에 둘 사항들을 살펴본다. 최근 강의에서 기계학습 플랫폼으로 인공지능윤리 교육하기를 실습하였고 이를 내용 안에 담았다.

3부『인공지능과 법』에서는 인공지능과 법 분야에서는 인공지능이 법적 권리와 의무의 주체가 될 수 있는지, 인공지능이 재산권과 같은 법적 이익을 향유할 수 있는지, 그리고 인공지능으로 인해 발생한 피해에 대해 법적 책임을 질 수 있는지를 살펴보고 있다.

4부『인공지능과 마케팅윤리』에서는 마케팅에 도입되는 인공지능과 마케팅윤리를 다루고 있다. 인공지능은 소비자의 마음이 실시간으로 반영된 방대한 데이터를 학습하여 고객이 진정으로 원하는 것을 파악하게 된다. 이러한 과정을 통해 인공지능은 고객가치를 창출해야 하는 마케팅 담당자들의 궁극적 목표를 효과적으로 달성할 수 있도록 도와주는 것이다. 하지만 최근 들어 이러한 인공지능 마케팅 분야에서도 관련된 윤리적 이슈와 문제에 대한 우려가 대두되고 있다. 이에 대한 올바른 논의와 AI 마케팅이 앞으로 나아가야 할 윤리적 방향성을 제시하였다.

인공지능의 본격적 발전에 따라서 인공지능의 여러 가치와 관련된 기술, 윤리 가이드라인, 윤리적 활용 등은 빠른 속도로 진행되면서 사회에 변화와 파급력을 발휘하고 있다. 인공지능의 발전은 단순한 기술의 발전을 넘어서 부작용을 상쇄하는 더 나은 가치를 창출할 좋은 기회가 될 수 있다고 믿는다. 이를 위해서 인공지능, 윤리, 법, 마케팅윤리에 대한 이해가 한 디딤돌이 될 수 있을 것이다. 이러한 방향에 공감해주고 기획과 출간, 편집에 애써주신 박영사의 임재무 상무님, 정연환 대리님, 박송이 대리님, 최문용 위원님께 감사드린다.

2021년 1월
인공지능과 가치 연구회
김효은, 김창화, 이성호, 정찬호

차 례

제3부
인공지능과 법 김창화

제4부
인공지능과 마케팅윤리 이성호

제1부
인공지능 및
딥러닝 기술 개요

제1장

인공지능 기술 개요

Ⅰ. 인공지능 기술의 부흥

본 장에서는 인공지능 기술 개요에 대해서 살펴본다. "인공지능"이라는 네 글자를 평범한 사람들의 뇌리 속에 깊숙하게 각인시킨 사건은 아마도 2016년 3월에 있었던 대한민국의 바둑 프로 기사인 이세돌 9단과 구글 딥마인드사에서 개발한 바둑 인공지능 소프트웨어인 알파고간의 바둑 대국일 것이다. 당시 100만 달러의 우승 상금을 내걸고 진행된 대국에서 알파고는 이세돌 9단을 스코어 4:1로 누르고 승리를 차지하여 세상을 놀라게 하였다. 뿐만 아니라 대국이 끝나고 난 뒤 알파고에게 명예 프로 9단 단증이 수여되기도 하였다. 일반인들에게는 잘 알려져 있지 않으나 대한민국 토종 인공지능이라고 할 수 있는 엑소브레인(Exobrain)이 한국교육방송공사에서 주관하는 장학퀴즈에서 1등을 했던 것도 최근 인공지능 기술의 발전사에서 간과할 수 없는 큰 사건 중 하나라고 할 수 있다. 엑소브레인은 2013년부터 현재까지 한국전자통신연구원에서 개발하고 있는 인공지능 엔진으로써 자연어 이해, 지식 학습, 자연어 질의응답 등을 목적으로 개발하기 시작한 소프트웨어이다. 2016년 11월에 진행되었던 대결에서 엑소브레인은 장학퀴즈 시즌 1 우승팀 참가자 및 시즌 2 우승팀 참가자, 2016년 수능시험에서 만점을 받은 서울대 재학생, KAIST 수리과학과 재학생을 포함하는 총 4명과 실력을 겨뤄 완승을 거두었다.

그림 1-1 구글 딥마인드 챌린지 매치 (2016년)

그림 1-2 EBS 장학퀴즈에서 우승한 엑소브레인 (2016년)

그림 1-3 KAIST에서 개발한 증강현실 디스플레이로 인식한 잡지 속 자동차 영상

　　최근 인공지능 기술의 급속한 발전 속에서 가장 큰 수혜를 입은 기술 분야는 영상 인식 및 음성 인식 분야라고 할 수 있다. 영상 인식의 경우 제2장에서 소개할 예정인 딥러닝 기술이 최근에 등장하기 전에도 수십 년간 연구되어 온 분야이다. 특히 딥러닝 기술이 발전하면서 인식 성능이 크게 향상되었으며 자율주행자동차, 로봇, 보안, 증강현실 분야 등에 널리 활용되고 있다. 예를 들어 최근 한국과학기술원에서 개발한 증강현실 디스플레이 "케이글래스"를 이용할 경우 잡지 속 자동차를 인식한다. 이 뿐만 아니라 구글에서 개발한 소프트웨어의 영상 인식 결과를 보면 사진 속 다양한 물체들의 존재 여부 인식을 넘어서서 만약 강아지, 고양이 등을 인식할 경우 그 존재 여부 뿐만 아니라 그 품종까지도 인식하는 수준에 이르렀다. 또한 음식 사진을 인식하여 칼로리를 자동으로 계산해주는 소프트웨어도 존재한다. 영상 자동 자막 생성 기술을 보면 최근 이슈가 되고 있는 합성곱 신경망(CNN, Convolutional Neural Network) 및 순환 신경망(RNN, Recurrent Neural Network) 기술을 이용하여 사람의 도움 없

이 영상을 서술하는 최적의 문장을 자동으로 생성해낸다. 최근에는 다소 적용이 어려웠던 농업 분야에 이르기까지 인공지능 기반 영상 인식 기술이 효율적으로 적용되고 있다.

인공지능과 밀접한 관련이 있는 트렌드 중 하나는 바로 제4차 산업혁명(Industry 4.0)이다. 제4차 산업혁명은 인공지능/사물인터넷/가상물리시스템 기반의 만물 초 지능 혁명을 의미한다. "제4차 산업혁명"은 2016년 1월 다보스포럼에서 언급되기 시작하여 현재는 산업 환경의 변화를 논할 때 빼놓을 수 없는 개념이 되었다. 위에서 언급한 바와 같이 제4차 산업혁명은 인공지능/사물인터넷/가상물리시스템을 기반으로 하지만 그 중 가장 영향력이 큰 것은 인공지능 기술이라고 할 수 있다. 학자에 따라 제4차 산업혁명에 대한 의견이 분분하지만 2010년대 중반부터 시작되었으며 현재진행형인 것은 분명한 사실이다. 그렇다면 제4차 산업혁명의 핵심인 인공지능이란 무엇일까? 사전적인 의미에 따르면 "인공적으로 만든 지능"이라고 볼 수 있다. 또한 같은 의미로 "사람이 만든 지능"이라고 해석할 수 있다. 인공지능 역시 제4차 산업혁명과 마찬가지로 학자마다 다른 의견을 제시한다. 사람처럼 생각하고 사람처럼 행동하는 기계라고 의견을 제시하는가하면 사람의 지적 행동을 컴퓨터가 모방할 수 있도록 사람이 만든 장치 또는 시스템이라고 정의하기도 한다. 인공지능 분야의 세계 최고 권위자 중 한 명인 앤드류 응 스탠포드 교수는 인공지능은 새로운 전기라고 정의하였다. 지난 100년간 전기에너지가 인류에 많은 영향을 미친 것과 마찬가지로 향후 100년간 인공지능이 인류에 큰 영향을 끼칠 것으로 예상한다는 것이다.

Ⅱ. 인공지능, 머신러닝 및 딥러닝 기술의 관계

제2장에서 딥러닝에 대해 본격적으로 살펴보기 전에 우리는 인공지능, 머신러닝 및 딥러닝 기술의 관계에 대해서 살펴보고자 한다. 머신러닝은 기계학습이라고도 하는데 인공지능 분야 대표 연구자로 꼽히는 톰 미첼 카네기멜론대 교수는 머신러닝을 "어떠한 작업에 대해 꾸준한 경험을 통하여 그 작업에 대한 성능을 높이는 것"이라고 정의하였다. 꾸준한 경험을 얻기 위해서는 반드시 대용량 데이터가 필요한데 이를 학습 데이터라고 한다. 또 다른 관점에서 보면 기계가 알고리즘을 이용해 학습 데이터로부터 의미 있는 패턴과 규칙을 학습하고 이를 기반으로 얻은 모델을 통해 의사결정, 예측 등을 수행하는 기술이라고 볼 수도 있다. 머신러닝은 아래와 같이 크게 3가지 종류로 나누어진다.

- 지도 학습(supervised learning)
- 비지도 학습(unsupervised learning)
- 강화 학습(reinforcement learning)

지도 학습이란 레이블이 존재하는 데이터를 기반으로 컴퓨터를 학습시키는 방법이다. 레이블이란 입력 데이터에 대해 미리 정의된 정답을 의미한다. [입력, 레이블] 형태의 학습 데이터가 충분히 많은 경우 학습이 효율적으로 이루어진다. 지도 학습은 다시 분류(classification) 및 회귀(regression)로 나누어질 수 있는데 분류는 레이블이 이산시간(discrete−time) 데이터인 반면에 회귀는 레이블이 연속시간(continuous−time) 데이터인 경우를 가리킨다. 비지도 학습은 입력 데이터에 대한 레이블 없이 컴퓨터를 학습시키는 방법이다. 레이블이 없기 때문에 입력 데이터가 지니고 있는 패턴, 구조, 속성

등을 학습하며 입력 데이터를 비슷한 특성을 가진 데이터들의 집단 단위로 나누는 군집화(clustering)는 대표적인 비지도 학습 기술 중 하나이다. 마지막으로 강화 학습에서는 먼저 소프트웨어 에이전트가 현재의 상태를 인식한다. 이를 기반으로 선택 가능한 여러 가지 행동들 중 보상을 최대화하는 행동을 선택하도록 학습하는 방법이다. 지금까지 머신러닝에 대해서 간략히 살펴보았는데 그렇다면 인공지능, 머신러닝 및 딥러닝의 관계는 어떻게 정의할 수 있을까? 한 마디로 표현하면 머신러닝은 인공지능의 일종이고 딥러닝은 머신러닝의 일종이라고 할 수 있다. 인공지능의 선구자 마빈 민스키는 딥러닝 등의 머신러닝은 인공지능의 일부분일 뿐 인공지능 전체는 아니라며 딥러닝과 인공지능을 동일하게 생각하고 기계적으로 딥러닝 기술을 맹신하지 않도록 조언하였다. 인공지능은 딥러닝보다 훨씬 더 포괄적인 개념임을 알 수 있다.

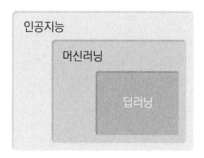

그림 1-4 인공지능, 머신러닝 및 딥러닝 기술의 관계도

사실 인공지능은 최근 들어 등장한 개념은 아니다. 2000년대 딥러닝 기술의 등장과 함께 세 번째 부흥기를 맞이했다고 볼 수 있다. 인공지능이라는 용어는 1956년 다트머스 회의에서 공식적으로 처음 등장하였다. 그에 앞서 타임지 선정 20세기 가장 영향력 있는 인물

100인에 꼽힌 앨런 튜링은 1950년 기계가 인공지능을 갖추었는지 판별하는 실험인 튜링 테스트를 고안해냈다. 튜링 테스트는 비교적 개념적으로 간단함에도 불구하고 아직까지도 유용하게 쓰이는 실험 방법이다. 인공지능은 위에서 언급한 다트머스 회의가 열렸던 1950년대 중반부터 1960년대 후반까지 첫 번째 부흥기를 맞이한다. 이당시 인간처럼 생각하고 문제를 풀 수 있는 인공지능을 개발하기 위한 연구가 활발히 진행되었는데 실제로는 인공지능이 제한된 범위에서만 정보를 처리하기 때문에 실제 발생하는 모든 문제를 풀 수 없음을 알았고 1970년대 초반부터 1970년대 후반까지 첫 번째 암흑기를 맞이한다. 이렇게 한동안 침체기를 맞았던 인공지능 연구는 1980년대 초반 두 번째 부흥기를 맞는다. 두 번째 부흥기에서는 전문가와 동일하거나 또는 그 이상의 문제 해결 능력을 지니는 전문가 시스템이 개발되었는데 실용성이 강조되던 당시 전문가 시스템은 실용성 측면에서 많은 문제점을 드러내며 1980년대 후반 인공지능은 두 번째 암흑기에 돌입한다. 2006년 제프리 힌튼 토론토대학교 교수가 딥러닝 기술을 발표하면서 인공지능은 세 번째 부흥기를 맞이하며 이 부흥기는 현재까지도 이어지고 있다. 딥러닝이라는 용어도 이 때 제프리 힌튼 교수가 처음 사용하였다. 딥러닝과 같은 의미를 가진 다른 표현은 심층 신경망(deep neural network)으로써 제2장에서 설명하고자 한다.

제2장

딥러닝 기술 개요

Ⅰ. 인공신경망이란 무엇인가

본 장에서는 딥러닝 기술 개요에 대해서 살펴본다. 딥러닝을 이해하기 위해서는 먼저 인공신경망(artificial neural network)의 개념에 대해 이해할 수 있어야 한다. 인공신경망은 입력층(input layer), 은닉층(hidden layer), 출력층(output layer)으로 구성된다. 각 층은 노드(node)들의 집합으로 구성된다. 인공신경망을 나타낸 그림에서 동그라미는 노드를 나타내며, 노드간의 연결을 의미하는 화살표는 가중치(weight)를 나타낸다. 그림에서 보는 바와 같이 같은 층 안에서 노드간의 연결은 없다. 노드는 신경세포(neuron)를 나타내며, 가중치는 신경접합부(synapse)를 나타낸다. 인공신경망은 한 마디로 정의하면 인간의 뇌 구조를 모방하여 만든 머신러닝 모델이다. 즉, 생물학적 신경망을 인공적으로 구현했다고 볼 수 있다. 학자들에 따라 의견이 분분하지만 인간의 뇌 안에는 수천 억개의 신경세포와 수백 조개의 신경접합부가 존재한다고 한다. 신경세포의 특징을 살펴보면 신경세포로 들어오는 입력 신호는 다수이며 신경세포로부터 나가는 출력 신호는 하나이다. 또한 여러 신경세포로부터 전달되어 온 신호들은 합산되어 출력된다. 이때 합산된 값이 임의의 값 이상이면 출력이 발생하고 그렇지 않으면 출력이 발생하지 않는다. 이러한 메커니즘을 활성화 함수(activation function)로 정의한다. 활성화 함수는 간단한 함수부터 복잡한 함수까지 다양한 형태가 존재하는 데 이에 대해서는 잠시 후에 다시 살펴보기로 한다. 뇌는 신경세포들의 연결관계를 바꾸면서 동작하는데 이러한 연결관계가 바뀌는 곳이 바로 신경접합부이다.

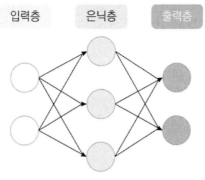

그림 2-1 인공신경망의 기본 개념도

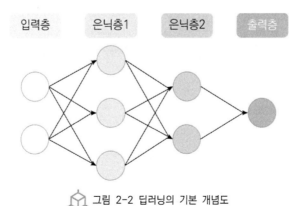

그림 2-2 딥러닝의 기본 개념도

II. 딥러닝이란

딥러닝이란 과연 무엇일까? 딥러닝이란 심층 신경망을 통해 학습하는 것을 의미한다. 딥러닝을 나타낸 그림에서와 같이 은닉층의 수가 2개 이상이면 심층 신경망으로 정의한다. 이와 같이 딥러닝은 개념적으로 인공신경망의 기본 개념에서 크게 달라진 것이 없다. 그렇다면 왜 최근까지 딥러닝이 어려웠던 것일까? 그 이유는 크게 3가지로 볼 수 있다.

- 그래디언트 소실 문제(vanishing gradient problem)
- 과적합 문제(overfitting problem)
- 많은 계산량

즉, 위에 제시된 딥러닝을 불가능하게 만들었던 3가지 문제들이 해결되었기 때문에 딥러닝이 가능해진 것이다.

그래디언트 소실은 출력층에서 멀어질수록 심층 신경망의 출력 오차가 반영되지 않는 것을 의미한다. 심층 신경망을 학습시키는 과정에서 역전파 알고리즘(backpropagation algorithm)을 이용하게 되는데 이때 큰 문제가 된다. 이러한 그래디언트 소실 문제는 ReLU(Rectified Linear Unit)라고 하는 활성화 함수를 도입함으로써 해결되었다.

$$ReLU(x) = \max(0, x)$$

위의 식에서 보는 바와 같이 ReLU 활성화 함수는 입력이 0보다 작으면 0을 출력하고 0 이상이면 입력값 그대로 출력하는 함수이다.

ReLU 함수가 도입되기 전에 활성화 함수로써 가장 많이 이용되었던 시그모이드 함수(sigmoid function)의 경우 입력의 크기가 아무리 커도 출력은 1을 넘지 못했지만 ReLU 함수는 이러한 제약을 갖지 않는다. 과적합 문제는 드롭아웃(dropout) 기술의 도입을 통해서 해결되었다. 드롭아웃이란 학습하는 과정에서 심층 신경망을 구성하는 모든 신경세포(즉, 노드)를 사용하는 것이 아니라 랜덤하게 일부를 선택해서 사용하는 것을 의미한다. 보통 전체 신경세포 중 약 50% 정도를 이용하는 것이 일반적이다. 학습은 한 번에 이루어지지 않기 때문에 약 50% 정도의 신경세포가 각 과정에서 랜덤하게 선택된다. 그렇다면 과적합이 무엇이기에 딥러닝을 어렵게 만들었던 것일까? 과적합은 학습데이터에 대해 한 치의 오차도 허용하지 않도록 학습하는 것을 의미한다. 그렇게 되면 학습데이터에 대해서는 완벽하게 동작할지 모르지만 정작 우리가 실생활에서 이용하는 테스트데이터에 대해서는 성능이 높아질 수 없다. 즉, 학습과정에서는 학습데이터의 큰 흐름이나 경향을 따라가도록 학습하는 것이 중요하다. 많은 계산량 문제는 GPU(Graphic Processing Unit) 기술 발전을 통해 해결되었다. GPU의 본래 목적은 그래픽을 렌더링(rendering)하는 것이며, 현재도 원래 목적을 위해 이용되고 있다. GPU를 생산하는 가장 대표적인 회사는 NVIDIA, AMD 등이다. 그렇다면 계산을 할 때 왜 CPU가 아니라 GPU를 이용하는 것일까? CPU는 순차적인 작업에 특화된 반면 GPU는 병렬적인 작업에 특화되었다. 따라서 GPU는 현존하는 디바이스 중 딥러닝을 위한 학습과정에서 발생하는 엄청난 연산량을 감당하기에 가장 최적화된 디바이스라고 할 수 있다.

딥러닝 시대를 연 추가적인 원동력은 빅데이터, 개발환경의 진화 등이다. 기존의 머신러닝 모델은 데이터양에 비례하여 모델 정확도가 높아지기는 하지만 데이터양이 어느 정도 양에 이르면 모델 정확도가 더 이상 증가하지 않는 경향을 보여왔다. 그러나 딥러닝 모델의 경우 데이터양이 많으면 많을수록 모델 정확도가 그에 비례하여 높아진다. 따라서 최근 각광을 받고 있는 클라우드 컴퓨팅 환경이 조성되면서 빅데이터 수집이 가능해진 덕분에 딥러닝 모델 정확도가 매우 높아졌다고 볼 수 있다. 과거의 개발환경이 매우 폐쇄적이었다고 한다면 최근의 개발환경은 개방, 공유, 협업 패러다임을 지향한다. 즉 개발환경 패러다임이 급격하게 전환되었다. 세계적인 대학, 연구기관, 기업체들은 서로 앞다투어 최신 딥러닝 프레임워크를 제공한다. 또한 사용자들은 그러한 프레임워크를 이용한 딥러닝 모델을 깃허브 등과 같은 웹호스팅 서비스를 이용해서 오픈하고 공유한다. 이러한 다양한 혁명적 요소 덕분에 딥러닝 시대가 우리 앞에 다가왔고 이제는 그러한 딥러닝 기술을 어떻게 산업적으로 잘 이용할지 고민하는 시대에 살고 있다.

앞서 언급한 딥러닝 프레임워크들 덕분에 머신러닝에 대한 깊은 수학적 지식 및 탁월한 프로그래밍 능력이 없더라도 다양한 튜토리얼을 통해 딥러닝 소스코드를 돌려보고 결과를 바로 확인할 수 있을 만큼 딥러닝에 대한 진입장벽은 매우 낮아졌다. 다만 조심해야 할 것은 진입장벽이 낮아졌다고 해서 누구나 딥러닝 모델 또는 알고리즘을 개발할 수 있는 것은 아니다. 무엇보다 본인이 해석하고자 하는 데이터에 대한 철저한 이해가 있어야 한다. 또한 깊은 수학적 지식 및 탁월한 프로그래밍 능력이 있어야만 세계적으로 경쟁력 있는 딥러닝 기술을 개발할 수 있다.

다양한 딥러닝 모델 중 가장 많이 이용되는 모델은 CNN(convolutional neural network) 및 RNN(recurrent neural network)이라 할 수 있다. CNN은 우리말로 합성곱신경망이라 하며 RNN은 순환신경망이라 한다. CNN은 영상 인식에 이용되며 RNN은 음성 인식 및 자연어 처리에 많이 이용된다. CNN은 학습데이터의 특징을 추출하여 패턴을 파악하는 것을 목표로 하며 합성곱 층(convolution layer) 및 풀링 층(pooling layer)을 이용하여 네트워크를 구성한다. RNN은 시계열 데이터(time-series data) 학습에 특화된 딥러닝 모델이다. 대표적인 RNN 모델로써 LSTM(long short term memory) 및 GRU(gate recurrent unit)가 있으며 수행하고자 하는 작업에 특화된 셀 구조(cell structure)를 설계하여 이용하기도 한다. CNN 및 RNN을 구현하기 위해서는 고려할 사항이 많으나 이는 기술적인 사항들이기 때문에 본 장에서는 다루지 않는다. 그러나 과거와 달리 최근에는 많은 자료가 다양한 형태로 제공되기 때문에 기술적인 사항을 공부하기에 매우 좋은 환경의 시대에 살고 있다.

제2부
인공지능과 윤리

제3장

인공지능, 무인자동차, 윤리, 사회시스템

Ⅰ. 왜 인공지능윤리를 이야기할까

1. 인공지능윤리는 기존 과학기술윤리와 무엇이 다른가

현재 컴퓨터의 발전 단계는 컴퓨터 시스템이 '지능'을 갖는 인공지능 단계에 와 있다. 이러한 발전은 그와 관련한 윤리 차원 또한 달라지게 한다. 현재 인공지능 시스템을 사용하는 로봇은 더 이상 단순한 기계가 아니라 '의사 결정'을 하는 '자율 시스템'이다. 자율 시스템이란 무엇이며, 단순한 기계와 어떤 차이가 있는가? 인공지능을 장착하지 않은 단순 기계는 주어진 규칙에 따라 작동한다. 반면 인공지능이 장착된 로봇이나 시스템은 데이터로부터 규칙이나 패턴을 파악해낸다. 데이터를 스스로 학습해 패턴을 인식하고 결정을 내린다.

인공지능 관련 윤리 쟁점에 대해 최근에는 윤리학자가 아니라 인공지능 개발 회사의 중진들이 단순한 관심을 넘어서 투자를 하고 구체적 목소리를 내고 있다. 전기차나 화성 이주 등 혁신 기술을 개발하는 테슬라(Tesla)의 일론 머스크(Elon Musk)는 인공지능의 오작동이나 악용을 어떻게 방지할 수 있는지 관심을 가지고 '오픈 AI'라는 비영리 연구 단체를 설립했다.[1] 바둑 두는 인공지능 알파고를 개발한 디프마인드(Deep Mind)의 데미스 하사비스(Demis Hassabis)는 2014년 구글에 회사를 매각할 때 '군사적 목적으로 기술을 사용하지 않는다는 것'을 조건으로 내걸었다. 더 나아가 하사비스는 구글에 인공지능 윤리위원회를 설치할 것을 제안했을 뿐 아니라 윤리위원회의 활동이 없다고 지적하는 등 적극적으로 목소리를 내고 있다.

2017년 1월에는 데미스 하사비스와 일론 머스크 등이 모여 "아실로마 인공지능 원칙(Asilomar AI Principles)"[2]을 발표해 인공지능

---

1) 최근 머스크는 테슬라 사에서의 인공지능 개발과 오픈AI 사의 인공지능 개발 간의 이해충돌을 우려하여 오픈 AI에 간여하지 않고 있다.

2) https://futureoflife.org/ai-principles/ 에서 원문을 볼 수 있으며 23개 원칙은 다음과 같다.

> **기본원칙(1~5)**
>
> 1. 연구목표: 인공지능 연구의 목표는 방향성 없는 지능이 아닌 인간에게 이로운 지능을 개발하는 것이어야 한다.
> 2. 연구비 지원: 인공지능에 대한 투자는 인공지능의 유익한 이용을 보장하는 문제에 대한 지원을 수반해야 한다. 여기엔 컴퓨터 과학, 경제, 법, 윤리 및 사회 연구 분야의 어려운 질문들이 포함된다. 예컨대 이런 것들이다.
>   - 우리는 미래의 인공지능 시스템을 얼마나 튼튼하게 만들수 있나? 그래서 오작동이나 해킹 없이 우리가 원하는 것을 인공지능이 수행하도록 할 수 있나?
>   - 우리는 인간 자원과 목적을 그대로 유지하면서 자동화를 통해 얼마나 더 번영해갈 수 있나?
>   - 우리는 인공지능과 보조를 맞추기 위해, 그리고 인공지능과 관련한 위험을 관리하기 위해, 법 체계를 얼마나 더 공정하고 효율적인 체계로 업데이트할 수 있나?
>   - 인공지능은 어떤 가치들에 맞춰 조정돼야 하며, 어떤 법적·윤리적 지위를 가져야 하나?
> 3. 과학과 정책의 연결: 인공지능 연구자와 정책입안자 사이에 건설적이고 건강한 교류가 있어야 한다.
> 4. 연구문화: 인공지능 연구자와 개발자 사이에 협력, 신뢰, 투명성의 문화가

개발의 기본 윤리 원칙을 제안했다. 유럽연합 의회나 국제전기전자

조성돼야 한다.

5. 경쟁 회피: 인공지능 시스템을 개발하는 팀들은 부실한 안전기준을 피하기 위해 능동적으로 협력해야 한다.

지켜야 할 윤리와 가치 (6~18)

둘째 범주인 '윤리와 가치'는 13가지 항목으로 이뤄져 있다. 전체 23개 항목의 절반이 넘는다. 그만큼 인공지능 연구에서 가장 중요한 범주라는 뜻이다. 시스템의 안전과 시스템 설계·구축자의 책임을 강조하고 있다. 인공지능은 인간의 가치에 적합해야 하고 인간의 통제를 받아야 한다는 항목은 아시모프의 로봇3원칙을 그대로 이어받고 있다. 프라이버시 보호와 자동무기에 대한 경고를 특정해서 별도의 항목으로 밝힌 점이 눈에 띈다.

---

6. 안전: 인공지능 시스템은 작동 수명 기간을 통틀어 안전하고 안정적이어야 하며, 어떤 경우에 적용·구현이 가능한지 검증할 수 있어야 한다.

7. 장애 투명성: 인공지능 시스템이 피해를 유발할 경우, 그 이유를 확인할 수 있어야 한다.

8. 사법 투명성: 사법적 결정에서 자동시스템이 개입할 경우, 권한이 있는 감사 당국에 만족할 만한 설명을 제공해야 한다.

9. 책임성: 첨단 인공지능 시스템 설계자 및 구축자는 인공지능의 이용, 오용 및 행동의 도덕적 영향력에서 이해 관계자이며, 그에 따르는 책임과 기회를 갖고 있다.

10. 가치 정렬: 고도의 자동 인공지능 시스템은 작동하는 동안 그 목표와 행동이 인간의 가치와 잘 어우러지도록 설계돼야 한다.

11. 인간의 가치: 인공지능 시스템은 인간의 존엄, 권리, 자유 및 문화적 다양성의 이상에 적합하도록 설계되고 운용돼야 한다.

12. 프라이버시: 인공지능 시스템에 데이터를 분석·활용할 수 있는 권한을 부여할 경우, 사람에겐 그 데이터에 접근, 관리, 통제 할 수 있는 권리를 줘야 한다.

13. 자유와 프라이버시: 개인 데이터에 대한 인공지능 적용이 사람들의 실제 또는 스스로 인지하는 자유를 부당하게 축소해서는 안된다.

14. 공동의 이익: 인공지능 기술은 가능한 한 많은 사람들에게 이로움을 줘야 한다.

15. 공동의 번영: 인공지능이 만들어내는 경제적 번영은 널리 공유돼, 모든 인류에게 혜택이 돌아가도록 해야 한다.

16. 인간통제: 인간은 인공지능 시스템에 의사결정을 위임할지 여부와 그 방법을 선택해, 인간이 선택한 목표를 달성하도록 해야 한다.

17. 비전복: 고도화된 인공지능 시스템을 통제함으로써 갖게 되는 힘은 사회

협회(IEEE)에서도 인공지능 윤리 지침인 "Ethically Aligned Design" (EAD)[3]과 표준을 개발 중이다.

2. 이득과 윤리 간의 딜레마를 어떻게 해소가능한가

　　머스크나 하사비스의 행보는 기존 공학 윤리의 관점으로 볼 때 이해하기 어렵다. 기술 개발과 경영에 신경 쓸 시간도 부족한 상황에서 왜 추상적으로 들리는 '윤리' 문제를 고려하는 것일까? 과학기술과 윤리 간의 갈등 관계 양상이 인공지능 시대를 맞아 흥미롭게 바뀌고 있기 때문이다.

　　공학 윤리의 기본 과제는 이득과 윤리 간의 딜레마를 어떻게 해결할 것인가다. 안전성이나 공평성 등을 완벽하게 준수하려 하면 생

　　의 건강도를 좌우하는 사회적, 시민적 절차를 뒤집는 것이 아니라 존중하고 개선해야 한다.

18. 인공지능 군비 경쟁: 치명적인 자동 무기에 대한 군비 경쟁은 피해야 한다.

　　장기적 이슈(19~23)

19. 능력 경계: 어떤 일치된 합의가 없으므로, 우리는 미래 인공지능 능력의 상한선에 관한 강력한 가정을 피해야 한다.
20. 중요성: 고등 인공지능은 지구 생명의 역사에 중대한 변화를 가져올 수 있으며, 그에 상응하는 관심과 자원을 계획하고 관리해야 한다.
21. 위험: 인공지능 시스템이 야기하는 위험, 특히 파국적이거나 실재하는 위험은 예상되는 영향에 맞춰 계획하고 완화하는 노력을 해야 한다.
22. 반복적 자기개선: 급속한 양적, 양적 증가로 이어질 수 있는 방식으로 자기개선이나 자기복제를 반복적으로 하게끔 설계된 인공지능 시스템은 엄격한 안전 및 통제 조처를 받아야 한다.
23. 공동선: 초지능은 오로지 널리 공유되는 윤리적 이상을 위해, 그리고 하나의 국가나 조직이 아닌 모든 인류의 이익을 위해 개발돼야 한다.

3) IEEE에서 전 세계 연구자들과 기업가들과 협력하여 작업한 EAD(Ethically Aligned Design)은 세 버전의 개정작업을 거쳐 현재 최종판이 나왔다. 700여명 이상이 참여하여 200페이지가 넘는 지침서를 만들었으며 지침서 원문은 다음에서 볼 수 있다. https://ethicsinaction.ieee.org/.

산성과 이득 확보가 어려워지는 측면이 있기 때문이다. 그런데 이득과 윤리 간의 이러한 갈등 구도는 인공지능 시대가 되면서 달라진다. 인공지능 시대 이전에는 기술 발전이나 생산으로 얻는 이득은 윤리적 사항들을 도외시해도 큰 영향을 받지 않았다. 과학기술과 윤리는 서로 영향을 주지만, 그 영향력은 크지 않았다. 이런 점에서 인공지능의 도입은 단순히 과학기술의 발전을 넘어선 흥미로운 윤리적 함의를 지니고 있다.

인공지능은 그에 따른 윤리적 문제들을 해결해야만 기술 발전과 사업 이득이 가능해지는 새로운 시대로 사람들을 이끈다. 예를 들어, 인공지능으로 움직이는 무인자동차는 특정 교통 상황과 관련된 윤리적 문제를 해결해야만 최종 목표, 곧 완전한 자율주행이 가능한 자동차로 완성된다. 즉, 윤리적 상황의 해결은 기술의 완성을 이끌고 이는 다시 비즈니스의 지속가능성을 돕는다. 즉 과거에는 기술 발전과 비즈니스가 윤리와 갈등 관계에 있었던 반면, 인공지능의 발전은 도리어 윤리를 고려해야만 기술 발전과 비즈니스가 가능한 사회로 우리를 이끌고 있는 것이다. 이런 상황은 비단 무인자동차만이 아니라 인공지능이 적용되는 모든 부문에서 마찬가지다. 테슬라의 엘론 머스크, 페이스북의 마크 주커버그(Mark Zuckerberg), 구글 디프마인드의 데미스 하사비스는 바로 이러한 상황의 변화를 파악하고 있다.

인공지능에 적용되는 윤리는 '착하게 살아야 한다'는 좁은 의미의 윤리를 넘어선다. 여기서 윤리는 복잡한 상황에 적합한 의사 결정으로 관련 의사 결정 주체나 대상의 지속가능성을 확보한다는 넓은 의미를 띤다. 이렇게 윤리적 고려가 산업, 경영, 과학기술 등 거의 모든 분야를 이끄는 주요한 요소가 되는 것은 윤리 패러다임의 변화라고 할 수 있다.

3. 인지 패러다임이란 무엇인가

인공지능윤리의 특성을 파악하려면 인공지능의 '지능'이 어떤 의미와 함의를 지니는지 볼 필요가 있다. 인공지능윤리는 기존 과학기술 윤리와 달리 '인지'나 '지능'의 특성들과 직접적으로 연관된다. 기존 과학기술과 달리 인공지능은 인간 인지 기능을 모방한다. 이 점 때문에 인공지능윤리는 단순히 과학기술 윤리의 부분집합에 그치지 않는다.

미국 과학재단(National Science Foundation)이 2002년 발표한 『미래 융합과학기술 예측보고서』를 보면, 인간정신에 개입하고 변형하는 것과 관련된 '인지' 영역은 기존 생명과학을 위시한 정보과학 등의 여러 과학분야들과 구분되는 '인지 패러다임'에 속한다. 그리고 현재를 포함한 미래 과학기술은 이 네 영역이 독립적이 아니라 '동시에' 그리고 '융합해' 발전해 나가는 것으로 묘사된다. 이 패러다임에서 주도적 역할을 하는 분야 중 하나가 인공지능이다.

인공지능윤리가 기존 과학기술 윤리와 구분되는 지점이 여기다. 기존 과학기술은 주로 물질을 다루지만 인공지능은 사고, 판단이라는 정신 작용과 관련되며 전기 신호의 작동을 통해 뇌 기능에 직접 개입하기도 한다. 뇌는 전기신호를 통해 뇌신경 세포들 간의 정보를 전달하는데, 컴퓨터의 전기신호를 뇌신경 세포들에 전달함으로써 인간의 인지기능을 변화시킬 수 있다. 또 거꾸로 인공지능의 개발과 문제 해결은 뇌신경과학에서 아이디어를 얻고 마음 이론 모형과 함께 발전하기도 한다. 이 맥락에서 서로 다른 범주로 여겨져 왔던 '뇌', '정신', '기계'는 '정보처리'라는 공통분모로 연결된다.

정신−물질 연계의 최신 형태는 뇌−기계 인터페이스(BCI: brain−machine interface)다. 그 예가 페이스북의 대표 마크 주커버그가 시작

한 비침습형(non-invasive) 뇌-기계 인터페이스, 그리고 테슬라의
대표이사 앨런 머스크가 시작한 침습형(invasive) 뇌-기계 인터페이
스다. 인공지능과 컴퓨터는 전기 신호라는 공통분모를 통해 물리적
으로 뇌라는 물질에 개입하고 이를 통해 인지 상태를 변화시킨다.

생명과학, 정보과학, 나노과학이 물질 중심의 패러다임에 속하
는 반면, 인공지능은 인지 패러다임에 직접 연계된다. 따라서 인공지
능 윤리의 쟁점들은 물질에 대한 인간의 조작뿐 아니라 인간 자신의
정신 상태 변경·향상과 관련한 윤리 쟁점과 밀접히 관련된다.

4. 인공지능윤리에 자율 지능 시스템의 의미가 왜 핵심인가

현재 인공지능은 과거의 규칙 기반의 자동 시스템에서 자율 시
스템으로 발전했다. '자율 시스템'에서 '자율'은 "복잡한 환경에서 복
잡한 임무를 수행하기 위해, 스스로 인식하고, 계획하고, 학습하고,
진단하고, 제어하고, 중재하고, 협업하는 등 다양한 지능적 기능들을
가지는 시스템"으로 정의된다. '인공지능' 대신 '자율 지능 시스템
(autonomous intelligent system)' 혹은 '자율 시스템'이라는 더 구체적
인 표현을 사용하기도 한다.

'자율'이란 표현은 외부 정보를 외부 개입 없이 스스로 학습하는
능력을 가리킨다. 이는 인간과 인공지능이 공유하는 공통 속성이다
(물론 공통 속성이 있다고 해서 차이가 없다는 의미는 아니다). 한편 '시스
템'은 모든 생명체와 무생물에 적용될 수 있는 용어다. 즉 이 표현의
이점은, 어떤 한 개체가 '지능이 있는지 없는지'의 흑백 논쟁에서 벗
어나 인지 기능에 대한 논의에 집중할 수 있게 해 준다는 것이다. 인
간, 동물, 식물, 무생물을 기능이라는 동일 차원에서 조망할 수 있다.
또 '자율의 수준'을 언급할 수 있으므로 자율성이 있는지 없는지와

같은 흑백 논쟁을 극복할 수 있다.

알파고와 같은 인공지능이 등장하기 전의 로봇이나 컴퓨터는 자동 시스템이었다. '자율 시스템'은 기계가 자율적으로 학습하므로 인간 설계자가 예측하지 못한 결과를 낼 수 있다. 자율 시스템은 인간 없이도 위험한 업무 수행을 가능하게 하기 위해 미국 국방부가 처음 개발했다. 자율성을 정량적으로 측정·평가하기 위해 설정한 자율성 수준(ALFUS, Autonomy Level for Unmanned System)은 '임무 복잡성', '환경 복잡성' 그리고 '인간 독립성' 등 세 가지 측면에 따라 0~10수준으로 분류된다. 자율성 수준 0은 원격조종 단계, 자율성 수준 1~4는 정해진 프로그램에 의해 작동되는 자동 조종 단계, 그리고 자율성 수준 5~9는 의사 결정 기능을 갖춘 자율 조종 단계다 (Huang, 2007).

이 자율성 레벨은 무인자동차에 적용되는 레벨과는 다른 분류이다. 우리에게 가장 친근한 자율 시스템 중 하나인 무인자동차에는 자율주행 기술 등급을 레벨 0에서 레벨 4까지 총 다섯 단계로 나뉜다. 무인자동차가 최고단계인 레벨 4까지 개발된다면, 인공지능이 인간과 같은 자유의지나 자율성을 지닌다고 할 수 있을까? 이는 자연스럽게 제기되는 문제다. 이 문제는 범용 인공지능이나 초인공지능과 관련한 철학적 문제이기도 하다. 이를 논의하기 위해서는 '자유의지'나 '자율성'이란 어떤 의미인지 개념을 분명히 할 필요가 있다.

인간에게 적용하는 자율성 개념과 기계에 적용하는 자율성 개념은 다르다는 점을 주의해야 한다. 그렇지 않으면 무인자동차를 때로 '자율주행차'로 칭할 때, 그리고 인공지능을 '자율 시스템'으로 이야기할 때 자칫 인간의 자유의지나 자율성과 유사한 심적 상태가 기계에도 있다는 엉뚱한 가정을 하게 된다. 미국 국방부에서 기계의 자율성을 측정하려고 제시한 임무 복잡성, 환경 복잡성 그리고 인간 독립성은 인간의 '자율성'에도 적용되는 기준인가? 인간의 자율성과 기계의 자율성은 어떤 점이 비슷하고 다른가? 이에 대해 학자들이나 일반인들 간에 합의된 기준이 아직 없다. 앞으로 더 많은 연구가 필요하다. 인간의 자율성은 무조건 다르다거나 기계의 자율성은 인간의 것과 같다는 주장은 인간, 동물, 기계가 공유하는 점과 공유하지 않는 점에 대해 먼저 논한 다음 이야기해야 할 문제이다.

5. 인공지능보다 데이터가 왜 더 중요한가

인공지능이 자율적 학습을 할 경우 야기되는 윤리적 문제가 모두 인간이 의도한 것이라고 보기는 어렵다. 인간이 고의로 인공지능을 악용하는 사례도 있겠지만, 이 경우는 인간이 자율적이고 의식적으로 행동한 것이므로 법적 조치를 취하거나 윤리적 평가를 내리기가 비교적 용이하다. 법적 판결이나 윤리적 평가는 행위 당사자가 자유의지와 의도를 가진다는 가정을 평가의 전제 조건으로 삼기 때문이다.

인공지능으로 데이터를 학습하고 이를 의사결정에 활용할 경우 어려운 점은 비의도적·무의식적 편향이 개입되는 경우 법적 조치나 윤리적 평가를 내리기가 애매해지기 때문이다. '편견(prejudice)'은 우리가 가지는 고정관념으로 대상에 대한 왜곡된 시각을 말한다. 반면 '편향(bias)'에는 대상을 지각하는 과정에서 일어나는 좀 더 무의식적인 차원이 개입된다. 인공지능에 필요한 최소한의 알고리즘을 설계할 때 의도적이지는 않아도 설계자의 편향이 개입될 수 있고 학습을 위한 데이터 선정에도 편향이 개입될 수 있다.

인공지능은 인간 사회의 거울이다. 인간은 인간 스스로를 자발적으로는 알기 어렵다. 역설적으로 인공지능을 통해서 인간 그리고 사회의 모습을 비추어볼 수 있다. 인공지능의 윤리적 쟁점은 인공지능이라는 '도구'와도 관련되지만 인공지능이 학습 '재료'로 삼는 데이터와 더 깊게 관련된다. 인공지능이 자율적으로 의사 결정을 할지라도 이때 인공지능이 사용하는 데이터는 이미 인간사회에서 만들어져 존재하는 것이다. 인공지능이라는 도구는 인간이 아니지만 인간 사회의 모든 것이 녹아 있는 데이터를 학습하므로 그로부터 나오는 판단 또한 객관적일 수 없다. 인간의 한계, 인간 사회의 편견과 편향을 그대로 반영할 수밖에 없는 것이다.

인공지능의 의사결정을 활용해서 사회정책, 취직, 형량 구형, 의학적 진단, 주식 투자 등이 결정된다. 잘못된 결정으로 인한 사고가 일어나지 않게 하려면 알고리즘뿐만 아니라 데이터 왜곡 문제를 사전에 차단할 필요가 있다. 빅데이터 분석에서 가장 중요한 부분이 빅데이터 그 자체보다는 데이터를 어떻게 '정제'하는가인 이유도 여기에 있다. 빅데이터 분석 전체 절차의 5분의 4를 데이터 전(前)처리가 차지하며, 막상 실제 분석은 짧은 시간만 소요된다. 이것이 무엇을 의미하는가? 데이터 전 처리를 하는 주체는 인간이며 이 과정에서 모델을 설정하거나 데이터 분류, 선정이라는 중요한 역할을 한다. 인공지능의 시대에 인간의 역할은 오히려 그 전보다 더 커진다고 할 수 있다.

인공지능 학습의 원재료인 데이터가 잘 선정되지 않으면 인간처럼 한계가 있고 왜곡된 판단을 내리거나 더 나쁜 결론을 도출할 수 있다. 이런 의미에서 인공지능이라는 기술도 중요하지만 그 재료가 되는 데이터를 수집, 분류, 선정하는 것에 대해서는 인문학적 시각 또한 중요하고, 인간의 비판적 시각이 핵심적이다.

6. 자율 시스템과 윤리는 무슨 관계인가

'인공지능윤리'나 '로봇윤리'에서 사용하는 '인공지능' 그리고 '로봇'은 인공지능을 장착하지 않은 단순한 자동 로봇 뿐 아니라 자율적 의사결정을 하는 인공지능이 장착된 인공지능 로봇, 그리고 하드웨어가 없이 인터넷 상에서 소프트웨어로만 존재하는 로봇까지를 모두 포함한다. 자동 시스템으로서 인공지능과 자율 시스템으로서 인공지능 중 독자적 윤리 문제가 부상하는 쪽은 후자다. 컴퓨터가 나온 지 이미 오래되었고, 컴퓨터 사용과 관련한 윤리 쟁점들이 있었다. 정보보안이나 프라이버시와 관련한 문제들은 컴퓨터가 기존의 자동시스템이든 현재 발전된 자율 시스템이든 관련없이 제기되는 문제들이다. 반면 자율 시스템으로서 인공지능에는 이를 넘어선 윤리적 문제들이 있다.

자동 시스템이 연역 추론처럼 주어진 규칙에 따라 입력 정보에 대해 출력 정보를 산출하는 반면, 현재의 인공지능이 사용하는 기계학습 방법은 주어진 자료에서 역으로 규칙이나 패턴을 찾아내는 귀납 추론의 특성을 띠는 정보처리를 한다. 미국 퀴즈쇼에서 광범한 지식들로부터 빠르게 해답을 찾아내어 일등을 거머쥔 인공지능 '왓슨(watson)'은 일종의 자동 시스템이다. 반면 기계학습의 일종인 심층학습을 사용, 바둑 기보를 학습해 스스로 패턴을 파악하고 바둑을 두는 알파고는 자율 시스템이다.

자율 시스템으로서 기계학습은 인공신경망 학습 유형에 따라 다시 지도 학습(supervised learning) 기법과 비지도 학습(unsupervised learning) 기법으로 나뉜다. 두 기법의 차이는 학습에 대한 정답이 있고 없음에 있으며, 두 기법 모두 데이터 편향으로 인한 윤리적 문제가 개입될 수 있다.

기계학습의 일종인 심층학습(Deep Learning)은 데이터에서 패턴이 발견되면 정보처리 연결망 사이의 강도를 변화시킴으로써 차원을 높여 학습해 나가는 방식이다. 자율 시스템의 이러한 학습 과정은 인간이 예측하지 못하는 의사 결정으로 이어진다. 인공지능이 최종 판단을 내릴 때 인간조차도 이 인공지능이 어떤 과정을 통해 그런 판단을 내렸는지 알 수 없는 것이다. 그러므로 사람의 생명과 인권을 다루는 인공지능 의사나 인공지능 변호사가 자칫 위험한 의사 결정을 내리는 것을 방지하려면 의사 결정 근거를 알 필요가 있다. 인공지능이 자율 학습을 하는 동안 비도덕적 의사 결정 과정을 거쳤을 수 있기 때문이다.

7. 인공지능윤리는 어떻게 새로이 철학을 조명하는가

인공지능의 급격한 발전, 인공지능과 두뇌 간의 무유선 신호를 통한 연결은 기계와 인간, 물질과 정신의 경계를 약화시킨다. 전기 신호를 통한 뇌 자극은 물리적 개입을 통해 직접적으로 마음 상태를 바꾸는 기술이다. 이 기술은 정신과 물질이라는 구분을 모호하게 만든다. 전기 신호로 뇌를 변화시켜 정신 상태가 변화한다면 우리 인간의 정신은 결국 물질인 것인가, 자유의지는 존재하지 않는 것인가라는 의문을 갖게 한다. 이는 인공지능이나 뇌과학뿐만 아니라 인지과학, 심리학, 철학적 접근을 필요로 한다.

더 나아가 이러한 새로운 문제들을 기존의 철학과 법 체계에서 어떻게 다루어야 하는지에 대해서도 고민이 필요하다. 기존 체계의 변화가 필요하다면 어떤 변화가 인간에게 최선인지 함께 고민할 수밖에 없다. 물질과 인공지능을 통한 정신 상태의 변화는 자유의지, 인격 동일성 문제를 넘어 자아, 감정, 의사 결정, 도덕성, 책임에 대한 전통 개념에 문제를 제기한다.

이러한 문제들은 기존 과학에서는 크게 부각되지 않았다. 직접 관찰하기 어려웠기 때문이다. 그러나 인간의 정신 과정에 대한 직접적 관찰과 개입이 가능해지자 인문학의 영역이었던 자유의지나 도덕적 책임의 문제를 완전히 새로운 관점에서 바라볼 수 있게 되었다. 인공지능의 발전, 인공지능―뇌과학의 연결을 통한 뇌공학 기술의 발전은 기억력의 인위적 향상과 통제, 뇌활동 관찰을 통한 마음 읽기(mind reading)의 가능성 등을 더 이상 공상 과학의 영역으로 내버려 두지 않는다. 정신을 물질로 환원해 이해할 수 있다는 것은 인간 정신이 지니는 특수한 지위를 부정하는 것인가? 물리적 개입으로 정신을 조작할 수 있다면, 행위의 주체인 자아라는 개념은 착각에 불과한가? 전기 신호로 인공지능과 동물, 인간을 공통적으로 이해할 수 있다면, 인간에게만 특별한 자유의지나 마음의 역할은 없는 것인가?

이는 기존 윤리나 법으로는 설명하거나 판단하지 못하는 문제들이다. 인공지능의 응용, 그리고 인공지능과 뇌의 연결 기술 등은 비교적 파급력이 크고 즉각적으로 효용을 제공하기 때문에 충분한 윤리적 숙고의 기회 없이 사회에 수용되는 경향이 있다. 미리 윤리적 문제들을 예측하고 논의해 방향을 설정해 두어야 하는 이유가 여기 있다. 그렇지 않으면 사회적 문제가 발생할 수 있다.

8. 전 세계 인공지능윤리 지침들의 내용은 무엇인가

세계 곳곳에서 인공지능윤리와 로봇윤리 지침을 제시하기 시작했다. 이는 단순히 윤리이론이나 도덕 관련 사안의 차원이 아니라 사회의 정책, 법, 경영, 보안, 기술의 방향과 관련된 현실적 사안이다. 인공지능 관련 법안들과 인공지능 관련 기술 표준(Standard)의 토대가 된다. 로봇윤리가 어떤 내용을 포함해야 하는지에 대한 논의는 2006년 유럽에서 처음 제안되었다.[4] 그 이후 2014년 유럽 로봇법 컨소시엄에서 "로봇공학 규제에 대한 가이드라인(RoboLaw, 2014)"이 처음 제시되면서 윤리적·법적 권고 사항이 제안되었다. 최근 유럽 의회에서 2016년 본격적으로 로봇법을 논의하기 시작[5]한 후 지금까지 각 나라에서 인공지능윤리 가이드라인을 개발 중이다.

2017년 1월 미국에서는 삶의 미래연구소(FLI, Future of Life Institute)에 모인 인공지능 연구자들이 아실로마에서 '인공지능 23개 원칙'을 제시했다. 그 내용은 1) 유익한 지능창출의 목표, 2) 연구기금 필요성, 3) AI 연구자와 정책 입안자 간의 건설적 교류, 4) 협력과 신뢰의 문화, 5) 안전을 위한 협력, 6) 안전, 7) 오류 투명성, 8) 사법적 투명성, 9) 도덕적 책임, 10) 가치의 준수, 11) 인간의 가치와의 양립, 12) 개인 정보 접근 권한, 13) 개인 자유 침해 방지, 14) 다수의 역량 강화에 사용, 15) 인공지능에 의한 경제번영의 공유 의무, 16) 인간의 인공지능 시스템 통제, 17) 시민 존중, 18) AI 무기경쟁 방지, 19) 능력 상한성에 대한 가정 금지, 20) 계획된 관리의 필요성, 21) 위험 요소의 완화, 22) 엄격한 안전 및 통제, 23) 공동선의 목표이다.

국제전기전자협회(IEEE)는 2016년부터 기술적, 인문사회적 고려 등을 모두 포함한 "윤리적 설계(Ethically Aligned Design)" 지침을 마

---

4) Veruggio, Gianmarco(ed.)(2006). "EURON roboethics roadmap", EURON roboethics Atelier, Genova: roboethics.:
http://www.roboethics.org/atelier2006/docs/ROBOETHICS%20ROADMAP%20Rel2.1.1.pdf
5) Nevejans, Nathalie(2016). European civil law rules in robotics: study for the JURI committee.
http://www.europarl.europa.eu/RegData/etudes/STUD/2016/571379/IPOL_STU(2016)571379_EN.pdf

련하여 2019년 초 완성하였다. 내용은 자율 지능 시스템에 가치를 구현하기, 윤리적 설계 방법론, 일반인공지능과 초인공지능의 안전과 혜택, 개인데이터 접근 제어, 자율무기시스템의 재구성, 경제적 인문학적 쟁점들, 법률, 정서컴퓨팅, 인공지능에서 고전윤리, 정책, 혼합현실, 복지 문제를 다루고 있다. 이 지침은 전기전자를 전공한 연구자들만이 아니라 인문, 사회, 자연과학과 관련한 연구자와 교육자 그리고 기업 관계자, 사회운동가 등 전세계의 여러 분야의 민간인들이 참여하여 토론을 통해 약 200페이지의 분량으로 완성되었다. 그리고 이에 기반하여 인공지능 기술에 적용될 인공지능윤리 관련 표준들을 개발 중이다.

일본 총무성은 2017년 7월 인공지능개발 가이드라인을 발간했다. 유럽연합 의회에서는 2017년 1월부터 로봇법과 인공지능 로봇의 인격체를 논의하기 시작해 지금도 논의를 진행하고 있다. 한국에서도 여러 기관을 중심으로 가이드라인 연구와 이에 기반을 둔 표준 개발 연구가 진행되고 있다. 국내 기업으로는 처음으로 2018년 카카오가 인류의 편익추구, 차별 경계, 학습 데이터 운영, 알고리즘의 독립성, 알고리즘에 대한 설명이라는 내용을 중심으로 윤리 가이드라인을 발표[6]하기도 했다.

---

6) 윤리 지침은 다음에서 확인할 수 있다.
https://www.kakaocorp.com/kakao/ai/algorithm 구체적 내용은 다음과 같다.
윤리 헌장
1. 카카오 알고리즘의 기본 원칙: 카카오는 알고리즘과 관련된 모든 노력을 우리 사회 윤리 안에서 다하며, 이를 통해 인류의 편익과 행복을 추구한다. 카카오가 알고리즘 윤리 헌장을 도입한 목적입니다.
카카오는 알고리즘 개발을 통해 카카오 서비스를 직·간접적으로 이용하는 사람들이 편익을 누리고, 보다 행복해지는 데 기여하고자 합니다. 알고리즘 개발 및 관리와 관련된 일련의 과정에서 카카오의 노력은 우리 사회의 윤리 원칙에 부합하는 방향으로 이뤄질 것입니다.
2. 차별에 대한 경계: 알고리즘 결과에서 의도적인 사회적 차별이 일어나지

여러 나라의 인공지능윤리 지침의 항목들은 각 나라에 맞춰 만들어졌기 때문에 어떤 항목들은 그 구체적 내용에서 나라 간 갈등의 소지가 있을 수 있다. 이러한 인식에 각 나라의 인공지능윤리 지침 관계자들이 동의하였고 지침 관계자, 연구자, 산업관계자 들이 모여 지침들을 공유하고 토론을 통해 연계를 모색하고 산업체에 어떻게 인공지능윤리가 적용될 것인지 논의 중이다. 윤리가 단지 철학 이론

않도록 경계한다. 카카오는 다양한 가치가 공존하는 사회를 지향합니다. 카카오의 서비스로 구현된 알고리즘 결과가 특정 가치에 편향되거나 사회적인 차별을 강화하지 않도록 노력하겠습니다.

3. 학습 데이터 운영
알고리즘에 입력되는 학습 데이터를 사회 윤리에 근거하여 수집·분석·활용한다.
카카오는 알고리즘의 개발 및 성능 고도화, 품질 유지를 위한 데이터 수집, 관리 및 활용 등 전 과정을 우리 사회의 윤리를 벗어나지 않는 범위에서 수행하겠습니다.

4. 알고리즘의 독립성
알고리즘이 누군가에 의해 자의적으로 훼손되거나 영향받는 일이 없도록 엄정하게 관리한다.
카카오는 알고리즘이 특정 의도의 영향을 받아 훼손되거나 왜곡될 가능성을 차단하고 있습니다.
앞으로도 카카오는 알고리즘을 독립적이고 엄정하게 관리할 것입니다.

5. 알고리즘에 대한 설명
이용자와의 신뢰 관계를 위해 기업 경쟁력을 훼손하지 않는 범위 내에서 알고리즘에 대해 성실하게 설명한다.
카카오는 새로운 연결을 통해 더 편리하고 즐거워진 세상을 꿈꿉니다.
카카오 서비스는 사람과 사람, 사람과 기술을 한층 가깝게 연결함으로써 그 목표에 다가가고자 합니다. 카카오는 모든 연결에서 이용자와의 신뢰 관계를 소중하게 생각합니다. 이를 위해 더 나은 가치를 지속적으로 제공하는 기업으로서, 이용자와 성실하게 소통하겠습니다.

6. 기술의 포용성
알고리즘 기반의 기술과 서비스가 우리 사회 전반을 포용할 수 있도록 노력한다.

7. 아동과 청소년에 대한 보호
카카오는 아동과 청소년이 부적절한 정보와 위험에 노출되지 않도록 알고리즘 개발 및 서비스 디자인 단계부터 주의한다.

이나 선언으로 그치는 것이 아니라 이렇게 산업체와 국가기관에서 관심을 가지는 이유는 인공지능의 발달과 더불어 윤리적 요소가 산업 발전에 미치는 영향을 자각하기 시작했기 때문이다.

각 나라는 인공지능윤리 관련 요소인 투명성, 편향, 책무성 등이 인공지능 기술에 영향을 줄 수밖에 없고 이를 제어할 수밖에 없는 환경이 된다는 상황에 직면하고 있다. 따라서 이런 영향과 제어를 먼저 선점하고 그에 기반한 표준 또한 효과적으로 선점하여 국가 기술 경쟁력을 높이려 한다. 이런 시대적 배경 하에서 인공지능 윤리를 이해하면 기존의 윤리와 달리 인공지능윤리가 과학기술과 비즈니스 경쟁력의 지속가능성 때문이라는 점을 폭넓게 이해할 수 있다.

II. 인공지능로봇의 행위에 대한 책임은 어디에 있을까

1. '로봇윤리', '인공지능윤리'의 어원은

'로봇윤리'라는 단어는 '인공지능윤리'라는 표현이 널리 사용되기 전 '지안마르코 베루지오(Gianmarco Veruggio)'라는 로봇공학자에 의해 2002년 처음 등장했다. 로봇윤리에서 다루는 '로봇'은 인공지능을 장착하지 않은 로봇 단계부터 인공지능을 장착한 로봇까지 포함하는 의미이다. 따라서 인공지능윤리의 쟁점은 로봇윤리의 쟁점을 일부 포함한다. 그러나 실제로 로봇윤리의 내용이 대중에게 널리 알려진 시기는 지금보다 훨씬 이전이다. 공상과학 소설가 아이작 아시모프(Isaac Asimov)는 1942년 단편소설에서 "로봇공학 삼 원칙"을 기술했다. 이 로봇공학 삼 원칙은 공학 전문가들에게서 실제 공학에 사용되기에는 구체적이지 못하다는 평가를 받았다.

당시 로봇 개발의 단계는 오늘날 심층학습이 가능한 알고리즘과 같은 인공지능처럼 발전된 단계가 아니었다. 이런 이유로 당시 로봇과 관련한 윤리적 관심은 로봇 시스템이나 알고리즘과 관련한 차원이 아니라 로봇의 행동과 관련하여 그 행동을 어떻게 제어할 수 있을까에 국한되었다. 하지만, 로봇공학 삼원칙은 소설과 영화에서 널리 인용되면서 '로봇윤리'라는 단어를 대중화하는 데 기여했다.

최근 인공지능이 급격하게 발전하면서 유럽연합(EU) 의회에서는 인공지능이 자율 시스템으로서 인간 개입 없이 의사 결정을 하게 돼 인간에게 주로 부여하던 법적 책임을 부여하기 어렵게 될 경우를 우려해, 인공지능 로봇에 법적 책임을 부여하는 방안을 논의하기 시작했다.

일련의 상황들은 단순한 자동 기계적 로봇뿐 아니라 자율적 의사 결정을 하는 인공지능이 장착된 인공지능 로봇, 그리고 하드웨어 없이 인터넷에서 소프트웨어로만 존재하는 로봇을 모두 포함하는 의미에서 '인공지능'에 대한 윤리가 기존 로봇윤리의 쟁점들도 포섭하고 있음을 보여 준다. 이에 따라 최근에는 '인공지능윤리'와 '로봇윤리'를 의미 차이 없이 사용하기도 한다.

인공지능윤리의 내용은 주제상 크게 '인공지능의 윤리(ethics of artificial intelligence)'와 '기계윤리(machine ethics)'로 나뉜다.

'인공지능의 윤리'는 인공지능 로봇의 발전에 따라 등장하는 쟁점들, 곧 인공지능 기술의 설계·생산·사용 등과 관련해 발생하는 윤리적 문제를 다룬다. 따라서 설계자·제작자·사용자 모두가 주체가 된다.

'기계윤리'는 인공지능 로봇이 윤리적으로 행동하도록 어떻게 설계할 것인지 고민하는 분야로 설계 방식에는 크게 하향식(top-down), 상향식(bottom-up), 혼합식(mixed)이 있으며, 이에 대해서는 5장에서 소개한다.

2. 인공지능의 구체적 의미는 무엇인가

인공지능의 윤리적 차원을 이야기하려면 먼저 '인공지능'을 어떤 의미에서 사용하는지 정확히 밝힐 필요가 있다. '인공지능'이라는 단어를 사람마다 다른 의미로 사용하기 때문이다.

기본적으로 '인공지능'은 지각, 인지, 행동을 하는 개체를 의미한다. 로봇처럼 몸을 가질 수도 있고 소프트웨어처럼 몸 없이 존재할 수도 있다. 기술과 산업의 관점에서는 일의 종류에 따라 인공지능이 여러 하위 분야로 나뉜다. 반면 수행 능력 차원에서 인공지능은 크게 다음 세 가지로 나뉜다.

- 좁은 인공지능(ANI, Artificial Narrow Intelligence): 특정 영역의 문제를 풀어내는 인공지능
- 범용 인공지능(AGI, Artificial General Intelligence): 인간 수준의 인공지능
- 초인공지능(ASI. Artificial Super Intelligence): 모든 분야에서 사람보다 뛰어난 인공지능

좁은 인공지능의 대표적 예는 2016년 이세돌 구단과 바둑 경기를 치룬 바둑 인공지능 알파고(AlphaGo)다. 이 알파고 시스템의 기본 원리를 바탕으로 바둑뿐 아니라 다른 분야에서도 패턴이나 규칙 인식을 학습할 수 있는 범용 인공지능이 현재 발전하고 있다. 한편, 초인공지능에 대해서는 최근 한국의 대중매체에서 종종 언급되었다. 주로 '인공지능이 사악한 의도를 가지고 인간을 지배할 위험'이 다루어지는데, 이는 범용 인공지능이나 초인공지능과 관련된 이야기로 좁은 인공지능과는 무관하다. 이 책은 좁은 인공지능과 관련한 윤리적 이슈들을 주로 다룬다. 범용 인공지능이나 초인공지능과 관련한

윤리적 이슈는 별도로 다루어져야 할 것이다.

이 책이 좁은 인공지능의 윤리적 쟁점에 초점을 맞추는 이유는 다음과 같다. 첫째, 지면 제한과 시의성 때문이다. 범용 인공지능, 초인공지능의 윤리 문제들보다는 좁은 인공지능의 윤리 문제들이 현재 우리가 먼저 해결해야 할 문제들이다. 범용 인공지능과 초인공지능과 관련한 윤리 문제들("인공지능은 감정이나 자아를 가질 수 있는가" 등)은 이후에 생각해야 할 쟁점들로, 시급성이 상대적으로 적다. 물론 이와 연관된 주제가 등장할 때 언급은 할 것이다.

둘째, 좁은 인공지능과 범용 인공지능을 분명히 구분해야 혼란이 없기 때문이다. 예컨대 "로봇에 '인격'을 부여할지"에 대한 최근 논쟁은 사실 두 종류의 논의로 구분해야 한다. 이는 좁은 인공지능과 관련해서는 법적 논의가, 범용 인공지능과 관련해서는 철학적 논의가 된다.

당면한 문제는 전자인격에 대한 법적 논의다. 좁은 인공지능 관련 논의에서 '인격'은 인공지능을 활용했을 때 생기는 사고의 법적 처리를 위한 법적 지위를 의미한다. 인간에게 부여되는 심리적, 도덕적 인격과는 의미가 다르다. 반면 범용 인공지능과 관련해 '로봇도 인간처럼 심리적, 도덕적 인격을 가지는가'라는 주제가 논의되곤 하는데, 여기서 '인격'은 법에서 사용되는 인격의 의미와는 다른 맥락을 띤다.

3. 인공지능이라는 아이디어를 처음 낸 사람은 누구인가

컴퓨터의 시초는 1946년에 공개된 에니악(ENIAC)으로 보통 알려져 있다. 하지만 이는 컴퓨터 하드웨어의 측면에서 조명된 것이다. 컴퓨터의 작동 원리를 가장 먼저 생각해 낸 사람은 영국의 수학자이자 컴퓨터과학자이자 철학자였던 앨런 튜링(Alan Turing)이다. 컴퓨터의 작동 방식은 두 가지다. 하나는 주어진 규칙이 있고 그에 따라 일정한 입력 정보가 주어지면 출력 정보를 제시하는 방식이다. 다른 하나는 규칙 대신 데이터들이 주어지며 이로부터 규칙을 추측해 내는 방식이다. 전자가 자동 시스템(automated system)이며, 후자가 오늘날 '심층학습(Deep Learning)을 통해 자율적으로 판단하는 자율 시스템(autonomous system)이다. 튜링은 두 방식의 컴퓨터를 모두 생각했다.

튜링은 1937년에 "계산 가능한 수에 대한 연구: 결정 문제에의 응용"이라는 논문에서 차후 '튜링 머신'이라고 부르게 되는 'a-기계(automatic-machine)'이라는 가상의 컴퓨터를 제안했다.[7] 당시 '결정 문제'는 논리학, 수학, 컴퓨터과학에 공통된 미해결의 문제였고 튜링은 이를 해결하려 했다. 그리고 이 발상은 당시 독일-영국 전쟁에서 독일군의 암호를 풀기 위한 암호 해독 컴퓨터인 일명 '콜로서스'를 만드는 데도 기여했다.

튜링은 이어 1950년 철학 저널 Mind지에 실은 "계산기계와 지능(Computing Machinery and Intelligence)"이라는 논문에서 계산하는 기계가 지능이 있는 것으로 간주될 수 있는 가능성을 제안한다.[8] 기계가 '지능'을 가지는지 판단하기 위해서는 '튜링 테스트(Turing test)'를 제시한다. 타자기를 통해 보이지 않는 상대에게 질문을 던졌을 때 그 답변이 인간의 답변과 구분하기 어렵다면, 상대가 인간과 같은 지능을 가지고 생각한다고 판단하는 것이다.

---

7) Turing, A.M.(1937). "On Computable Numbers, with an Application to the Entscheidungsproblem". *Proceedings of the London Mathematical Society*, 42(1), 230~265.

8) Turing, A. M. (2004). Computing machinery and intelligence. 1950. T*he Essential Turing: The Ideas that Gave Birth to the Computer Age.* Ed. B. Jack Copeland. Oxford: Oxford UP, 433-64.

이러한 사고실험은 오늘날 인간과 구별할 수 없으리만큼 반응하는 컴퓨터에 대해 상금과 메달을 수여하는 뢰브너상(Loebner) 경진대회로 발전했다.

'컴퓨터가 지능을 가지는가' 하는 질문은 두 가지 세부 화두로 나뉜다. 하나는 존재론적 질문으로 인공지능이 인간과 같은 지능을 '실제로 가질 수 있는가'라는 것이다. 이 화두는 현재 주로 개발되는 좁은 인공지능들과 다소 무관하다. 다른 하나는 인식론적 질문으로 '인공지능이 지능을 가진 것인지의 여부를 우리가 어떻게 알 수 있는가'하는 것이다. 튜링 테스트는 인식론적 질문에 대한 대답을 알기 위한 시도이다.

4. 인공지능윤리를 위한 인공지능의 짧은 역사

인공지능윤리를 이야기하기 전에 인공지능의 간략한 역사를 볼 필요가 있다.

'인공지능'이라는 용어는 튜링의 초기 컴퓨터와 계산기계의 지능이라는 아이디어가 제시된 후 1956년 여름 미국 다트머스(Dartmouth) 대학에서 열린 학술회의에서 존 매카시(John McCarthy), 마빈 민스키(Marvin Minsky), 클로드 섀넌(Claude Shannon) 등의 학자들이 모여 컴퓨터의 추론과 탐색에 대해 대화를 나누었고 여기서 '인공지능'이란 용어가 탄생했다. '인공지능'이란 단어는 인간과 똑같은 수준으로 기계 혹은 컴퓨터가 지능을 가진다는 의미보다는 형식화 가능한 지능의 요소들을 개발하고자 하는 방향을 의미한 것이다. 지능을 기계적 계산과정으로 설명할 수 있다는 아이디어는 계산을 수행하기 위한 '기호'와 이 기호들을 계산할 '규칙'을 통해 가능하기 때문에 초기 인공지능은 규칙기반(Rule-based) 인공지능으로 발전하였다.

현재 주로 사용되고 있는 인공지능은 '규칙기반'이 아니라 뇌신경망을 모형으로 하여 발전된 '신경망 기반'의 인공지능으로 과거에 해결할 수 없었던 컴퓨터 파워와 충분히 많은 양의 데이터 덕분에 발전하고 있다.

기존의 규칙기반 인공지능은 규칙이 주어지면 그에 해당하는 답들을 내어놓는 일종의 자동시스템이다. 이와 반대로 신경망 기반 인공지능은 자료들이 주어지면 그로부터 패턴이나 규칙을 찾아내는 일종의 자율 시스템이다. '자율 시스템'이라고 해서 '기계가 자율성이나 의식을 가진다'는 의미는 아니며 그와는 구분되어야 한다. 알고리즘 방식의 변화에 따라 기계 및 컴퓨터에 자기 학습 기능이 추가되었다는 의미다. 자율 시스템으로서의 인공지능은 규칙기반 인공지능에서는 성공적으로 하기 어려웠던 패턴 인식 등이 가능하게 되어 심층학습을 통해 사물의 특징을 스스로 파악할 수 있게 되었다.

5. 로봇은 전자 인격체인가

오늘날 인공지능 로봇은 기계학습을 통해 스스로 학습, 판단하는 능력을 가지고 있다. 이로써 인공지능 로봇의 판단 결과 발생 가능한 사고나 피해에 대한 책임을 누가 지는가 하는 문제가 부상했다. 유럽연합 의회는 인공지능이나 로봇이 피해나 사고를 야기할 경우 처리할 수 있는 법안이 현재 없으므로 법적 기틀을 마련할 필요를 논의했고, 2017년 2월 방안 하나를 제안했다. 인공지능 로봇에 '전자 인격(electronic person)'이라는 법적 지위를 부여하는 것이다.

생물학적으로 인간과 가까운 동물에도 아직 법적 지위를 주지 않았는데 어떻게 무생물인 로봇에게 법적 지위를 준단 것인가? 유럽연합은 그 이유로 로봇이 인공지능을 장착해 "자율 결정과 제삼자와의 상호작용이 가능하다는 점"을 제시하고 있다.

　'인격'이라는 표현은 주로 인간에게 쓰이기에 그 의미가 오독될 여지가 있다. '인간처럼 인공지능 로봇이 자유의지와 자율성을 가져야 하는 것인가' 하는 등 논점에서 벗어난 질문이 나오는 이유도 여기 있다. '전자 인격'이란 로봇에게 인간과 동등한 의미의 법적 지위를 부여하려는 것이 아니라 오히려 인간의 지력을 넘어서는 인공지능에 대항해 "로봇이 인간에게 도움을 주는" 종속적 지위에 있다는 점을 분명히 하기 위한 것이다. '법인(法人, legal person)'이 회사 사람들을 대리해 법적 의무와 권리를 가지지만 법인의 '자율성'을 가정할 필요가 없는 것과 같은 맥락이다.

6. '인격'과 '사람' 개념은 어떻게 다른가

　인공지능 로봇을 '전자 인격'으로 고려하자는 유럽연합의 제안은 큰 반향을 불러일으켰다. 인간에게만 사용되어 왔던 '인격' 표현을 동물도 식물도 아닌, 사물로 분류되는 로봇에 부여하자는 것이기 때문이다. 이에 대한 놀라움 때문인지 몇몇 국내 매체와 연구자들은 '전자 인격'을 '전자 인간'으로 잘못 번역해 혼란을 가중시키기도 했다.

　유럽연합의 제안은 인공지능 로봇을 또 다른 '인간'으로 보자는 것이 아니다. 자율 시스템으로 움직이는 로봇이나 자동차, 무기, 의료 기기 등이 발생시킬 위험이나 피해 등이 현재 법 체계로는 다루기 어렵기 때문에 제시된 것이다.

　'전자 인격'에 대한 논란은 '인격(person)' 개념에 대한 오역과 오해에서 비롯된다. 먼저 '인격'이라는 표현에서 연상되는 '인간' 혹은 '사람'은 'human'에 해당하는 번역어다. '인격'에 해당하는 영어 개념은 'person'으로 '인간'이나 '사람'이라는 의미로 들리지만, '인간' 혹은 '사람'은 'human'이라는 개념에 대응하는 의미로 생물학의 종 분류에서 인간 '종'에 해당한다. 침팬지와 인간은 다른 유전자 유형과 생물학적 특이성에 기인해 다른 종으로 분류된다. 따라서 로봇이 인간과 동일한 생물학적 조건을 갖추지 않는 한 로봇을 '인간'으로 간주한다는 말은 성립할 수 없는 모순 표현이다(김효은, 2017).

　'인격' 개념은 '인간' 혹은 '사람'과는 완전히 다른 차원의 의미를 띤다. 고대 로마에서는 이미 법의 적용을 위해 '인격'과 '인간'을 구분했다. 'person(인격)'은 한 개체의 생물학적 특성과 무관하다. 근세 시대 철학자 존 로크(John Locke)는 『인간지성론』에서 '인격'을 "사고할 수 있는 지적 존재자"로 정의했다. 즉, 사고 능력이 있다고 인정되면 인간이 아니더라도 '인격'을 부여할 수 있다. 강아지가 생각할 수 있는 능력을 가진 것으로 공식적으로 인정된다면 '인격'을 부여할 수 있다. 즉, 개체에 따라 '인격'은 인간 인격(human person)과 비인간(동물) 인격(non−human person)으로 나눌 수 있다.

　그런데 이처럼 'person'과 'human'의 본래 의미가 다르다 하더라도 어딘가 여전히 석연치 못하다는 생각이 든다. 'person'에 대한 번역어에 사람을 의미하는 '인(人)' 자가 포함되기 때문이다. 그 대안으로, 만약 어떤 존재에게 인격을 부여할 때에는 번역어로 '인'을 제외하고 '격'만 붙이는 것을 고려해 볼 수 있다.

7. 도덕적 인격과 법적 인격은 어떻게 다른가

　그러면 인공지능 로봇에 부여하려는 인격은 구체적으로 어떤 의미를 띠는가? '인격' 개념은 '도덕적 인격'과 '법적 인격', 두 가지로 나뉜다. 그리고 다시 '주체' 지위와 행위의 대상인 '객체' 지위가 구분된다. 인간은 도덕적·법적 인격의 주체이자 객체다.

먼저 '도덕적 인격'을 보자. 한 개체에게 도덕적 인격을 부여한다는 것은 주체가 사고하고 느끼는 능력이 있다는 것을 의미한다. 도덕적 인격은 다시 둘로 나뉘는데, '도덕적 객체'로서 인격과 '도덕적 주체'로서 인격이다.

'도덕적 객체'는 윤리적 행위를 하는 쪽이 아니라 받는 쪽의 대상이 될 때 인격적으로 대우받는지의 문제다. 17~18세기 철학자 르네 데카르트(René Descartes)는 동물을 생명체가 아니라 감각을 느끼지 못하는'기계'의 일종으로 보았다. 산 채로 해부당할 때 발버둥치는 동물의 행동도 통증 때문이 아니라 반사 반응으로 보았다. 생각하는 능력이 없고 통증을 느끼지 못하기에 동물은 무생물이나 마찬가지며 그 존재가 고통을 느낄지 등을 배려하거나 할 필요가 없었다고 생각한 것이다. 즉 그 당시 동물은 '도덕적 객체' 지위를 부여받지 못했다.

이와 달리 '도덕적 객체' 지위를 오랑우탄에게 부여한 예가 있다. 2014년 12월 아르헨티나 법원은 영장류가 인간과 같은 감정과 인지 능력을 가진 '비인간 인격'이며 영장류에게도 인간과 같이 신체 자유를 누릴 권리가 있다고 하면서 "기본적인 권리를 누릴 수 있어야 한다"고 판결했다.[9]

그런데 한 오랑우탄이 다른 동물이나 사람을 해쳤다고 해서 책임을 물을 방법은 없다. 즉, 오랑우탄에게 부여한 인격은 도덕적으로 대우받는 '객체로서 인격'이지, 자신의 행위에 도덕적 책임을 지는 '주체로서 인격'은 아니다. 또, 동물에 부여하는'인격'은 인간에게 부여하는 '인격'과 내용이 조금 다르다. 우리는 동물을 학대하면 안 된

---

9) Bowden, T. (2014) Orangutan inside Argentina zoo granted 'non-human person rights' in landmark ruling. Independent. https://www.independent.co.uk/news/world/americas/sandra-the-orangutan-inside-argentina-zoo-granted-human-rights-in-landmark-ruling-9940202.html

다고 생각하며 '도덕적 객체'의 지위를 부여하지만, 동물에게 투표권을 주진 않는다. 즉, 동물에게 도덕적 인격의 지위를 부여하는 것과 '법적 인격'을 부여하는 것은 별개의 문제다.

그렇다면 유럽연합에서 고려하는 인공지능 로봇의 지위는 아르헨티나에서 오랑우탄에 주었던 도덕적 객체와 같은 지위인가, 도덕적 주체와 같은 지위인가, 아니면 또 다른 인격 지위인가? 현재의 로봇은 아르헨티나의 오랑우탄처럼 감정이나 인지 능력을 가지는 것으로 인정받고 있지 않다. 도덕적 인격 지위를 부여받진 않는다는 의미다. 따라서, 인공지능로봇의 지위 문제는 로봇이 어떤 행동을 했을 때 도덕적으로 비난받거나 윤리적 책임을 지는 것에 대한 논의가 아니다. 또, 로봇을 학대해도 되는가 아닌가에 대한 논의도 아니다.

물론 인공지능 로봇이 인지나 감정을 실제로 가질 수 있게 된다면 '도덕적 인격체라고 할 수 있는가, 없는가' 하는 질문을 할 수 있다. 이 질문은 좁은 인공지능보다는 일반인공지능이나 초인공지능과 관련한 질문이다. 따라서 인공지능의 현 단계에서 이 논의는 논리적으로 그 가능성이 있는지를 따지는 사고실험으로만 가능하며, 현실적인 인공지능 로봇의 문제들과는 다소 거리가 있다. 더구나 유럽연합은 법적 필요성 때문에 전자 인격을 언급한 것이므로 도덕적 인격이 아닌 '법적 인격'에 초점을 맞출 필요가 있다.

8. 로봇에 부여되는 법적 인격이란 어떤 의미인가

왜 애초에 인공지능 로봇에 전자 인격을 부여하자는 이야기가 나왔을까? 로봇은 기존의 자동 시스템 뿐만 아니라 '자율 시스템'도 포함하여 개발되고 있다. 현 단계의 인공지능은 기계학습을 통해 자율적으로 데이터를 학습해 패턴을 찾아내므로 알고리즘 설계자가 예측할 수 없는 과정을 거쳐 결과를 낸다. 기존 자동차의 경우, 결함으로 발생한 자동차 사고는 차량의 설계자나 제작시, 사용자 등을 책임 소재로 설정할 수 있다. 반면 무인자동차의 자율 판단에 의해 일어난 사고나 상해에 대한 책임은 누구에게 있는가? 인공지능 작가가 쓴 기사나 소설에 대한 저작권은 누구에게 있는가?

현재 윤리나 법은 이에 대한 답을 줄 수 없다. 새로운 법과 윤리가 필요하다. 유럽연합이 제안한 '전자 인격'은 민법에서 '법인'처럼 계약이나 소송 등의 법적 권리와 책임을 부여하기 위한 것이다. 인공지능 로봇의 법적 지위는 법적 주체(legal agent)와 법적 객체(legal patient) 중 어느 쪽에 가까운가? '법적 주체'는 행위에 대해 법적 책임을 지는 반면 '법적 객체'는 법률 행위의 대상으로 고려된다.[10] 유럽연합에서 논의를 시작했던 '로봇에 전자 인격의 지위를 부여할 것인가'의 문제는 '법적 주체'와 관련된다. 인공지능이 일으킬 수 있는 피해나 상해에 대한 책임 '주체'가 필요해 제안된 개념이다.

인공지능 로봇에 인격을 부여한다는 제안에 불필요한 공포를 느낄 필요는 없지만, 논란의 여지는 여전히 있다. 인공지능 로봇에 부여되는 인격 개념이 법적 인격이라 하더라도 법인에 부여되는 인격 개념과 다른 속성을 띠는 것처럼 보이기 때문이다. 법인으로 인정받는 회사는 그 자체로는 인간은 아니지만 구성원은 인간이다. 그래서 인간들을 '대행'해 법적 역할을 한다. 그러나, 인공지능 로봇의 경우는 그렇지 않다. 인공지능 로봇은 인간으로 구성되지 않는다. 그럼에도 인간처럼 '사고하는 기능'을 가지고 있다. 인간이 아닌 기계인데 인간과 유사한 사고기능을 가진다는 생각이 불안감을 주기 때문에 여전히 논란이 된다.

---

10) Floridi, L., & Sanders, J. W. (2004). On the morality of artificial agents. Minds and machines, 14(3), 349-379.

9. 전자 인격 부여의 딜레마는 무엇인가

인공지능 로봇에 부여하는 '전자 인격'의 성격이 무엇이든, 여기서 중요한 것은 법적 지위를 부여하는 개체의 속성이 무엇인지 검토하는 것이다. 법적 필요성 때문에 로봇에 인격을 부여해야 하지만, 또 다른 법적 인격인 회사 법인과는 다른 특성 때문에 이를 정당화하기가 쉽지 않다. 법적 인격이어서 인간이 가진 '도덕적 인격'과 다른 의미라 하더라도 인공지능이 '사고하고 인지하는 기능'을 가졌기에 인간이 가진 '도덕적 인격'이 연상될 수밖에 없다.

법인의 경우 사람들로 구성되어 있으므로 법적 인격으로서 권리 행사나 책임을 가진다는 생각에 대해 거부감이 없다. 법인을 회사 구성원들의 대리자로 인식하는 데 무리가 없으므로 법인은 자율적인 법적 주체와 객체로 간주된다.

반면 인공지능 로봇은 사람들로 구성된 개체가 아니다. 도덕적 인격이 아니라 법적 인격이라고 해도 어떻게 로봇이 자율적인 법적 행위자가 될 수 있는지 의문이 제기된다. 로봇에 법적 성격을 부여하는 목적이 피해에 대해 책임지고 보상하게 하는 것이라면 최소한 법인처럼 누구의 대리자인지가 분명해야 한다. 법인은 회사 구성원들의 자율성을 대리해 역할을 수행한다. 인공지능 로봇은 누구의 자율성을 대리하는가? 로봇이 인공지능과 같은 자율 시스템을 장착하게 되면 책임 소재 또한 단일하지 않고 여러 주체에 분배되는 방식으로 책임의 모습도 달라진다. 무인자동차가 운전 중 장애물에 부딪혔을 때 그 책임을 설계자와 사용자에게 나누어서 묻는다고 가정하자. 그렇더라도 무인자동차 단독의 의사 결정에 대한 책임도 있으므로 자율자동차의 '자율성'을 어떤 방식으로든 거론할 수밖에 없다.

'자율성'이란 무엇인가? 무인자동차나 로봇에게 사용되는 '자율'이란 개념은 인간이 가지는 '자율성'이나 '자유의지'와 같은 개념인가? 이런 철학적 질문에 대한 대답이 숙제로 남는다. 로봇이 나노 로봇이나 인간-기계 하이브리드로 발전하고 있는 상황에서 이러한 철학적 질문은 단순히 사고실험을 자극하는 데 그치지 않고 새로운 시각을 요구한다. 학술적 대답뿐만 아니라 사회적 합의도 필요하다. '자율성'을 어떻게 정의하고 어떻게 사회적 합의를 이루는가에 따라서 인간-기계의 경계가 예전보다 모호해질 수도 있다.

무인자동차와 같이 인공지능을 활용하는 도구가 사고를 일으킬 경우 생기는 법적 책임 문제에 대해 '전자인격'을 부여하는 것이 유일한 해결책은 아니다. '인격'을 부여하는 방식 외에 다른 법적 대안을 강구할 수 있다.

10. 인공지능과 윤리의 동시학습이 가능한 융합교과로서의 인공지능윤리 교과

인공지능윤리 교과는 현재 외국과 국내에서 개설되어 있다. 그 내용에 있어서 크게 기존의 공학윤리의 유사한 내용을 인공지능에 적용하는 교과와 독립적으로 진행하는 교과로 나뉠 수 있다. 구체적으로 그 유형은 크게 다음의 세 가지로 구분가능하다. I. 순수이론 중심, II. 공학내용 + 이론 병렬, III. 공학에 내재된 윤리.[11] I은 인공지능윤리의 주제들을 학습하고 토론하는 방식이다. II는 컴퓨터 관련 내용을 학습한 후, 이어서 그와 관련한 인공지능윤리 주제들을 학습하는 방식이다. III은 내용에 있어서는 II와 유사해 보이면서 공

---

11) 김효은(2020). 공학적 방법을 결합한 인공지능윤리 학습. 윤리연구, 129: 133-153

학적 내용과 윤리적 내용이 함께 학습되지만 윤리적 내용이 공학의 형식 안에 내재되어 있어 통합된 하나의 내용이 만들어지는 방식이다. 각 방식은 교과의 특성, 연령, 교과목표 등에 따라 다양하게 선택되거나 연계 혹은 새로운 방식이 추가될 수 있을 것이다.

이 목록 중 기존의 공학윤리의 이론 중심과는 차별성을 가진 세 번째 유형을 소개하고 실제 인공지능윤리에 응용될 수 있는 방식을 제안하겠다.[12] 세 번째 유형은 공학적 방식과 인공지능윤리의 이론적 내용을 반(半) 실습하는 융합교과의 방식이다.[13]

▼ 표 3-1 세 유형으로 보는 인공지능윤리 교과

유형 구분	대학	교과명	개설구분
I	MIT	인공지능의 규제와 윤리	교양
I	중국과학원대학교	인공지능의 철학과 윤리	교양
I	스탠포드대학교	인공지능의 철학, 윤리, 영향	교양
II	텍사스대학교	컴퓨터과학윤리	컴퓨터학과 전공필수
III	MIT	인공지능 + 윤리	중학생 대상
III	하버드대학교	내재된 윤리(embedded ethics)	컴퓨터학과 전공
III	한밭대학교	인공지능윤리	교양

하버드대의 경우 전공과목인 컴퓨터과학 내용 안에 AI윤리를 결합했다. 'embedded'란 '내재된' 혹은 '내장된'으로 번역되며 알고리즘 설계 절차 안에 포함된다는 의미이다. 예컨대 프로그래밍 언어 학습 안에 인공지능윤리의 주제들을 검사하고 검증을 하는 방법을 한 주의 수업 내용으로 하고 있다. 이외에, 대규모 분산 시스템과 프

---

12) 각 국가의 인공지능윤리교과에 대한 간략한 소개는 김효은(2020)을 참조하라.
13) 융합교과 소개의 내용은 김효은(2020)의 140－150의 내용을 요약한 것임.

라이버시 문제를 결합한 내용 (이하 결합한 내용을 +로 표시), 인간과
컴퓨터 상호작용 + 시각장애 사용자에 대한 시스템설계, 기계학습
+ 부주의한 차별사례 논의, 컴퓨터 네트워크 + 페이스북, 가짜 뉴
스 등 소셜미디어 플랫폼 검열문제, 시스템 프로그래밍과 머신구조
+ ASCII, Unicode와 윤리적 자연어의 표현법, 시스템 보안 + 보복
해킹에 대한 정당방위가 교육내용이다. 이외에도 컴퓨터공학과의 전
공교과인 '네트워크', '프로그래밍 언어', '데이터 시스템'에 윤리모듈
을 결합하는 방식이 개발되고 있다.14)

　　MIT의 중학생용 교과는 중학생 대상임에도 불구하고 기계학습
이나 기계학습에서의 분류자(classifier) 개념들을 소개하고 이해관계
자들의 이해충돌을 조정하는 연습 등이 내용으로 포함되어 있다. 중
학생 수준이므로 직접 코딩과 결합하지 않으며 팀으로 토론하며 워
크시트에 해당사항을 작성하도록 하며 구글에서 쉽게 활용하도록 개
발한 온라인 기반 인공지능학습 페이지인 '티쳐블머신'15)을 활용한
다. 이러한 내용은 융합적 특성을 잘 살리는 반면, '분류정확도', '비
지도 학습', '인식률' 등의 용어가 10-14세의 중학생 모두에게 이해
가 용이하지 않을 수 있다.

　　한밭대학교의 인공지능윤리 교과는 2018년 2학기 국내 대학에서
는 최초로 개설되었으며 매년 매학기 내용을 업그레이드하여 진행되
고 있다. 2019년까지는 딥러닝 전공, 철학 전공, 법학 전공, 경영학 전
공의 교수들이 팀티칭을 하였으며 그 후에는 기계학습 플랫폼을 이용
하여 공학이 결합된 인공지능윤리 교과를 진행하고 있다. 이 교과는
하버드대와 MIT의 인공지능윤리 교과의 단점을 보완하면서도 인공지
능윤리가 인공지능 설계과정 안에서 이해되도록 하는 융합 교과이다.

---

14) https://embeddedethics.seas.harvard.edu/index.html, (검색: 2020. 5. 10).
15) https://teachablemachine.withgoogle.com (검색일: 2020. 5. 10.).

수업은 다음의 문제를 해결하는 방식으로 문제중심, 과제중심으로 진행되며 이는 인공지능윤리의 주제들과 함께 매 주 조금씩 토론과 피드백을 통해 한 학기에 걸쳐 연구하며 완성하게 된다.

▼ 한밭대학교 2020년도 1학기 인공지능윤리교과 프로젝트 내용

과제: 데이터 편향과 알고리즘 편향의 구성과 완화

0. 구체적 사례연구를 위해 다음의 인공지능로봇[16] 중 선택하기(아래 선택지 외에 개인 관심에 따라 새로 추가가능함.)

> 전쟁로봇(킬러로봇), 소설/기사쓰는 AI, 인공지능면접관, 인공지능예술가, 인공지능스포츠심판, 인공지능주가예측, 인공지능예술가, 인공지능판사, 인공지능상담사, 인공지능배달로봇, 인공지능드론, 인공지능건설, ...

1. 선택한 인공지능로봇이 어떤 딥러닝 알고리즘 (예 RNN, CNN 등)으로 작동하는지 간략하게 알아보고 정리하기.
2. 데이터 편향과 알고리즘 편향 구성하고 완화해보기

데이터 편향 구성 및 완화해보기	알고리즘 편향 구성 및 완화해보기
* 데이터의 종류와 질적, 양적 적정치를 생각해보기	* 인공지능의 결정의 기준(변수)들과 가중치를 조정해보기
2-1. 선택한 인공지능로봇이 학습할 데이터는 어떤 것인지 종류별로 정리해본다.	3-1. 예컨대 가방을 살 때 용도와 장소, 색깔 (가방 골라주는 AI라고 쉽게 상상해보면, 이 요소들이 변수임) 등을 고려하듯이 자신이 선택한 AI로봇이 그 용도에 맞는 판단을 내리기 위해 어떤 기준을 가져야 하는지 기준
2-2. 데이터가 정리되었으면 데이터를 어떻게 입력하는가에 따라 결과가 달라지는지 세 종류 정도 가상 상황을 정리해본다.	예 킬러로봇/전쟁로봇의 경우 민간인과 군인을 구분해야 하는데 이 구분은 무엇으로 구분할 수 있을지? 옷색깔? 총소지 여부?
2-3. 위의 작업을 해보면서 자신의 AI로봇에 어떤 데이터를 어떻게 넣거나 뺄 경우 결과가 달라지는지, 수업시간	– 알고리즘의 변수 정해보기
	3-2. 3-1에서 생각해본 정리목록을

| 에 배운 '편향'이 어떻게 나타나는지 정리해본다.
2-4. 위의 편향을 적절히 조정하려면 어떤 데이터들을 사용/조정해야 할지 정리해본다. | 보고 예컨대 그 목록이 문제를 일으킬 가능성은 없는지 여부 고민해보기.
예 AI가 상대의 총의 소지 여부를 인공지능영상으로 구분하기 어려운 경우는 없는가? 장난감 총인 경우? 등등 문제제기해보고 변수와 가중치를 조정해보기. |

이 과제를 수행하기 위해, 학생들은 각자 선택한 인공지능로봇에 대해 위의 질문에 답하기 위해 각 선택지에 대해 연구하고 토론 및 피드백을 받아야 하며, 그 과정에서 데이터와 알고리즘이 어떻게 편향에 노출되는지를 몸으로 익히기 위해 'machinelearning for kids'[17)]라는 기계학습 플랫폼을 사용한다.

영국에서 만들어진 "어린이를 위한 기계학습" 플랫폼은 IBM Watson Developer Cloud의 API를 사용하여 Dale Lane 개발자가 인공지능의 교육을 목적으로 개발한 것이다. 인공지능'윤리' 학습을 위한 플랫폼은 아니다. 그러나 인공지능윤리가 인공지능 설계과정에 내재해 있음을 경험해보기에 충분히 활용가능하다. 인공지능 설계과

---

16) '인공지능로봇'은 단순자동기계로봇과는 구분되는 인공지능기반의 로봇을 의미함.

17) https://machinelearningforkids.co.uk(검색일: 2020. 5. 10). 이 웹페이지의 제목은 '아이를 위한'이라고 되어 있지만 일반인과 비전공자를 위해서도 매우 유용하다. 레이블 및 데이터 입력 후 기계학습을 끝낸 후, 모델 구성 다음 단계에서는 어린이에게 많이 사용되는 코딩 교육프로그램인 스크래치 뿐만 아니라 전문가들도 사용하는 파이썬(Python) 또한 결합되어 있다. 따라서 컴퓨터를 전문적으로 전공하지 않은 일반인이나 비전공자 성인들부터 코딩도구 활용자까지 인공지능과 기계학습에 대한 기본적 개념을 갖추기 위해 간단하고 재미있게 다룰 수 있다.

정에서 데이터와 알고리즘을 여러 가지로 변형해 봄으로써 윤리적 요소가 어떻게 개입되는지 알 수 있다.

이 플랫폼의 기계학습 체험은 훈련, 학습 및 평가, 만들기의 3단계로 이루어져 있다. 첫 번째 단계는 알고리즘의 변수에 해당하는 레이블을 지정하고, 레이블에 해당하는 학습데이터를 추가한다. 그다음, 충분히 데이터를 추가한 후 이를 인공지능이 '훈련' 즉 기계학습을 하게 하는 옵션을 선택하면 데이터의 크기에 따른 시간 소요 후 해당 모형이 만들어진다. 그리고 나서 만들어진 모형에 시험데이터 입력값을 넣어보아 적절한 결과가 나오는지를 테스트할 수 있다. 그 후 학습자가 스크래치나 파이썬의 학습경험이 있는가 여부에 따라 그 다음단계인 '인공지능 만들기'를 선택할 수 있다. 일반적으로는 인공지능 만들기 단계는 생략해도 인공지능 편향이 데이터와 알고리즘 변수에 따라 어떻게 다른 결정을 내리게 되는지를 직접 경험할 수 있다.

이러한 도구의 활용은 실제 전문적인 인공지능을 만드는 과정은 아니지만 인공지능을 만드는 절차와 원리에 대해 몸으로 직접 해볼 수 있도록 도와준다. 데이터와 레이블링을 여러 버전으로 수정하여 그 결과를 산출하여 비교해볼 수 있으므로 이를 통해서 데이터 편향과 알고리즘 편향이 발생하는 구체적 조건들을 직접 체험하고 인공지능 설계의 주요 윤리적 이슈를 깨닫게 해준다.

Ⅲ. 무인자동차가 왜 대표적인 인공지능윤리 사례인가

1. 의사결정 자동화에 필요한 윤리원칙은 무엇인가

　도덕적으로 행동하는 인공지능 로봇을 만들고 인공지능의 판단이 윤리적이길 바라는 이유는 무엇인가? '도덕적으로 유능한 인공지능'이란 무엇이며 그 기준은 무엇인가? 인공지능 로봇이 인간을 보조하는 영역이 확대되고 우리의 의사 결정이 인공지능에 의존하는 비중이 커지고 있다. 반면 인공지능의 학습 절차를 인간이 알기는 점점 어려워지고 있다. 이때 우려되는 점은 인공지능이 인간에 피해를 줄 가능성이다. 이 때문에 우리나라를 포함한 여러 나라에서 최근 발표한 인공지능윤리 원칙들 중 우선순위로 꼽는 원칙이 바로 "인간의 복지나 행복을 해치면 안 된다"는 원칙이다.

　'원칙'이란 기본 방향을 알려 주는 역할을 한다. 원칙 자체는 추상적이며 일상생활의 실제 상황에 그대로 적용하기 어렵다. 소설가 아시모프의 로봇 삼 원칙, 여기에 '0원칙'이 추가된 사 원칙, 그리고 일반 윤리 이론의 원칙들도 그 성격상 추상적일 수밖에 없다. 이런 원칙들은 우리가 실제 일상생활에서 부딪치는 복잡한 상황에 그대로 적용하거나 알고리즘으로 만들기 어렵다. 로봇 삼 원칙이나 공리주의, 의무론 중 어느 것도 인공지능이 탑재된 무인자동차가 구체적 교통 상황에서 어떤 결정을 내려야 하는지 답을 주지 못한다.

　"인간의 복지나 행복을 우선으로 한다"는 원칙을 인공지능 로봇 설계에 이용하거나 인공지능 소프트웨어의 판단 기준으로 삼는다고 해 보자. 사회에서 상호 경쟁 혹은 갈등 관계에 있는 이익 집단들은 '복지'나 '행복'에 대해 다른 해석을 내릴 수밖에 없다. '타인을 해치지 말라'는 원칙 또한 누구나 동의할 만한 윤리 원칙인 것 같지만 정작 구체적 상황에는 합의가 어렵다.

예컨대 정당방위로 살인한 경우를 윤리적, 법적으로 허용할 수 있을 것인지는 인간조차도 쉽사리 합의하기 어려운 문제다. 만약 정당방위로서 살인을 지나치게 관대한 수준으로 허용하면 살인을 정당화하는 데 이용될 것이고, 다른 한편으로 아주 좁게 허용할 경우 범죄에 매우 취약하게 되고 피해가 늘어날 것이다.

인공지능의 '지능'은 처음에는 인간의 지능을 목표로 개발되기 시작했다. 하지만 기억이나 검색, 패턴 인식 등의 일부 분야에서는 인간 지능보다 더 높은 수행 능력을 보이며 발전 중이다. 무인자동차를 비롯한 여러 인공지능의 윤리적 판단 및 행동 기준은 인간이 보통 따르는 윤리적 판단 및 행동 기준에 맞춰 유사하게 잡아야 할까, 더 높게 혹은 더 낮게 혹은 아예 다른 기준으로 잡아야 할까. 인간보다 더 높은 인지 수행 능력을 갖추고 있으니 더 높은 도덕 기준을 적용해야 할까. 이에 대한 결정은 사회적 합의를 거쳐야 하며, 일부만이 임의로 합의할 경우 사회적 갈등이 생길 수 있다. 인공지능 로봇과 인간이 원활하게 상호작용하는 데에 인공지능윤리가 인간 윤리와 비슷해야 하는지 여부를 미리 실험해 보면 유용할 것이다. 그 방법 중 하나가 가상으로 인공지능 시스템의 상황을 연출하고 피험자의 반응을 보는 것이다.

2. 자율주행 등급의 어디에서 윤리가 관련되는가

무인자동차는 체력이나 인지 능력에서 한계가 있는 인간보다 실수를 덜 한다. 졸음운전이나 좁은 시야, 늦은 판단력의 문제가 없다. 그래서 무인자동차는 교통 사고 건수를 기존보다 90퍼센트나 줄일 수 있으므로 안전도를 높이는 데 기여한다고 한다. 그러나 무인자동차가 구체적인 딜레마 상황들에서 어떤 의사 결정을 내릴지 정해져야 가장 높은 수준의 '자율주행' 자동차가 완성 가능하다.

인공지능을 탑재한 무인자동차의 자율주행 기술 등급은 미국 도로교통안전국(NHTSA)에서 정한 바에 따르면 레벨 0부터 레벨 4까지 총 다섯 단계다. 레벨 0은 자동차 주행 보조 장치가 없는 일반 자동차 상태다. 레벨 1은 현재 일부 자동차에 장착돼 있는, 일정 속도로 계속 달릴 수 있는 크루즈 컨트롤이나 일부 고속버스에 장착된 차선 이탈 금지 기능과 같이 운전 보조 기능이 더해진 상태다. 레벨 2는 레벨 1 기능에 더하여 앞차가 정지하면 자동으로 정지하고 앞차가 움직이면 자동으로 출발하는 적응형 크루즈 컨트롤 기능이 장착된 상태다. 레벨 3은 차의 운행을 무인자율차에 온전히 맡길 수 있고, 비상시에 운전자가 차를 제어할 수 있는 상태다. 레벨 4는 모든 환경에서 자율주행이 가능하며 탑승자의 개입이 필요하지 않은 상태다.[18] 현재는 세 번째 단계인 레벨 2를 개발 중이며, 레벨 3을 거쳐 레벨 4가 완성되어야 자율 기능이 온전히 완성된 '무인자동차'라 할 수 있다. 이 단계에서야 비로소 인간의 개입이 전혀 없이도 운행이 가능한 상태가 되며 보통 '무인자동차의 윤리'가 문제되는 단계이다.

여기까지 도달하기 위해 선결되어야 할 사항 중 하나는 특정 교통 상황에서 무인자동차가 어떤 결정을 내리게 할지 정하는 일이다. 일어날 수 있는 상황을 미리 모두 예측할 수는 없지만 어떻게 무인자동차가 운전을 결정할 것인지를 합의하고 이를 알고리즘으로 만들어야 사고 발생의 손해를 최소화하고 법적, 도덕적 처리를 용이하게 할 수 있다.

---

18) NHTSA (2017). Automated driving system: vision for safety, U.S. Department of Transportation, https://www.nhtsa.gov/sites/nhtsa.dot.gov/files/documents/13069a－ads2.0_090617_v9a_tag.pdf.

3. 도덕판단의 기준을 알아보기 위한 사고실험:
트롤리 딜레마(Trolley's dilemma)

특정 교통 상황에서 직면하는 딜레마는 이미 철학 분야에서 '트롤리 딜레마(Trolley's dilemma)'로 다루어진 바 있다. 트롤리는 기차의 일종으로, 기차 대신 큰 상해나 죽음을 야기할만한 동물이나 위험물로 대체해서 생각해도 가능하다. 트롤리 딜레마는 일종의 사고실험으로 먼저 제시되었다. 사람들이 실제로 구체적 상황에서 어떤 결정을 내릴지에 대해서는 알기 어렵다. 어떤 구체적 상황에 많은 사람들을 동시에 모아 그 반응을 살펴보기란 현실적으로 불가능하기 때문이다. 그래서 실제 상황에 사람들이 어떻게 반응할 것이라고 생각하는지를 알아보기 위해 가상 시나리오를 사용하는 '사고실험(thought experiment)'을 한다.

이렇게 고안된 사고실험 중 도덕판단에 관한 것이 영국 윤리철학자가 1967년 제시한 트롤리 딜레마(Trolley's dilemma)[19] 이다. 이 딜레마의 문제상황은 위급한 상황에서 누구를 살릴 것인가이다. 구체적 상황은 "다섯 사람을 구하기 위해 한 사람을 죽이는 것이 도덕적으로 허용가능한가?"이다. 그리고 이 딜레마는 다음 두 가지 사례로 나뉜다.

<트롤리 딜레마> 정차 기능이 고장난 트롤리는 선로를 따라 달려오고 있고, 선로에는 다섯 사람이 있다. 당신은 선로 밖에 서 있고 다섯 사람을 구하기 위해서는 선로변환기를 당기면 되지만 그렇게 되면 다른 선로에 있는 다른 한 사람이 죽게 된다. 선로변환기를

---

19) 트롤리 문제는 Philippa Foot(1967)이 처음 제시하였고 Thompson(1976). Killing, Letting Die, and the Trolley Problem, *The Monist* 59, pp. 204-217이 변형하여 제시하였다. Foot이 제시한 트롤리 문제에서는 의사결정을 내리는 주체가 트롤리 밖에 서 있는 제 3자가 아니라 트롤리를 운전하는 사람으로 기술된다.

그림 3-1 트롤리 딜레마

당기는 행위는 도덕적으로 허용가능한가?

이와 함께 많이 소개되는 윤리적 딜레마의 또다른 대표적 사례는 트롤리 딜레마의 변형 시나리오인 인도교 딜레마이다.

<인도교 딜레마> 트롤리는 선로를 따라 달려오고 있고, 선로에는 다섯 사람이 있다. 당신은 선로를 사이에 둔 인도교 위에 서 있고, 바로 옆에는 상당히 무거운 사람이 한 명 서 있다. 다섯 사람을 구하는 유일한 방법은 옆에 서 있는 사람을 아래로 밀쳐서 그 무게로 트롤리를 멈추게 하는 것인데, 이는 도덕적으로 허용가능한가?

이 두 시나리오로부터 수많은 변형된 시나리오가 개발되었고, 여러 가지 변형된 시나리오를 통칭하여 '트롤리 딜레마'로 부른다. 2000년대에는 심리학자들이 트롤리 딜레마에 관심을 가지게 되어 많은 수의 피험자를 대상으로 서베이를 통해 사람들의 직관을 알아보기 시작했다. 또 특정 상황에 대한 사람들이 생각을 할 때 뇌의 반응을 보는 인지신경과학에서는 이 심리학 실험에서 사람들이 반응할 때 뇌의 어떤 영역이 반응하는지를 보면서 사람들의 도덕판단이 어떤 기능과 관련되어 있는지를 알아보고 있다.

심리학자들의 서베이에서 밝혀진 사실은 사람들이 동일한 유형의 딜레마 사례에 다르게 반응한다는 것이다. 트롤리 딜레마에서는 피실험자들의 85%가, 인도교 딜레마에서는 12%만이 그런 행위가 도덕적으로 허용가능하다고 대답했다. 이러한 반응은 성별의 차이,

그림 3-2 인도교 딜레마

교육의 차이, 문화의 차이와 상관없이 공통적이었다. 여기서 제기되는 문제는 두 사례가 '다섯 사람을 구하기 위해 한 사람을 죽이는' 내용을 공통적으로 가짐에도 불구하고 피험자들이 왜 두 사례에 다른 반응을 보이는가의 질문이다. 피험자들은 트롤리 딜레마는 도덕적으로 허용 가능한 것으로, 인도교 딜레마는 허용 불가능한 것이라 보는데, 이 도덕적 반응의 차이는 어떻게 설명될 수 있는가.

두 종류의 트롤리 딜레마에 대한 반응의 차이를 설명하는 전형적 방식은 도덕적 판단에 관한 전통적 설명인 이성 모형(reason model)에 기대는 것이다. 즉, 도덕적 판단은 이성적이고 합리적인 숙고과정을 통해 내려진다는 것이다. 예컨대, '사람을 단지 수단만이 아니라 항상 동시에 목적으로 취급해야 한다'는 칸트적인 도덕 원리에 의거하여 설명가능하다. 첫 번째의 사례가 도덕적으로 허용 가능한 이유는 다른 선로에 있던 한 사람의 죽음은 다섯 사람을 구하는 데

수단으로 사용한 것이 아닌데 왜냐하면 그 한사람의 존재가 없더라도 다섯 사람을 구할 수 있었을 것이기 때문이다. 반면, 두 번째의 사례가 도덕적으로 허용 불가능한 이유는 인도교 위의 사람을 밀치는 행위는 그 사람을 수단으로 사용한 것이기 때문이라고 설명할 수 있다.

그런데, 트롤리 딜레마와 인도교 딜레마에서 보여진 피실험자들의 반응은 합리적인 이성의 사고과정을 거쳐서 내려진 것이라 보기 어렵다. 이 실험에 참가한 피실험자들에게 어떻게 그러한 결정을 내렸는지를 물었을 때 그들의 설명은 정합성이 없거나 이유를 모르겠다고 대답했다. 이렇게 우리의 직관은 합리적으로 정당화하는 설명과는 독립적으로 작동한다.

문화심리학자인 하이트는 이성 대신 감정 작용 차이로 설명한다.[20] 우리는 어떤 도덕적 상황에 대하여 화나 역겨움과 같은 즉각적인 감정적 반응을 하곤 한다. 이 때 당사자는 왜 그런 판단을 내렸는가에 대한 적합한 대답을 하지 못하거나(moral dumbfounding), 합리적이지 않은 이유로 정당화하는데, 이는 우리의 도덕적 판단이 이성적이기보다는 감정에 의존하는 하나의 증거가 된다. 이성은 도덕적 직관에 대한 그럴듯한 사후(post facto) 정당화를 제공하는 역할만 할 뿐이다.[21] 트롤리 딜레마보다 인도교 딜레마에서 사람들이 변환기를 움직이는 것을 더 많이 거부하는 이유는 인도교의 경우 바로 옆에 넘어뜨려야 할 사람이 있으므로 감정이 더 개입되기 때문이라는 것이다.

이렇게 트롤리 딜레마는 철학을 벗어나 심리학의 서베이를 통해 새롭게 조명되면서 사람들이 동일한 상황이라 할지라도 구체적 맥락에 따라 비일관적인 윤리적 선택을 한다는 것을 드러냈다. 선로

---

20) Haidt, J. (2001), The emotional dog and its rational tail: a social intuitionist approach to moral judgment. *Psychological Review* 108, 814-834.
21) 위와 같음.

가 어떤 구조로 되어 있는지, 선로에서 일하는 사람들이 나와 관련 있는 사람들인지, 선로 변환기가 아니라 다른 방식으로 선택하는 경우인지 등 구체적 상황들에 따라 사람들은 윤리이론에 해당하는 공리주의적 선택을 하기도 하고 의무론적 선택을 하기도 했다.

4. 트롤리 사고실험은 무인자동차와 무슨 관련이 있는가

이런 선택의 문제는 스스로 학습해서 상황을 인식하는 인공지능이 장착된 무인자동차에서도 나타난다. 무인자동차가 운전자의 희생과 타인의 희생 중 하나를 선택할 수밖에 없는 상황에 처할 경우의 선택 문제이다. 2016년 ≪사이언스≫에 실린 "무인자동차의 사회적 딜레마(The social dilemma of autonomous vehicles)"라는 논문에서는 무인자동차가 유사 상황에서 어떤 선택을 해야 하는지 딜레마 상황과 사람들의 반응을 소개한다. 이 논문에 실린 딜레마 그림을 재구성한 상황은 다음과 같다.

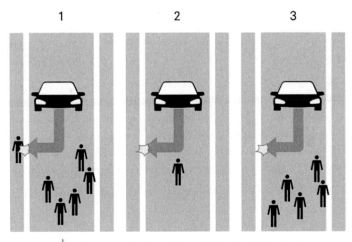

그림 3-3 무인자동차의 의사결정의 세 가지 가상상황

이 세 가지 딜레마 상황들 중 'C 딜레마' 상황을 중심으로 이야기해 보자. 무인자동차의 운행 방향에는 다수의 행인이 지나가고 있고 행인들에게 상해를 입히지 않기 위해 방향을 바꾸며 벽에 부딪쳐 운전자가 상해를 입게 된다. 이때 무인자동차는 어떤 결정을 내리도록 설계되어야 할까?

이 논문의 저자들은 무인자동차가 어떻게 작동해야 할지에 대해 설문조사를 했다. C 상황에 대해 전체 답변자들 중 3분의 2가 넘는 76퍼센트의 답변자들은 보행자 열 명 대신 탑승자 한 명을 희생하는 쪽이 더 도덕적이라고 판단했다. 즉, 무인자동차의 인공지능이 공리주의적 결정에 입각해 딜레마 상황에 대처하도록 프로그래밍되어야 한다는 것이다. 이 대답은 앞서 트롤리 딜레마에 대한 사람들의 응답과 유사하다.

그런데 이런 대답은 제3자의 입장을 반영한다. 실제 본인이 그 무인자동차에 타고 있다면 어떨까? 연구자들은 두 번째 질문을 던져보았고, 사람들은 입장을 바꿨다. 두 번째 질문은 "만약 본인이 선택한 기준으로 인공지능 설계를 법적으로 의무화한다면 동의하겠는가"였다. 이에 대해서 답변자의 대다수가 동의하지 않았다. 첫 번째 질문에 대해서는 제3자의 입장에서 공리주의적 답변을 지지했다면, 자신이 운전자가 되는 두 번째 질문에서는 공리주의적 결정을 더 이상 지지하지 않았다.

연구자들이 던진 세 번째 질문은 "자기 희생 모드의 무인자동차와 자기 보호 모드의 무인자동차가 판매될 경우 어떤 차를 구입하겠는가"였다. 이에 대해 사람들은 다수가 자기 보호 모드의 차를 선택했다.

이렇게 우리의 도덕적 직관은 비일관적이다. 소수보다는 다수의 생명을 구하는 것을 더 좋은 도덕 판단으로 선택하면서도 정작 본인은 그렇게 프로그래밍된 무인자동차를 선택하지 않는다. 사용자 보호 모드를 선호하는 것은 사용자에게는 자연스런 반응이다. 그런데 이렇게 프로그래밍된 무인자동차가 잘 팔릴까? 자기 보호 모드로 프로그래밍되면 사용자의 생명은 구하겠지만 타인에게 상해를 입히므로 이 역시 바람직한 상황은 아니다. 그렇다면 무인자동차 개발이 마지막 완성 단계에 다다를 때 그 의사 결정 기준은 어떻게 정해져야 하는가? 결정의 주체는 누구여야 하는가? 윤리 이론들 중 공리주의, 의무론, 덕 이론 혹은 다른 가치 기준으로 정해야 하는가? 이 같은 고민은 인공지능이 장착된 무인자동차가 부상하면서 새로이 제기된 문제는 아니며, 인간 차원에서도 해결하기 어려운 문제다.

그렇다면 다른 방식으로 문제해결할 방법은 없을까? 윤리이론이나 특정한 하나의 가치를 정해서 무인자동차에 입력하는 방식이 윤리이론이나 인간의 가치는 인간이 같은 인간과 사회적으로 상호작용할 때 필요해서 제시된 것이지 유일한 대안은 아니다.

5. 로봇에 입력할 도덕은 인간의 도덕과 같을까

일반인들은 인공지능이나 로봇에게 어느 정도의 윤리적 차원을 기대할까? 또 어떤 행동을 하기를 바랄까? 이를 알아보기 위해 버트람 말레(Bertram Malle)와 동료들은 인간-로봇 상호작용 연구를 했다. 트롤리 딜레마에서는 선로 전환기를 당기는 행위자가 인간이었다. 반면 이 연구는 트롤리 딜레마의 상황은 동일하게 두고 선로 전환기를 당기는 행위자를 세 종류로 설정한다. 인간뿐 아니라 휴머노이드 로봇(인간과 흡사한 로봇), 자동 기계 로봇으로 상정한다. 인간, 휴머노이드 로봇, 그리고 자동 기계 로봇이 선로 전환기를 당기지 않을 경우 사람들이 그들에게 어떤 도덕평가를 내리는지 보는 실험이다.

트롤리 딜레마에서는 선로 전환기를 당기지 않을 경우 한 명은 살고 다섯 명이 사망한다. 이 선택을 인간, 휴머노이드 로봇, 자동 기계 로봇이 했을 경우 참가자들의 반응을 보자. 참가자들은 선로 전환기를 당기지 않은 행위자가 인간일 경우보다 휴머노이드 로봇일 경우 더 도덕적으로 비난했다.[22] 인간보다 휴머노이드 로봇에 더 엄격한 도덕적 기준을 적용한 셈이다. 또, 인간 혹은 휴머노이드 로봇보다 자동 기계 로봇이 그런 선택을 한 경우 더 도덕적으로 비난받을 만하다고 평가했다. 참가자들은 인간보다는 휴머노이드 로봇이, 그리고 자동 기계 로봇이 더 공리주의적 결정을 내리기를 기대하는 것이다.

사람들은 선로 전환기를 당기는 상황에서는 어떤 선택을 했을까? 선로 전환기를 당기는 경우 한 명이 죽고 다섯 명은 산다. 이 선택은 공리주의적 선택이다. 참가자들은 앞서와는 반대로 평가했다. 행위자가 인간일 경우 로봇의 경우보다 더 비도덕적이라고 비난하는 경향을 보였다. 우리 인간은 인간보다는 로봇에게 더 계산적으로 선택할 것을 기대하고, 인간에게는 덜 계산적인 판단을 기대하는 경향을 보인다. 인간이 인간에게 기대하는 도덕 판단, 인간을 닮은 휴머노이드 로봇에게 기대하는 도덕 판단, 그리고 자동 기계 로봇에게 기대하는 도덕 판단이 다른 셈이다. 그렇다면 이러한 차이를 반영해 로봇이나 인공지능의 도덕 판단 알고리즘을 설계해야 할까? 앞서 실험처럼 인공지능 로봇의 의사 결정은 인간의 의사 결정보다 더 공리주의적 기준에 따라 내려지도록 기준을 설정하면, 과연 인간이 더 편하게 느끼고 로봇과의 상호작용도 더 원활해질까?

22) Malle, B. F., Scheutz, M., Arnold, T., Voiklis, J., & Cusimano, C. (2015, March). Sacrifice one for the good of many?: People apply different moral norms to human and robot agents. In Proceedings of the tenth annual ACM/IEEE international conference on human−robot interaction (pp. 117−124). ACM.

6. 미국의 무인자동차 가이드라인의 특징은 무엇인가

인공지능이 탑재된 시스템 중 사람 생명과 직결된 분야가 무인 자동차다. 앞서 소개한 트롤리 딜레마는 철학에서의 가상적 이야기 였지만, 무인자동차를 제작하는 전 세계 자동차회사들과 교통 기관 들은 교통사고 시의 법적 대처 때문에 윤리적 딜레마에서의 선택을 어떻게 해야 할 것인가에 큰 관심을 기울이고 있다.

최근 미국과 독일은 무인자동차 개발을 활성화하기 위해 교통 상황에서의 선택에 대한 가이드라인을 발표했다. 그런데 여기서 각 나라의 문화와 역사적 배경 차이가 뚜렷하게 반영된 것이 흥미롭다. 인공지능윤리 가이드라인은 결국 인공지능이라는 기술이 사회, 문화 의 거울임을 보여 준다.

미국의 경우 실용주의적 경향이 두드러진다. 미국 교통부와 도로 교통안전국은 2017년 9월 12일 연방 정부 차원에서 무인자동차량 안 전 지침 가이드라인인 "자동주행시스템: 안전을 위한 비전(Automated Driving System: A Vision for Safety)"을 발표했다.[23] 이 가이드라인의 목표는 무인자동차의 딜레마 상황에서의 선택보다는 자율주행 기술 개발을 방해하는 규제를 없애 무인자동차 개발을 촉진하는 데 있다. 자연스런 결과로, 역설적이지만 안전은 적극적으로 고려되지 않았 다. 이전 규제에서 미국의 자동차 제조사들의 무인자동차 시범 주행 을 위한 안전성 평가 기준은 15점이었으나 12점으로 낮아졌다.

게다가 윤리 규정 또한 강화된 것이 아니라 거꾸로 윤리적 규제 들을 고려하지 않도록 바뀌었다. 예컨대 앞으로는 자동차 제조사들 이 무인자동차 기술 개발을 할 때 사생활 보호 문제를 고려하지 않

---

23) NHTSA (2017). Automated driving system: vision for safety, U.S. Department of Transportation, https://www.nhtsa.gov/sites/nhtsa.dot.gov/files/documents /13069a−ads2.0_090617_v9a_tag.pdf.

도록 하는 규정까지 포함되었다. 이렇게 윤리적 기준까지 낮춘 이유는 미국 무인자동차가 세계 경쟁에서 기술 우위를 확보하도록 의도한 것이다. 사실상 미국의 규정은 기술 발달과 윤리적 요소를 공존하기 어려운 상황으로 파악한다. 그러나 이와는 별도로 미국 전기전자기술협회에서는 별도의 윤리 규정들을 준비 중이다.

7. 독일의 무인자동차 가이드라인의 특징은 무엇인가

트롤리 딜레마 상황에서 대다수는 적은 수보다는 많은 수의 사람을 살리는 선택을 한다. 이런 선택은 공리주의적 선택이다. 사람의 가치 자체보다는 가치를 계산해 총량을 극대화하는 방식을 선호하는 공리주의가 현대 사회에서는 일반적으로 받아들여진다. 그러나 독일은 이러한 경향에 반대하고 인간 자체의 가치를 고려하는 무인자동차 가이드라인을 2017년 8월 23일 발표했다. 자동/커넥티드 운전에 대한 윤리 위원회(Ethics Commission – Automated and Connected Driving)가 발표한 가이드라인[24]은 아래와 같다.

제1항 (부분 또는 완전) 자율주행차는 모든 도로 사용자의 안전을 최우선으로 해야 한다.

제2항 개인에 대한 보호는 어떤 공리주의적 고려 대상이 될 수 없다. 해로움이나 위험의 수준을 완전히 방지할 수 있을 때까지 줄여나가는 것이 목적이며, 인간이 차를 운전하는 것보다 명확히 위험이 줄어들어야 자율주행차에 대한 라이선스가 이루어질 수 있다.

---

24) Federal Ministry of Transport and Digital Infrastructure (2017). Ethics commission: Automated and connected Driving, https://www.bmvi.de/SharedDocs/EN/publications/report – ethics – commission.html?nn = 187598.

제3항 모든 자율주행차나 커넥티드 카가 안전하게 운행되는 것을 공공 섹터가 책임져야 하며, 그런 측면에서 라이선싱과 모니터링이 이루어져야 한다. 주요 원칙은 사고 방지지만, 기술적으로 피할 수 없는 위험이 존재한다면 위험의 균형은 근본적으로 안전성에 더 확신이 있을 때에만 자율주행차가 운행될 수 있다.

제4항 기술이 법에 명시되어 구현될 때는 개인 선택의 자유와 타인의 자유와 안전이 균형을 이루어야 한다.

제5항 자율주행이 실제적으로 사고를 예방해야 하며 처음부터 위중한 상황이 발생하지 않도록 설계되어야 하지만 그럼에도 불구하고 딜레마적인 상황이 발생할 수 있다. 그러나 이런 딜레마 상황을 해결할 모든 기술을 동원해야 하며, 단지 차량만이 아닌 도로 전체 시스템의 기술이 지속적으로 발전해서 이런 위험을 최소화하기 위한 노력이 필요하다.

제6항 기술이 활용되기 위해서는 가능한 피해 최소화 기술을 모두 드러낼 수 있을 때 사회적으로나 윤리적으로 권한 위임이 될 수 있으며, 피할 수 없는 사고가 기술적 오류나 제약 때문이면 윤리적으로 문제가 제기될 수 있다.

제7항 어떤 상황에서도 인간의 목숨이 최상위에 놓여야 하며, 이는 동물이나 재산 피해가 나더라도 개인의 부상을 피하도록 프로그램되어야 한다. 인간의 안전과 목숨이 그 어떤 것보다 상위의 가치를 가진다.

제8항 우리가 그동안 논의해 왔던 사회윤리 딜레마의 경우를 언급하는데, 실제 상황에서나 예견할 수 없는 행위를 통해 사람의 생명이 선택될 수 없음을 명시한다. 다시 말해 이런 판단을 표준화하거나 프로그램할 수 없다는 것을 명시하며, 기술 시스템이 사고에 대해 복잡하거나 본능적인 평가를 내려 인간 운전자의 도덕적 판단을 대체하면 안된다.

제9항 다시 피할 수 없는 사고에서 개인의 특성(나이, 성별, 물리적, 정신적 차이)을 기반으로 어떤 차별적 판단과 다른 사람의 희생을 제안해서는 안 된다.

제10항 사고의 책무는 운전자에서 생산자, 기술 시스템 운영자, 인프라와 정책, 법률 결정을 위한 기관에서 이동하는 것이기 때문에 앞으로 법원이 이런 변화를 충분히 반영해야 한다.

제11항 자율주행에 따른 손실의 책임은 다른 제조물 책임을 다루는 것과 같은 방법으로 다루어져야 한다.

제12항 새로운 기술과 채택은 공개적으로 투명하게 이루어져야 하고, 독립적인 전문가 그룹에 의해 리뷰 받고 공개적으로 소통되어야 한다.

제13항 철도나 비행기와는 다르게 도로의 모든 차를 연결하거나 중앙 통제에 놓는

것이 현재 가능하지 않으며, 이런 것이 현존하는 디지털 인프라 안에서 차량에 대한 감시나 조작이 안전하게 이루어질 수 있는가에 대해 윤리적 문제가 있다.

제14항 차량에 대한 공격이나 시스템에 대한 조작과 해킹 같은 것에 도로 교통이 피해를 받지 않아야 무인주행이 정당화될 것이고, 그래야 시민의 확신이 이루어질 수 있음을 지적한다.

제15항 마지막으로 자율주행차를 통해 생성되는 데이터의 중요성을 언급하는데, 중요하거나 중요하지 않거나 어떤 데이터가 만들어지고 이를 사용하는 권리는 자동차 소유자나 이용자에게 전적으로 선택권이 있으며 이를 초기부터 명확히 해야 함을 제시한다.

제16항 무인시스템을 사용할 것인지, 사용하는 경우 인간-기계 인터페이스에서 책임이 인간과 시스템 중 어느 쪽에 있는지의 여부, 운전자가 시스템을 과잉사용하는지 여부를 명확히 알 수 있도록 설계되어야 한다.

제17항 무인자동차는 비상시 운전자가 벗어날 수 있도록 설계되어야 한다.

제18항 무인자동차 작동에 대한 자율학습과 데이터베이스의 연결은 안전성을 확보하는 범위 내에서만 허용한다.

제19항 비상 상황이 발생할 때 무인자동차는 인간의 도움 없이 스스로 안전한 상태가 될 수 있도록 프로그래밍 되어야 한다.

제20항 무인자동차를 적절히 사용하는 방법에 대한 내용은 일반인 대상의 디지털 교육 프로그램으로 구성되어 교육되어야 한다.

독일 가이드라인의 경우 인공지능이 장착된 무인자동차는 어느 사람을 살릴 것인지에 대해 계산을 통해 선택하지 않을 것이라고 한다. 미국과 달리 공리주의적 판단이 바람직하지 않다고 판단한다. 더 나아가 인간을 대신해서 시스템이 판단을 내리게 하면 안 된다고 제안하고 있다. 이러한 제안은 무인자동차의 완성을 다소 늦출 수 있을 것이다. 이에 대해 독일의 가이드라인은 무인자동차가 특정 교통 상황, 즉 딜레마 상황에서 어떤 결정을 할지는 논의를 통해 천천히 결정한다는 입장이다.

8. 윤리적 문제를 공학적으로 해결할 수는 없을까

　　무인자동차는 윤리적 문제를 이미 안에 포함하고 태어난 기술이다. 그래서 무인자동차의 윤리적 선택의 문제를 윤리이론의 선택이나 윤리적 분석으로 해결해야 한다고 생각하는 것이 자연스러울 수 있다. 앞서 소개한 여러 연구들은 우리의 그런 자연스런 반응을 기반으로 한 것이다.

　　그러나 무인자동차의 윤리적 문제를 꼭 윤리적으로 해결해야 하는 것은 아니다. 무인자동차의 운행은 교통신호나 보행자 뿐만 아니라 도시 설계 등과 관련하여 넓게는 사회체계, 행정, 등과 연결되어 있기 때문에 다양한 관점에서 접근할 필요가 있다. 중요한 것은 무인자동차가 사회에서 안전하게 문제없이 운행되고 인간 삶의 질을 높이는 것이다.

　　무인자동차의 문제는 무인자동차라는 인공지능 운영체계와만 관련되는 것이 아니라 넓게는 교통체계의 문제이므로, 한 예로 도시공학적으로 접근해 볼 수 있다. 무인자동차와 다른 자동차 그리고 다른 보행자와의 관계가 문제되기 때문에 트롤리의 문제가 무인자동차에 해결해야 할 과제가 된다면, 어느 보행자를 선택할 것인가의 프레임으로 해결하려고 하지 말고 도로 형태를 기존과 다르게 완전히 바꾸면 된다. 그 한 예로, 무인자동차가 다니는 도로는 다른 자동차나 보행자가 보행할 수 없도록 하고 무인자동차 운행 도로, 일반차 운행 도로, 보행자 도로 등을 완전히 분리해서 트롤리 딜레마와 같은 상황 자체를 발생하지 않도록 할 수 있다.[25]

　　이런 해결책은 무인자동차의 윤리적 선택의 문제를 윤리적으로

---

25) 한밭대 2017학년도 2학기 인공지능윤리 교과 수강학생들의 토론으로부터 발췌했음.

가 아니라 도로 구조를 새롭게 함으로써 해결하는 공학적 해결 사례이다. 한국의 세종시처럼 스마트 시티를 새로 구축하는 데에도 이런 통합적인 해결책을 적용할 수 있다. 인공지능이나 사물인터넷 기술을 전체 도시 운영의 많은 부분에 응용하므로 스마트 시티를 구성할 때 처음부터 인공지능과 관련한 윤리적 문제가 발생하지 않도록 설계할 수 있다.

9. 윤리 딜레마가 무인자동차 설계에 이야기해주지 않는 점은 무엇인가

자율주행 자동차가 완성된다는 것의 의미는 단순히 0−4단계까지 있는 무인자동차기술의 완성이나 윤리적 선택의 문제 해결 이상의 의미를 지닌다. 기술의 완성이나 윤리적 선택 문제의 해결은 기술이나 윤리 자체로는 온전히 해결하기 어렵다. 기술이나 윤리는 '사회'라는 구체적 맥락 속에서 사용되고 의미를 부여받기 때문에 사회를 구성하는 정책, 문화, 교육 등 거의 모든 요소들의 영향을 받고 영향을 준다. 따라서 이들 요소들 중 하나가 변화하면 기술이나 윤리 또한 영향을 받을 수 있다. 윤리적 선택의 문제는 무인자동차 설계에 중요한 요소이기는 하지만 전부는 아니며 통합적인 시각을 필요로 한다.

앞서 살펴본 독일의 무인자동차 윤리 가이드라인을 떠올려보자. 왜 윤리적 선택의 문제를 차후의 문제로 미루었을까? 왜 무인자동차에 사용되는 인공지능 알고리즘이 누구를 살릴지를 선택하게 하면 안된다고 했을까? 무인자동차에 사용되는 알고리즘은 부호 기반의 규칙 계산 시스템이 아니라 실시간으로 업데이트되는 교통정보를 기계학습을 통해서 학습하고 그를 통해 의사결정 또한 새로이 업데이트하는 방식으로 정보처리를 한다. 따라서 애초에 여러 구체적 상황에서 누구를 살릴지를 입력한다고 해도 그러한 규칙들이 적용되지 않은 상황에서는 인간이 입력한 규칙과는 별도로 의사결정을 내릴 수 있다. 심층학습이라는 모델을 통해 인공지능이 작동하는 한 인간의 의도를 벗어난 의사결정을 내릴 가능성을 배제할 수 없다. 독일의 가이드라인은 이러한 위험성을 미리 배제하고자 한 것이다.

트롤리 딜레마, 그리고 트롤리 딜레마를 응용한 무인자동차에서의 선택문제는 인공지능으로 작동하는 여러 기술들이 윤리적 문제를 애초부터 가지고 있음을 잘 보여주었다. 그리고 이 문제를 어떻게 해결해야 하는가를 각 국가 교통국에서 열심히 고민하게 된 계기를 제공했다. 그런데 윤리적 문제는 트롤리 딜레마의 선택 문제에만 국한되어 있지 않다. 트롤리 딜레마에서 어떤 기준으로 선택을 하든 사람들의 선택은 하나가 아니라 다양하며 다수의 견해라는 이유만으로 그 선택을 알고리즘에 반영하는 것은 합리적 근거가 되기 어렵다.

그러면, 무인자동차의 선택 문제는 어떻게 생각해야 할까? 무인자동차는 단순히 이동수단의 문제일 뿐만 아니라 교통도로, 정책, 문화가 모두 포함된 복합적 문제로 접근하면 여러 가지로 접근이 가능할 것이다. 여기서는 그 중 하나의 시각과 접근만 소개하였다. 나머지는 각자의 근로 영역이나 전공에 따라 해결을 시도해볼 수 있고 이런 여러 시각들을 모아 여러 모델을 만들어 볼 수 있다.

참고문헌

김효은(2017.10.12). "인공지능로봇은 인격체인가", 전자신문, http://www.etnews.com/20171011000426.

김효은(2020). 공학적 방법을 결합한 인공지능윤리 학습. 윤리연구, 129: 133－153.

Bainbridge, W. S.(ed.)(2013). *Converging technologies for improving human performance: Nanotechnology, biotechnology, information technology and cognitive science*. Springer Science & Business Media.

Bowden, T. (2014) Orangutan inside Argentina zoo granted 'non－human person rights' in landmark ruling. Independent.

Committee on Legal Affairs(2017). Report with recommendations to the Commission on Civil Law Rules on Robotics. http://www.europarl.europa.eu/sides/getDoc.do?pubRef=－//EP//TEXT＋REPORT＋A8－2017－0005＋0＋DOC＋XML＋V0//EN.

Federal Ministry of Transport and Digital Infrastructure (2017). Ethics commission: Automated and connected Driving, https://www.bmvi.de/SharedDocs/EN/publications/report－ethics－commission.html?nn=187598.

Floridi, L., & Sanders, J. W. (2004). On the morality of artificial agents. Minds and machines, 14(3), 349－379.

Foot, P. (1967). The problem of abortion and the doctrine of double effect. Oxford Review, 5, 5~15.

Greene, J. D. (2014). Moral tribes: Emotion, reason, and the gap between us and them. Penguin.

Haidt, J. (2001), The emotional dog and its rational tail: a social intuitionist approach to moral judgment. *Psychological Review* 108, 814－834.

https://www.independent.co.uk/news/world/americas/sandra − the − orang
utan − inside − argentina − zoo − granted − human − rights − in − landmar
k − ruling − 9940202.html.

Huang, H. M.(2007). "Autonomy Levels for Unmanned Systems (ALFUS)
Framework: Safety and Application Issue". *Proceedings of the 2007
Workshop on Performance Metrics for Intelligent Systems,* 48~53.

Malle, B. F., Scheutz, M., Voiklis, J., Arnold, T., & Cusimano, C. (2015).
Sacrifice one for the good of many?: People apply different moral
norms to human and robot agents. HRI' 15 Proceedings of the Tenth
Annual ACM/IEEE International Conference on Human − Robot
Interaction, 117~124.

Nevejans, Nathalie(2016). European civil law rules in robotics: study for
the JURI committee.
http://www.europarl.europa.eu/RegData/etudes/STUD/2016/571379/IP
OL_STU(2016)571379_EN.pdf.

NHTSA (2017). Automated driving system: vision for safety, U.S. Departm
ent of Transportation, https://www.nhtsa.gov/sites/nhtsa.dot.gov/files/
documents/13069a − ads2.0_090617_v9a_tag.pdf.

Rabinowitz, N. C., Perbet, F., Song, H. F., Zhang, C., Eslami, S. M., &
Botvinick, M. (2018). Machine Theory of Mind. arXiv preprint arXiv:
1802.07740.

RoboLaw(2014)."Guidelines on Regulating Robotics".
http://www.robolaw.eu/RoboLaw_files/documents/robolaw_d6.2_guid
elinesregulatingrobotics_20140922.pdf.

Turing, A. M. (2004). Computing machinery and intelligence. 1950. *The
Essential Turing: The Ideas that Gave Birth to the Computer Age.* Ed. B.
Jack Copeland. Oxford: Oxford UP, 433 − 64.

Turing, A.M.(1937). "On Computable Numbers, with an Application to the Entscheidungsproblem". *Proceedings of the London Mathematical Society*, 42(1), 230~265.

Veruggio, Gianmarco(ed.)(2006). "EURON roboethics roadmap", EURON roboethics Atelier, Genova: roboethics.: http://www.roboethics. org/ atelier2006/docs/ ROBOETHICS%20ROADMAP%20Rel2.1.1.pdf.

제4장

인공지능은 인간보다 객관적이고 공정한가?

I. 알고리즘에 어떻게 편향이 개입되는가

1. 편향은 편견과 어떻게 다른가

'편향'이란 '편견'과 다소 다른 의미를 지닌다. '편견'은 인간 개개인이 자신의 국한된 경험 때문에 가지게 되는 심리적 고정관념을 의미한다. 편견 때문에 대상을 있는 그대로는 볼 수 없지만 심리적 고정관념이 바뀌면 대상이 그대로 보일 수 있다. 반면, 어떤 대상에 대한 심리적 고정관념을 가진다고 해서 그 대상에 대한 일정한 행동이 나오는 것은 아니다. 예컨대, 내가 잘 모르는 혹은 아주 제한된 정보만을 가지는 이웃 사람에게 고정관념, 즉 편견을 가진다고 해서 그 이웃사람을 미워할 수도 있지만 아무런 감정을 가지지 않을 수도 있다. 다시 말하면, 편견이라는 심리적 상태만으로는 특정한 행동성향을 야기하지 않는다.

반면 '편향'은 특정 행동성향을 자동적으로 야기할 수 있다. 편견이 주로 의식적인 심리적 차원에서 가지게 되는 상태인 반면 편향은 메커니즘 자체가 그런 상태인 것을 의미한다. 예컨대 만약 한 사람의 뇌가 어떤 사고로 인해 어릴 때부터 손상되어 정상적인 판단을 할 수 없는 상태여서 사람들을 책상으로 인식하는 비정상적인 상태라면 그 사람은 사람들에 대해 편견이 있는 것이 아니라 책상으로 생각하는 '편향'을 가지고 있는 것이다. 기계학습에 사용하는 알고리즘 자체는 이런 편향을 내재하고 있다. 어떻게 그런지 천천히 살펴보자.

2. 기계학습에 어떻게 편향이 개입되는가

우리는 알고리즘을 인간의 기호나 정치적 견해 등과 관련 없는 중립적인 것으로 생각한다. 그래서 인공지능 판사나 인공지능 의료 진단기가 어떤 진단을 내릴 때 인간보다 더 객관적이고 더 믿을 만하다고 생각한다. 그러나 인공지능의 알고리즘은 인간 사회의 거울이다. 인공지능의 최종 출력과 판단은 컴퓨터 자체가 하는 일이라기보다는 인공지능이 학습하는 데이터, 그리고 데이터를 제공하는 우리 일반인, 컴퓨터 알고리즘을 만드는 인간이 개입된 결과이기 때문이다.

'알고리즘 편향'이란 인공지능이 기계학습을 할 때 사용되는 데이터를 선택, 수집, 분류, 사용할 때 그리고 알고리즘을 구성할 때 공평하지 않은 기준이 개입되는 것을 의미한다. 알고리즘이란 컴퓨터가 해야 할 일을 순서대로 알려 주기 위해 만들어 놓은 명령어 집합이다. 설계된 알고리즘을 파이썬이나 자바 같은 컴퓨터 언어로 바꾸어 프로그램을 만들고 컴퓨터는 그 프로그램을 실행한다. 이렇게 기계 언어로 만들어지는 알고리즘에 어떻게 편향이 들어간다는 것일까?

인공지능은 일종의 자율 시스템이다. 자율 시스템에는 최소한의 제한 규칙만 주어질 뿐 정해진 입력－출력의 법칙이 존재하지 않는다. 정해진 알고리즘에 따라 움직이는 기존 컴퓨팅 방법을 넘어서는 학습 능력을 갖추기 위해 기계학습의 여러 방법이 사용된다. 기계학습의 일종인 심층에서 인간은 아주 적은 수의 코드만 설계한다. 심층 신경망에서 학습을 통해 만들어지는 층과 연결망은 인간이 모두 입력한 것이 아니다. 그런데 어떻게 특정 인종이나 성, 계층 등에 대한 선호나 편향이 개입될 수 있을까.

심층학습 프로그램의 학습 방법은 뇌신경세포인 뉴런이 학습하는 방식과 유사한 점이 있다. 연결망은 아래 층의 출력이 위 층의 입력으로 이어지는 방식으로 구성되어 있다. 심층학습은 받아들인 데이터에서 패턴을 찾아내 연결망 사이의 연결 강도를 변화시킨다. 이 과정에서 인공신경망 안의 연결망들은 늘어난다. 이런 방식으로 학습하고 훈련한 과정을 거쳐 나온 최종 출력에 대해서는 심층학습 설계자조차도 어떻게 그러한 최종 판단이 나왔는지 모르게 된다.

이런 과정을 거쳐 인공 신경망에서 이루어진 학습 과정은 그 내부를 알 수 없는 '블랙박스(black box)'나 마찬가지다. 이때 블랙박스라는 표현은 사고 발생 후 들여다볼 수 있는 것이 아니라 반대로 안의 상황을 들여다볼 수 없다는 의미로 사용된다. 이런 블랙박스인 인공지능 안의 작동과정을 알 수 없는 데도 우리는 그 판단에 의존한다.

블랙박스 안을 들여다보지 못하면서 인공지능에 의존하는 것은 왜 문제가 될까? 최종 판단이나 언급이 문제가 없는 것처럼 보이면 괜찮은 것 아닐까? 그러나 문제는 최종 출력단계 뿐만 아니라 그 이전 단계인 인공지능 알고리즘 설계 단계, 데이터 수집 단계, 알고리즘을 변형하여 활용하는 단계에서 발생한다.

3. 데이터에 어떻게 비윤리적 요소가 개입되는가

인공지능이 내리는 의사 결정이 잘못될 수 있는 두 가지 유형이 있다. 첫째, 편향된 데이터를 사용하는 경우다. 둘째, 최종 출력 정보는 편향이나 오류가 전혀 없어 보이지만 비공정한 기준으로 알고리즘이 만들어지거나 학습되는 경우다.

첫째 유형의 문제는 인공지능의 학습 과정에서 비도덕적 요소가 개입된 경우다. 기계학습을 통해 완성된 구글 포토 서비스는 사람들의 얼굴을 자동 인식해 이름이나 분류를 붙이는 기능이 있다. 사건은 2015년 구글 포토 서비스를 이용하는 흑인 프로그래머 앨신이 흑인 여성 친구와 함께 찍은 사진을 인터넷에 올리면서 발생했다. 공개된 사진에는 앨신의 여성 친구 얼굴 아래에 사람 이름이 아닌 '고릴라'라는 이름이 달렸다. 트위터를 통해 퍼져가 논란이 되자 구글은 '프로그램 오류'라고 사과했고 프로그램 개선을 약속했다. 그러나 당시 구글은 근본적 개선보다는 고릴라로 태그하는 부분만 수정했다고 알려졌다.

이 사건이 프로그램 오류 때문에 발생했을까? 수많은 사람들의 얼굴을 학습하여 적절한 태그를 붙이는 연습을 하는 기계학습이 어떤 과정을 거쳐 고릴라라는 잘못된 태그를 붙일 수 있는지 생각해볼 수 있다. 왜 흑인 얼굴에 이름을 태그하는 과정에서 이러한 실수가 종종 벌어질까. 어떤 사람들의 얼굴을 기계학습의 훈련 데이터로 삼았을까. 훈련 데이터는 인터넷에서 많이 발견할 수 있는 사람들의 얼굴들을 학습 데이터로 사용한다. 그렇다면 지금 google.com에서 'Americans' 혹은 '미국인'을 입력해서 이미지 결과를 보라. 구글의 이미지 대다수는 거의 백인 이미지라는 것을 발견할 것이다. 구글에서 의도적으로 백인 얼굴 위주로 얼굴 인식 인공지능을 학습시킨 것은 아니지만 우리가 가진 사람 얼굴 데이터의 대다수가 백인이기 때문에 흑인얼굴에 대한 학습이 잘 안된 것이다. 구글에서 인공지능의 기계학습을 담당하는 관리자가 의도적으로 흑인에 대한 '편견'을 가져서가 아니라 현재 우리가 가진 데이터가 흑인을 동등한 비율로 가지고 있지 못하므로 '편향'을 가지게 된 것이다. 따라서 데이터에 인종 편향이 개입될 수 있다는 점을 미처 고려하지 못했기 때문에 발생한 사건이다. 이미지 데이터들을 수집하고 그중 학습시킬 이미지들을 분류할 때 백인의 얼굴과 흑인의 얼굴 이미지 수를 유사하게 조정하는 작업을 굳이 하지 않았기에 인간 얼굴 분류에서 주로 백인 얼굴을 학습하게 되는 편향된 학습이 될 수밖에 없었다. 이와 유사한 사례로 니콘 카메라 얼굴 인식 시스템이 아시아인 피사체가 '눈을 감았다'고 인식한 사례가 있다.

이는 인공지능 시스템 자체가 '편견'을 가져서 그런 것도, 인공지능을 설계하는 사람들이 일부러 그렇게 만든 것도 아니다. 인공지능이 학습하는 데이터 중 백인 얼굴 데이터가 아시아인 얼굴 데이터보다 더 많았기 때문이다. 그러면, 빠져있던 데이터를 보충하여 새로 만들면 될 것 아닌가? 라고 반문할 수 있다. 그동안 학습했던 수억 명의 흰 얼굴들만큼 동등한 숫자의 어두운 색 얼굴들을 인터넷에서 찾아 학습시키면 될까? 이런 질문을 하다 보면 문제가 그리 간단하지 않음을 알게 된다. 세상의 모든 얼굴들을 인공지능에 학습시키는 것은 주어진 시간과 재원을 고려하면 어려운 일이기 때문에, 대표적(standard) 샘플들을 주로 고려한다. 그런데 '대표성'은 편향성을 가질 수밖에 없다. 의도된 인종 차별은 아니지만 인공지능이 학습하는 얼굴이나 정보는 특정 집단에 치중될 가능성이 높다. 이 편향은 인공지능이어서 가지게 되는 편향이 아니라 인간 사회가 이미 가지고 있는 무의식적 성향이다. 인공지능 시대에는 의도적으로 편견을 가지

지 않도록 조심하는 것에서 더 나아가 데이터가 편향성이 있지는 않
는지도 살펴보아야 문제가 되지 않는다.

4. 인공지능 알고리즘에 어떻게 편향이 개입되는가

인공지능의 학습 과정에서 비윤리적 요소가 개입되는 두 번째
유형은 알고리즘 설계 단계에 편향이 개입되는 사례이다. 두 가지
사례를 살펴보자. 미국 경찰이 사용하는 인공지능 컴퓨터인 컴파스
(Compas)는 재범 가능성이 높은 사람들을 가려내는 빅데이터 컴퓨
터다. 이 시스템은 현재 미국 법원에서 판결의 참고자료로 사용되고
있다.

컴파스는 위스콘신주에 거주하는 에릭 루미스가 '재범률'이 높
다는 것을 근거로, 그가 2013년 총격 사건에 사용된 차량을 운전한
것에 대해 징역 6년을 선고했다. 에릭 루미스는 재범률이 높다는 판
단의 기준을 알고 싶어 했으나 이의 제기조차 할 수 없었고 회사도
어떤 요소에 어떤 배점이 내려지는지를 공개하지 않았다. 그러나 기
계학습 연구자들이 모형 추출과 비교 접근법을 사용하여 범죄위험도
를 컴파스와 유사하게 흉내내어 검사해본 결과, 컴파스는 범죄 이력
이 있는 이들 중 백인이나 부자보다는 흑인이나 빈민촌에 거주하는
이들의 재범률을 더 높게 판정한다고 조사되었다.[26] 만약 한 백인이
강도행위를 저질러 4년을 복역한 사례와 한 흑인이 경범죄만 있을
경우 흑인은 중범죄가 아닌데도 중범죄를 저지른 백인보다 재범률을
높게 판정하게 된다. 인공지능 시스템인 컴파스가 결과적으로 정당

---

26) Tan, S., Caruana, R., Hooker, G., & Lou, Y. (2017). Detecting bias in
   black-box models using transparent model distillation. arXiv preprint
   arXiv:1710.06169.

하지 못한 의사결정, 나아가 인종차별을 하게 되는 셈이다.

　범죄자 재범률을 계산하는 인공지능 컴파스를 만든 노스포앤트 (Northpointe)는 자신들이 사용하는 알고리즘은 인종에 따라 범죄율을 계산하지 않는다고 설명했다. 그런데 모방 모델을 만들어 비교 분석한 결과, 컴파스는 피고인의 나이, 성별, 이전 유죄 판결 건수, 이전 교도소 체류 기간에 대한 정보를 사용했다는 점이 밝혀졌다.[27] 나이나 성별 그리고 이전 유죄 판결 건수는 이미 일부 인종에 편향되어 있다. 그래서 이 기준들을 중심으로 계산할 경우 컴퓨터는 자동으로 특정 인종에 편향되게 판단할 가능성이 높다. 물론 모방 모델이 정확하지 않다고 비판할 수 있다. 그러나 인공지능 알고리즘을 사용하는 기관에서 정확한 기준을 밝히지 않는다면 차선책으로 편향이 있는지 여부를 확인하는 데 사용할 수 있다.

　또 다른 사례는 교사 평가 시스템이다. 2017년 미국 휴스턴주의 교사들은 수업 성취도를 계산하는 컴퓨터 프로그램에 의해 평가를 받았다. 이 시스템은 학생들의 시험 점수와 주 평균을 비교해 휴스턴 교사들을 평가했는데, 교사들이 프로그램의 계산 기준에 대해 문의했으나 이 시스템을 만든 회사인 SAS인스티튜트(SSA Institute)는 알고리즘 작동 기준 공개를 거부했다. 교사들은 법원에 소송을 제기했고 연방 판사는 교육부가가치평가시스템(EVAAS) 프로그램을 사용하면 시민권을 침해할 수 있다고 판결했다. 결국 소프트웨어 사용은 중단되었다.[28]

---

27) Skeem, J. L., & Lowenkamp, C. T. (2016). "Risk, race, and recidivism: predictive bias and disparate impact," *Criminology*, 54(4), 680－712.
28) Sample, Ian. (2017. 11. 5).Computer says no: why making AIs fair, accountable and transparent is crucial. The Guardian, https://www.theguardian.com/science /2017/nov/05/computer－says－no－why－making－ais－fair－accountable －and－transparent－is－crucial.

대입 합격자 선발이나 승진 혹은 명예퇴직 대상자 선발에 대한 의사 결정 또한 인공지능에 의해 내려진다면 어떻게 될까? 그 기준을 모르는 상황에서 과연 믿고 의사 결정을 맡길 수 있을까? 이러한 상황은 인공지능을 활용하는 비즈니스, 은행, 법률, 국가 보건 서비스 등에도 벌어질 수 있다. 잘못 학습된 인공지능이나 로봇은 표면상으로 그럴듯하지만 잘못된 기준에 의거해 판단을 내릴 수 있고, 병원에서 위급 환자를 퇴원시킬 수 있다. 사람들을 분류하는 데 흔히 사용되는 이름, 주소, 성별, 피부색을 근거로 차별할 가능성도 있다.

인공지능의 판단 혹은 인공지능 로봇의 행동, 즉 실행 이후 단계의 결과만 보아서는 그것이 과연 도덕적 기준으로 혹은 비도덕적 기준으로 내려진 판단인지 알 수 없다. 인공지능의 답변이나 행동만 보고서는 그것들이 어떤 편향 등에서 비롯된 것인지 알기가 어렵다. 인공지능의 의사 결정 '결과'뿐 아니라 '과정'에 어떤 윤리적 고려나 검토가 있었는지를 볼 필요가 있는 이유다.

5. 맥락을 고려하면서 인공지능을 설계할 수 있을까

인공지능 알고리즘을 설계하거나 제작할 때 의도적으로는 아니지만 어느 특정 집단이나 사람 에 편향되는 결과를 낳을 수 있다. 대표적인 사례는 알고리즘 설계에서 결과를 나열할 때 가장 일반적으로 사용하는 기준은 가나다 순서, 알파벳 순서다. 이 방식으로 순서를 나열하는 것은 편의상 많이 사용된다. 특별히 어느 알파벳 하나를 더 선호해서 그렇게 하는 것이 아니다. 그런데 이 기준을 따르면 호텔 검색 사이트에서는 'ㄱ'으로 시작하는 호텔들이 소비자에게 더 우선적으로 노출될 수밖에 없다. 최근 인공지능 시스템으로 사원을 뽑는데 활용한 회사의 시스템은 남성에게 일률적으로 가산점을 준

것으로 드러났다. 이 인공지능 시스템은 과거 입사해서 일을 성실히 한 사원들을 샘플로 인공지능을 학습시켰고 여성이라는 사례나 특징들을 학습하지 못하였기 때문에 편향된 의사결정을 내릴 수 밖에 없었다. 학습 데이터의 선택은 윤리적 인공지능을 만드는 데 중요한 요인이 된다.

인공지능 알고리즘처럼 무의식적 편향이나 불공정성의 개입을 막으려면 알고리즘을 만들 때 미리 잠재적 편향이 개입될 소지가 없는지 여러 맥락을 고려해 보는 것이 바람직하다. 다음의 질문을 던져 보고 스스로 답해 보면 의식적으로는 골라내기 어려운 무의식적 편향의 개입을 방지할 수 있다.

- 인공지능·로봇을 훈련하기 위해 데이터를 고를 때 어떤 기준을 취하는가? 선택 과정에서 배제되거나 자동적으로 평가를 낮게 받는 사회 집단이나 특정 소수자는 없는가?
- 데이터를 수집, 분류, 사용할 때 특정 계층에 유리한 정보가 많이 포함되어 있지는 않은가?

인공지능을 사용해 의료, 법, 정책, 경영, 교육 부문 등에서 인공지능을 활용하여 의사 결정을 내릴 때 고의적이지 않지만 잘못된 추론을 하는 경우가 있다. 이를 방지하기 위해 다음 오류를 범할 가능성이 있는지 검토할 수 있다.

- 거짓 양성(false positive)의 오류: 실제로는 부정이 맞는 대답인데, 긍정으로 대답하거나 결정하는 경우다. 예컨대 범죄자 추적 인공지능이 실제로는 범죄를 저지르지 않은 사람을 범죄자로 잘못 분류하는 경우를 들 수 있다. '유형 1 오류'라고도 한다.
- 거짓 음성(false negative)의 오류: 실제로는 긍정이 맞는 대답

인데, 부정으로 대답하거나 결정하는 경우다. 예컨대 인공지능을 사용해 의학적 판단을 내리는 경우, 암세포가 맞는데 암세포가 아니라고 판단하게 되면 환자에게 큰 위험이 된다. 또 인공지능으로 승진자를 결정하는 경우, 승진 적합자인데 해고 대상자로 잘못 판단할 수 있다. '유형 2 오류'라고도 한다.

6. 편향 여부를 어떻게 알 수 있을까

인공지능 설계나 학습에서 편향이 있을 가능성을 의심하더라도 인공지능 학습 과정을 들여다보기 어렵기에 편향이 어느 지점에서 발생하며 어떻게 바로잡을지 파악하기란 어렵다. 그런데 인공지능 학습 및 의사 결정 절차가 블랙박스처럼 들여다보기 어렵지만 어느 정도 위험한지 평가할 수 있는 방법이 최근 개발되고 있다.

코넬대학교 연구진과 산업체 연구진은 공동 연구에서 잠재적으로 편향된 알고리즘의 작동 방식을 밝히려고 두 가지 방법을 사용했다. 먼저 블랙박스 알고리즘을 모방해서 모델을 만들고 초기 데이터를 기반으로 그 블랙박스가 어느 정도 위험한지 점수를 낸다. 그러고 나서 초기 데이터가 아닌 학습 이후의 모델을 만들어 비교하고 최종 결과에서 어떤 변수가 중요한지 추정했다.[29] 인공지능으로 대출을 결정하는 한 회사의 블랙박스를 이 방식으로 분석한 결과, 대출 결정의 기준에 대출의 동기는 없었고 중요한 변수를 무시하는 것으로 분석되었다.

이러한 기술적 해결책은 전문가들을 위한 것이거나 일반인이 이를 사용하려면 비용이 든다. 일반인은 어떻게 대처해야 할까? 법적

---

29) Tan, S., Caruana, R., Hooker, G., & Lou, Y. (2017). Detecting bias in black-box models using transparent model distillation. arXiv preprint arXiv:1710.06169.

보호책이 최근 마련되었다. 유럽연합에서는 2016년 4월 14일 기존의 개인정보보호법인 데이터보호지침(Data Protection)을 대체해 인공지능의 윤리적 쟁점들을 포함하는 일반데이터보호규정(GDPR, General Data Protection Regulation)을 발표했다. 그동안 사용하던 데이터보호지침은 개인정보 사용의 경우 개인정보의 비밀을 보호하고 유럽 내부에서 개인정보의 자유로운 이동을 보장하기 위한 것이었다. 이 법은 2018년 5월부터 발효되어 한국에서도 중요하게 고려하고 있다.

일반데이터보호규정에서는 특히 정보 주체의 권리가 기존 규정보다 대폭 강화되었다. 그리고 인공지능윤리와 관련한 알고리즘 편향이나 통계 절차상의 차별 방지 조항이 포함되어 있다(https://www.eugdpr.org 참고). 그 예가 정보이동권(right to portability), 설명을 요구할 권리(right to explanation), 잊힐 권리(right to be forgotten)이다. 구체적으로는 정보를 다루는 이는 데이터 기반의 행동 분석 혹은 심리 분석을 할 때 적절한 수학적 또는 통계적 절차를 사용해야 한다는 내용이 있다. 그리고 인종 또는 민족적 기원, 정치적 견해, 종교 또는 는 신념에 근거해 차별적 영향을 주지 않도록 적절한 기술이나 조치를 취해야 한다는 내용을 포함한다.

II. 알고리즘의 투명성은 어떻게 확보가능한가

1. 인공지능은 왜 블랙박스인가

현재 인공지능은 자율지능 시스템으로 발전하고 있다. 기존의 자동 시스템은 규칙 알고리즘에 따라 출력 정보가 결정되는 하향적 학습 시스템이었다. 주어진 조건에 맞지 않는 정보는 배제되며, 출력 정보는 어느 정도 예측 가능하고 사전 조정이 용이하다.

반면 자율 시스템에는 최소한의 제한 규칙만 주어지고 정해진 입력─출력의 법칙이 존재하지 않는다. 이러한 특성 때문에 인공지능은 안을 볼 수 없다는 의미에서 '블랙박스(black box)'가 된다.[30] 이 블랙박스 안에서의 정보처리 절차에 대한 설명의 요구가 '투명성'의 요구다. 인공지능을 활용하여 최종진단에 도움을 받는 의료 분야에서는 왜 그런 진단을 내리게 되었는지, 어떤 치료 방법이 왜 더 선호되었는지를 아는 것이 환자의 생명과 직결된다. 생산물을 만들어 내는 제조업에서는 어떤 과정에서 불량품이 나오게 되었는지를 정확히 아는 것이 중요하다. 어떤 경로로 나의 업무 역량을 평가해 취업이나 승진 결과가 나왔는지를 알 수 없다면 사회 전반에 피해가 클 것이다. 더 나아가 인공지능이 제시한 결과에 어떤 다른 의도가 숨어 있을 가능성을 배제할 수 없다.

인공지능 시스템이 만들어 낸 결과가 잘못되었다는 것이 밝혀졌을 때, 어디서 잘못되었는지를 모른다면 책임이 어디에 있는지를 알 수가 없으며 차후 또다시 잘못된 결과를 만들어 내지 않기 위해 무엇을 조정해야 하는지 알 수 없게 된다. 무인자동차의 경우 어떤 절차로 특정한 운전 결정이 내려졌는지 알 수 없다면, 탑승자의 생명과 안전에 대해 확신할 수 없다. 더 나아가 인공지능 기술 자체에 대한 불신이 생길 수밖에 없다. 이처럼 투명성은 단지 소비자의 알 권리나 알고리즘 민주주의를 넘어 기술 발전을 위해서도 중요하다.

정보처리의 기준을 알고 투명성을 확보하려는 시도는 특히 정책이나 시스템에 피해를 입을 수도 있는 일반 시민에게 중요하다. 그런데 인공지능이 발전할수록 투명성을 확보하기 어려울 수 있다. 인공지능의 의사 결정이 더 신속하고 정확해질수록 인공지능 내부

---

30) Snow, J (November 7,2017), "New research aims to solve the problem of AI bias in "black box" algorithms," *MIT Technology Review*.

메커니즘은 더 알기 어렵고 위험성이 높아진다. 거꾸로, 인공지능 내부의 투명성을 확보하려 할수록 인공지능의 발전은 더뎌질 수 있다. 투명성과 인공지능의 발전 둘 다 중요하지만 어느 한쪽을 확보하면 다른 한쪽을 확보하기 어려운 딜레마, 즉 진퇴양난의 상황에 빠진다. 이 어려움을 해결하기 위해 '설명가능 인공지능'이나 '인공지능 신경과학' 등이 시도되고 있다.

2. 인공지능의 투명성을 확보하는 대표적 방법은 무엇인가

미국 국방부의 방위고등연구계획국(DARPA)에서 약 800억원을 들여 지원하는 연구는 인공지능 기계학습을 높은 수준으로 유지하면서 동시에 내부에서 자체적으로 인공지능의 판단을 설명가능하도록 하는 것이다. 이렇게 해서 인공지능의 의사결정 절차를 완전히는 아니더라도 어느 정도 투명하게 이해하도록 하면 위험한 상황이나 기계적 오류를 찾아낼 수 있다. 인공지능이 의사 결정을 내리고 난 후 역추론을 해서 의사 결정 절차를 검사하는 것은 쉽지도 않고 경우에 따라서는 불가능할 수도 있다. 인공지능 학습의 실제 절차는 현실적으로 설명이 어렵다.

이 문제를 해결하기 위해 인공지능 학습과정에서 그 과정에 대해서 설명도 동시에 덧붙일 수 있는 알고리즘이 바로 설명가능 인공지능(XAI, explainable artificial intelligence) 프로젝트이다. 심층학습 알고리즘을 만들 때 데이터를 학습하는 알고리즘 외에 인공지능 학습 절차도 함께 설명하도록 새로운 기계학습 모형을 개발하는 것이다.[31] 우리나라 정부도 2017년 의사 결정의 이유를 설명하는 인공지

---

31) Gunning, D., Explainable Artificial Intelligence (XAI), https://www.darpa.mil/program/explainable — artificial — intelligence.

능 개발을 국가 전략 프로젝트로 설정해 지원하기 시작했다. 물론 기계학습 모형을 개발하면 곧바로 투명성 문제가 해결되는 건 아니다. 인공지능의 학습 절차를 아는 것과 그 절차에 대해 사용자나 관련자에게 이해 가능하도록 설명하는 것은 서로 다른 일이기 때문이다. 그래서 DARPA는 기계학습 모형 개발 외에 사용자의 이해에 대한 심리학 이론에 대한 연구와, 인간이 컴퓨터의 설명을 쉽게 식별하게 해 주는 인터페이스 기술 개발도 병행한다.

투명성 확보를 위한 또다른 방법은 결과 예측이 가능한 데이터베이스를 찾아 심층 신경망에 연결하는 것이다. 연관 관계가 밀접한 데이터베이스를 찾아 만들고 이를 심층 신경망에 연결해 심층학습을 하게 하면 어느 정도 요인 분석과 설명이 가능해진다.

설명가능 인공지능으로 의사 결정 절차를 설명하고 투명성을 확보해 얻을 수 있는 성과는 단순히 공공 안전과 설명의 용이성에 그치지 않는다. 다음과 같은 여러 부가적 효과를 얻게 된다.

① 인공지능이 내린 의사 결정뿐 아니라 모형도 이해 가능해진다.
② 의사결정의 강점과 약점을 파악할 수 있다.
③ 주어진 알고리즘을 예측할 수 있다.
④ 인간의 개입 시점을 계획할 수 있다.
⑤ 오류를 지속적으로 교정하며 인공지능을 학습시킬 수 있다.
⑥ 인공지능−인간 간의 이해를 증진할 수 있다.

3. 투명성 문제의 다른 해결책은 있는가

투명성 문제를 해결하는 또 다른 방식은 '인공지능 신경과학(AI neuroscience)'이라는 신 분야다. 이 분야는 신경과학의 방법을 이용한다. 유전자 연구에서는 어떤 유전자 기능이 잘못되었는지를 찾기 위해 일부러 유전자 돌연변이를 일으켜서 어떤 기능이 상실되었는지를 본다. 이렇게 해서 문제가 되는 기능을 알아내는 방법이다. 이와 마찬가지로 인공지능에 입력하는 정보를 지우거나 변형해 인공지능의 출력 정보나 의사 결정이 어떻게 달라지는지 살펴볼 수 있다. 이를 반복하면 인공지능의 의사 결정에 영향을 주는 요인이나 패턴을 찾을 수 있다.

옵티마이징마인드(OptimizingMind)라는 스타트업에서는 기계의 의사 결정을 알아보기 위한 기술을 개발한다. 이 기술은 뇌의 실제 신경 네트워크에 기반을 둔 모델로, 심층네트워크(Deep Network)를 다른 형태로 변환해 의사 결정에 가장 중요한 부분이 어떤 부분인지 알아낸다.[32]

'블랙박스' 안의 절차를 알기 위해 또 다른 인공지능을 함께 사용해 처음부터 설명을 덧붙이는 방법도 있다. 심층학습 과정이 '블랙박스'처럼 돼 버리는 것이 문제이므로, 처음부터 블랙박스가 되지 않게 하는 묘안이다. 미국 조지아공과대학 연구자들은 첫 번째 인공지능에게 컴퓨터 게임을 하도록 지시하고 이 장면을 사람이 음성으로 해설하게 했다. 인간의 해설을 컴퓨터에 입력한 후, 컴퓨터 프로그래밍 언어와 영어, 두 가지 언어 사이를 번역하는 두 번째 인공지능을 훈련시켰다. 이로써 인공지능은 자신이 하는 게임을 사람의 언어로 설명하고, 사람이 내뱉는 감탄사까지 따라 하고 번역할 수 있게 한다. 인공지능이 스스로 자신이 하는 일을 설명하는 토대가 마련된 셈이다.

---

32) Reese, H. (2016.11.15.). Transparent machine learning: How to create 'clear−box' AI. Techrepublic, https://www.techrepublic.com/article/transparent−machine−learning−how−to−create−clear−box−ai/.

4. 투명성을 확보하면 개인정보는 어떻게 보호할까

투명성 확보는 인공지능이 내리는 의사결정을 안전하게 만들기 위한 중요한 일이지만, 이렇게 되면 인공지능이 학습하는 데이터 안에 포함된 정보 공개가 문제된다. 인공지능의 의사 결정 절차를 드러내면 공공의 안전성과 인공지능의 효율성 향상에 도움이 된다. 그러나 조사가 확대되고 깊어질수록 데이터에 포함된 개인 정보나 영업 비밀을 보호하기가 어려워진다. 또 투명성을 빌미로 자료나 시스템을 악용할 수 있다. 투명성 확보와 정보 보호 사이의 딜레마에 빠지게 된다.

알고리즘이나 데이터에는 개인 정보뿐 아니라 각 기업이 다른 기업에게 공개할 수 없는 지적 재산 또한 포함되어 있다. 투명성을 확보하려면 알고리즘이 어떤 절차를 거쳐 학습을 했는지 봐야 한다. 그런데 이를 알고리즘 설계자나 인공지능 회사 측에서는 알고리즘 소스를 공개하라는 메시지로 잘못 해석할 수 있다. 즉 투명성 확보가 기밀 정보 보호에 위협으로 간주될 수 있는 것이다. 한 조직의 기밀 정보는 그것이 공공 이익을 해치지 않는 한 당연히 보호되어야 한다. 다만 공공 이익의 측면에서 인공지능의 의사 결정이 문제가 될 소지가 있을 경우 알고리즘 소스가 아니라 학습 절차에 대한 설명이 필요하다.

이 딜레마를 어떻게 해결할 수 있을까? 이 딜레마를 고려해 최근 한국 기업인 카카오는 인공지능을 활용하는 국내 회사로는 최초로 인공지능윤리 원칙을 발표했다. 이 발표에서 카카오는 투명성과 관련해 "이용자와의 신뢰 관계를 위해 기업 경쟁력을 훼손하지 않는 범위 내에서 알고리즘에 대해 성실하게 설명한다"[33]고 입장을 밝히

---

33) 김대원(2018) "카카오 알고리즘 윤리 헌장의 해제" 『카카오 AI 리포트』 10

고 있다. 투명성과 정보보호라는 양립하기 어려운 두 윤리적 문제 사이에서 균형감을 유지하고자 하는 것이다.

투명성과 정보보호 양자를 동시에 최대한 확보하는 것은 현실적으로 불가능하다는 딜레마 상황으로부터 얻을 수 있는 교훈은 '투명성' 자체를 추구하면 그 또한 위험하다는 점이다.[34] 투명성을 확보하려는 목표는 투명성 자체의 가치보다는 공공의 이익과 사회의 시민 권리 보호라는 최상위 가치를 위해 존재하는 것이다. 투명성 자체를 목표로 삼는 경우 생기는 부작용은 비도덕적이거나 특정한 정치적 의도를 가진 집단이나 개인이 투명성을 이유로 오히려 비도덕적 방향으로 이끌고 개인정보를 유출하게 만들 수 있다는 점이다.[35] 역설적이지만 인공지능 투명성을 위해서는 투명성 자체가 목표가 될 수 없다. 대신, 각 사안에서 인간성 보호라는 가치를 우선으로 하여 그 사안에 맞는 타협점을 찾는 것이 최선이다.

5. 투명성은 어떻게 시민안전을 돕는가

투명성의 확보는 인공지능 활용으로 인해 직접적 피해당사자가 될 수 있는 시민들에게 가장 중요한 문제이다. 미국의 삶의미래연구소에서 2017년 발표한 "아실로마 23원칙"에서는 투명성을 두 가지로 구분한다. 오류투명성(failure transparency)과 사법투명성(judicial transparency)이다. '오류투명성'은 인공지능 시스템이 인간에게 해를

호 (2018년 1월호) https://brunch.co.kr/@kakao-it/186.

34) Boyd, D. (2016). Transparency ≠ Accountability. Data & Society: Points. https://points.datasociety.net/transparency-accountability-3c04e4804504.

35) Ananny, M., & Crawford, K. (2018). Seeing without knowing: Limitations of the transparency ideal and its application to algorithmic accountability. New Media & Society, 20(3), 973-989.

입히는 경우 그 이유를 확인할 수 있어야 한다는 내용이다. '사법투명성'은 사법적 결정에 인공지능이 개입할 경우, 권한 있는 인간 기관이 감사(監査)할 수 있는 충분한 설명을 제공해야 한다는 내용이다. 인공지능윤리 가이드라인 입법안을 제출하고 입법을 추진하는 유럽연합도 투명성 확보를 위한 지침으로, 대중에게 영향을 미치는 알고리즘을 사용하는 기업은 그 알고리즘 내부 논리에 대해 설명해야 한다고 제안했다.

투명성을 확보하는 대표적 방법인 '설명가능성'에 대해서도 법적인 안전장치를 강구 중이다. 최근 발표된 일반데이터보호규정(GDPR)에서는 정보주체의 권리를 기존보다 확대했다. 구체적으로, 심리 및 행동 분석(프로파일링)의 대상이 되는 개인은 '설명을 요구할 권리'를 가진다. 어떤 내용에 대한 설명을 요구할 수 있을까? GDPR 15조에 따르면, 데이터를 처리하고 다루는 이들은 정보 주체들에게 데이터를 모으고 처리하는 목적과 시기 등을 알려야 한다. 또 공공기관 등에 기록되어 있는 개인정보에 접근할 권리가 있다. 개인정보에 대한 설명의 요구 뿐만 아니라 인공지능 알고리즘이 독자적으로 한 개인에 관해 의사결정을 내릴 수 없고 의사결정이 내려진 후라도 한 개인이 그 결정에 대해 질문하고 반박할 수 있다.[36] 이런 권리를 행사할 수 있다면 데이터 수집이나 알고리즘에 있어서 편향의 문제 또한 밝혀지고 교정될 수 있다. 투명성 확보의 문제는 편향의 문제 해결에도 직접적 관련이 있다.

알고리즘 투명성은 이렇게 전문가나 기업 차원, 그리고 법적으로만 확보가능한 것이 아니라 시민들이 시민의식과 감수성을 가지고 직접 문제제기하고 살펴봄으로서 어느 정도 확보될 수 있다. 예컨대 재범위험성을 판단하는 컴파스와 같은 인공지능 컴퓨터의 의사결정

---

36) https://eugdpr.org.

이 혹시 내가 속한 집단이나 나에게 불공정하게 편향된 데이터나 알고리즘에 기반해 내려진 결정인지 어떻게 추측해볼 수 있을까? 컴파스와 같은 인공지능에서 사용되는 판단 설문을 거꾸로 추론해보면 재범 위험성이 설정된 기준을 추측해 볼 수 있다. 예컨대, 컴파스 인공지능이 범죄자들에게 묻는 질문들은 "전과가 있는 친척이나 친구가 있는가?", "최초 범행은 몇 세였는가?" 등 이다. 이 질문들은 재범 위험성을 예측하는 요인과 관련이 있다고 생각할 수 있지만 범죄 전과자가 많은 빈민가에서 자라난 흑인일 경우 무조건 재범 위험성이 높다고 판단하게 한다.

이러한 질문들만 잘 분석해도 인공지능이 의사결정을 내리게 하는 기준을 대략 짐작할 수 있다. 인공지능 알고리즘에 내재되어 있는 편향은 인공지능을 만든 인간이 암묵적으로 가지고 있는 기준에서 비롯된다. 데이터과학자인 캐시 오닐(Cathy O'Neil)이 자신의 저서 『대량살상 수학무기』에서 지적하듯 알고리즘과 빅데이터는 전혀 객관적이지 않고 불평등을 자동화할 수 있으므로 오히려 더 위험하다.[37]

미국 공공정책위원회에서는 투명성 확보의 필요성을 다음처럼 인공지능 전문가 뿐만 아니라 일반 시민과도 관련되어 있으며 편향이 사회에 미치는 위험을 인식해야 한다는 점을 분명히 한다. "분석 시스템의 소유자, 고안자, 구축자, 사용자 및 이해 관계자들은 설계, 구현 및 사용과 관련된 가능한 편향에 대해, 그리고 편향이 개인과 사회에 미칠 수 있는 잠재적 손해에 대해 인식해야 한다."[38] 안전과

37) O'Neil, C. (2017). Weapons of math destruction: How big data increases inequality and threatens democracy. Broadway Books.
38) USACM(2017). Statement on Algorithmic Transparency and Accountability. p.2., phttps://www.acm.org/binaries/content/assets/public－policy/2017_usacm_statement_algorithms.pdf.

시민의 권리를 위한 투명성 확보는 인공지능 차원에서만이 아니라 인간 사회의 편견 방지와 공공 조사의 노력을 통해 가능하다.

III. 인공지능의 의사결정에 누가 책임을 질까

다음 글을 읽고 어떤 딜레마 상황이 있을 것인지 생각해 보자. 만약 당신이 엔지니어, 혹은 경영자, 혹은 의사결정권자나 국가책임자, 그리고 이 세 가지 모두를 겸한 위치에 있다면 전쟁로봇, 특히 킬러로봇을 도입할 것인가? 그리고 각 결정에 따른 문제들은 어떤 것들이 있으며 그 문제들을 해결하는 방법이 있을까?

'킬러 로봇' 찬반 양론 격화
뉴욕타임즈,월스트리트저널 등 컬럼 반대론자 맹점 지적

인공 지능 로봇 무기(일명 킬러 로봇)에 대한 반대 운동이 벌어지고 있는 가운데 반대론자들의 맹점을 지적하는 주장도 본격적으로 터져나오고 있다. 그러면서 킬러 로봇을 둘러싼 찬반논쟁이 확산되는 분위기다.

앨론 머스크, 스티븐 호킹, 스티븐 워즈니악 등 세계 IT 및 과학계 리더들은 지난달 인공지능과 자율 능력을 갖춘 '킬러 로봇(Killer Robot)'의 개발 및 확산 금지를 촉구하는 공개 서한에 서명, 로봇 무기에 대한 대중들의 관심을 촉구하는 계기를 만들었다. 이들은 자율 비행 드론, 무인 군용차량, 전투로봇, 로봇 군인 등 킬러 로봇이 전장에 본격적으로 투입돼 화약, 핵무기에 이어 전쟁 무기의 제3차 혁명 시대를 열 것이란 주장을 펼치고 있다. 이들은 비영리단체인 'FLI(Future of Life Institute)'가 추진하고 있는 인공지능 자율 능력을 갖춘 킬러 로봇의 개발 및 확산에 반대하는 서명 운동에 동참하고 있다.

하지만 반론도 만만치 않게 제기되고 있다. 최근 인공지능 전문가인 스탠포드 대학 '제리 케플란' 교수는 뉴욕타임즈에 게재된 '로봇 무기: 무엇이 해로운가?'라는 제목의 컬럼에서 반대론자들의 주장을 반박했다. 반대론자들이 인공 지능 기반의 로봇 무기를 생화학무기나 우주 기반의 핵무기 등에 비유했는데 잘못된 인식이

라고 꼬집었다. 생화학무기나 핵무기가 군인과 민간인을 구별하지 않고 무차별적으로 피해를 입히는데 반해 인공 지능 로봇 무기는 민간인 시설이나 민간인을 구분할 수 있기 때문에 궁극적으로 민간인의 피해를 줄일 수 있다는 것. 인공지능 로봇 무기는 지리적인 경계, 시간을 선택할수 있어 민간인과 비전투원의 생명을 안전하게 할 가능성이 높다고 주장했다.

케플란 교수는 재래식 무기인 지뢰의 피해를 예로 들었다. 지뢰는 특정 환경에서 사람이 밟으면 무조건 터진다. 심지어 전쟁이 끝나더라도 지뢰는 그대로 남아 사람에게 심각한 상해를 입힌다. 하지만 인공 지능 로봇 무기에 현재 보급형 스마트폰에 탑재된 카메라와 센서만 탑재해도 로봇 무기는 성인, 어린이, 동물 등을 쉽게 식별할 수 있으며 근처에 있는 사람이 군복을 입었는지 아니면 무기를 소지하고 있는지도 알 수 있다는 것이다.

또 전투가 치열해지고 증오심이 높아지면 군인들은 자신들의 생명을 보호하기 위해 무차별적으로 총기를 발사하지만 로봇 무기는 편견이나 증오에 의해 영향을 덜 받는다고 주장했다. 만일 사람이 모든 결정을 한다면 컴퓨터가 아주 짧은 시간에 결정할 수 있는 것을 사람이 미루면서 오히려 피해가 더욱 커질 것이란 주장도 펼쳤다.

월스트리트저널도 인공 지능 로봇 무기의 반대론자들의 맹점을 비판하는 컬럼을 게재했다. 월스트리는 이 컬럼에서 킬러 로봇의 등장을 막는 것은 생각보다 훨씬 어려울 수 있다고 지적했다. 최신 과학 기술 분야 전문가들과 비정부기구(NGO) 관계자들이 주장하는 것과는 달리 정부의 지원을 받아 킬러 로봇이 개발되고 있는 것만은 아니라는 지적이다. 자동 무기 시스템을 가능케 하는 핵심 기술은 구글과 아마존, 3DR(드론 제조업체)을 비롯한 민간업체가 주도적으로 개발하고 있다는 것이다. 가령 무인자동차도 얼마든지 군사 무기로 바뀔 수 있다.

전투에 직접 응용하려는 용도에 초점을 맞춘 킬러 로봇 연구를 금지하려는 움직임은 그 의도 자체는 숭고하다고 했다. 하지만 혼란스러운 전장에서 로봇이 인간보다 목표물을 구별하는 능력이 아무리 뛰어나다고 해도, 미군은 아직 인공지능에 공격 명령을 맡길 준비가 돼 있지 않다고 지적했다. 아직 미군이 로봇 무기에 인공지능을 탑재하려는 단계는 아니라는 의미다.

최근 'IEEE스펙트럼'이 킬러 로봇 찬성론자와 반대론자의 주장을 담은 컬럼을 나란히 게재하는 등 최근 찬반 양론이 팽팽하게 맞서고 있는 상황이다.

출처: 로봇신문, 2015.08.20
http://www.irobotnews.com/news/articleView.html?idxno=5540

1. 자율 시스템의 책임 확보는 왜 어려운가

인공지능에서 책임 문제는 다른 과학기술에서의 책임 문제와 다르다. 인공지능이 잘못된 판단을 내렸을 때 그 원인 파악이 어렵고 이에 따른 책임 부여가 어렵기 때문이다. 왜 그럴까? 현대의 인공지능은 과거의 예측 가능한 모형 대신 복잡한 신경 네트워크를 사용한다. 이 때문에 인공지능 알고리즘의 설계자조차 인공지능이 왜 특정한 의사 결정을 내리는지 알 수 없다. 이것이 의사 결정 과정을 투명하게 알기 어렵다는 '투명성의 문제'다. 인공지능 판단 절차의 불투명성 탓에 인공지능이 차를 운전하거나, 병을 진단하거나, 사람의 직업이나 죄를 판단할 때 더 큰 문제가 불거진다. 책임(責任, responsibility) 소재를 확정하고 설명하기가 어려워지므로 사고나 피해가 생길 경우 사회적으로 대처하고 처리하기 어렵다.

인공지능 로봇이 자동 시스템일 때에는 '누가 책임을 져야 하는가'가 최우선 고려 사항이었고 설계자와 제조자가 주로 책임을 졌다. 반면, 현재 자율 지능 시스템으로 운영되는 인공지능 로봇은 어느 정도의 '자율 판단' 과정이 개입되므로 다른 관점이 필요하다. 가장 중요한 고려 사항은 인공지능에 맡길 수 있는 판단 유형은 무엇이며, 맡길 수 없는 판단 유형은 무엇인가를 결정하는 것이다. 이에 대한 토론과 사회적 합의가 이루어지면 통제 규칙과 표준을 만들 수 있다. 이 이후에야 발생 가능한 피해들에 대한 법적 책임을 할당하는 작업을 할 수 있다.

2. '책임'과 '책무성'은 어떻게 다른가

인공지능과 관련해 책임 이외에도 이야기해야 할 것이 있다. 바로 책무성(責務性)이다. '책무성'은 특정 이해 당사자가 자신의 행위와 관련한 책임과 의무를 식별하고 설명하거나 행위의 정당성에 대한 물음에 답하는 것이다. 사후적 제재와 관련된 '책임'과 구분된다. 더 자세히 책무성과 책임의 의미 차이를 알아보자. '책임'의 동사형인 'response'는 수행한 행동에 대해 '대응'한다는 행위 차원의 의미를 담고 있다. 어떤 행위의 결과로 인해 받게 되는 제재를 의미한다. 이 행위 차원의 책임은 윤리적, 법적 책임을 모두 포함한다. 책임의 특성은 권리 침해를 하게 될 경우 그 침해자에 대해 '사후적' 성격의 처벌과 보상이 주어진다는 점이다. 반면, 다음에 설명될 '책무'는 사후적 성격이 아니라 어떤 행위가 수행되기 전 혹은 과정에 대한 의미를 지닌다. 그래서 책임과 책무성은 상호보완적이다.

'책무성'의 동사형인 'account'는 '계산하다', '설명하다'라는 의미로, 단순히 행위 차원의 대응을 넘어 인지적 차원의 해명에 더 초점이 맞추어진다. 즉, '책무성'은 결과에 대해 대응을 하는 '책임'에서 나아가, 어떻게 그러한 결과가 나오게 되었는지에 대한 '설명'까지 제공해야 한다는 더 상세한 내용을 담고 있다. '책무성'은 영어로 'accountability'로 표기되며, "특정 이해 당사자가 자신이 수행한 행위와 의무를 이행 요구자에게 설명하거나 자신이 행한 행위의 정당성에 대한 물음에 답하는 것"을 말한다. 데이터 보안과 관련해 '책무성'은 '감사 추적(audit trail)'으로 표현되기도 한다. '감사 추적'이란 어떤 사건을 발생시킨 개인이나 프로그램을 알아내는 것이다.

일상적으로 많이 사용하는 표현인 '책임' 외에 '책무성'이라는 표현을 따로 사용해야 하는 이유는, 특정 행동에 대한 '책임'을 묻는 것은 그 행동의 원인과 관련자를 분명히 하는 것이기 때문이다. 책임을 묻는 행위는 두 종류로 구분되는데, 하나는 정책이나 법률적 사항에 대한 '책임'이고, 다른 하나는 어떤 사건을 발생시킨 개인이나 프로그램을 식별할 수 있는 능력, 곧 '책무성'이다.

인공지능 로봇이 단순한 자동 시스템을 넘어 자율 시스템이 되면서 '책무성'의 측면이 더 중요해진다. '책임'은 주로 행동 이후에 부여되는 반면 '책무성'은 그 전에 부여될 수 있다. 인공지능에 '책무'를 부여하면 미리 사고가 나지 않도록 예방하는 차원에서 알고리즘 편향을 피하는 설계를 하거나 학습 절차에 사용되는 데이터를 조심해서 분류하도록 준비할 수 있다. 이 경우 인공지능을 활용하는 무인자동차가 사고를 낼 경우 '책임'에 해당하는 처벌을 어떻게 해야 하는가 라는 복잡한 문제를 미리 준비할 수 있다. 또, 인공지능을 불필요하게 의인화하거나 법적 인격을 부여하는 부가적인 작업의 부담이 덜해진다.

현재 주로 사용되는 인공지능의 심층학습 모형은 알고리즘 설계 기준 그리고 데이터를 학습하는 절차에서 윤리 문제가 발생하는데 데이터 수집, 분류, 학습 과정에서 의도적·비의도적 편향이 개입되었는지 '설명'이 필요해진다. '책무'는 인공지능 알고리즘 설계, 개발, 제작, 사용 전 과정에 걸쳐 요구될 수 있다. 책무를 부여하는 과정은 수행된 작업 및 행위, 수행된 작업 및 행위의 결과에 대한 설명, 그리고 이에 대한 책임 부과와 오류 수정으로 이루어진다.

인공지능이 사회 전반에 사용되면서 책임의 양상 또한 변화한다. 이는 크게 두 가지로 나뉜다. 하나는 행위에 대한 책임의 종류가 변화하며, 다른 하나는 책임을 부여하는 대상이 변화한다.

3. 책임의 종류는 어떻게 변화하는가

인공지능을 사용하는 시스템이 늘어남에 따라 법적 책임의 종류가 어떻게 변화하는지 보자. 로봇이 자동 시스템이면 기계 및 로봇은 법적으로 '물건'으로 분류된다. 그래서 로봇 관련 피해나 사고 시

물건을 다루는 것과 관련한 법적 책임을 지게 된다. 반면 자율 학습을 통해 얻어진 데이터에 기반해 판단을 내리는 로봇이나 인공지능 소프트웨어일 경우 그 '자율성' 때문에 기존의 '물건' 관련 법안만으로 판단하기 어려운 사례가 생긴다. 활용 양상에 따라 두 가지로 구분해보자. 하나는 현재 대다수의 인공지능 로봇처럼 자율 시스템이긴 하지만 인간의 자율적 결정보다는 낮은 수준에서 활용되는 경우다. 다른 하나는 인공지능이 우리 몸의 신경 시스템과 결합되는 경우, 소위 '인간-인공지능 인터페이스' 사례다.

첫째 사례인 현재 인공지능 시스템을 보자. 국제전기전자협회에서 제시하는 "윤리적 설계(Ethically Aligned Design)" 지침은 자율 시스템이 사고를 야기할 경우 재산법으로 다룰 것을 권고한다. 예컨대 자율 시스템 인공지능으로 운용되는 대표적 예인 무인자동차가 인간 조작이 필요 없는 가장 높은 수준의 자율도를 가진 레벨 4에 도달하더라도 인간에 속하는 재산으로 다루기를 제안한다. 인공지능이 인간이 가진 자율성에 근접하든 아니든 (인공지능의 자율성은 인간의 자율성과 동일한 의미의 자율성이 아니다) 인간의 귀속 재산으로 분류하도록 권고한다.

둘째, 인간-인공지능 인터페이스(human-AI interface)의 대표적 예는 데카암시스템(DEKA arm system)과 같은 인공지능 의수이다. 인공지능 의수는 인간 뇌와 인공지능 간의 신경 신호 피드백 학습을 통해 자신이 원할 때 의수를 자신의 팔처럼 자유로이 움직일 수 있게 한 것이다. 그런데 만약 이 인공지능 로봇 팔을 누군가가 부러뜨렸다면, 이에 대한 법적 책임은 어떤 항목에 속할까?

기존처럼 의수를 '물건'으로 분류할 경우 '기물파손'이라고 해야 할 것이다. 만약 인공지능 의수의 전기 신호와 뇌 신호의 연결점을 고려하고, 자유의지로 움직일 수 있는 몸의 일부로 해석한다면 인간

몸에 입힌 상해에 해당하는 '과실치상'이라고 해야 할 것이다. 어느 쪽이 적절한 판단일까? 이 문제는 인간과 인공지능 의수의 공통점인 전기신호가 서로 소통해서 인공지능 의수를 자유자재로 움직이게 되었으므로 인공지능 의수라는 기계를 몸의 일부로 보아야 하는지 등의 철학적 문제가 포함되어 있다. 시스템이나 기계, 소프트웨어의 문제와 더불어 더 근본적인 철학적 문제까지 통합적으로 논의되어야 이 문제를 온전히 해결할 수 있다. 윤리나 법 체계상의 '책임'이나 윤리의 변화는 이제 단순히 어느 한 영역의 문제를 넘어선다.

4. 책임 부여 대상은 어떻게 변화하는가

기계가 자동 시스템일 때, 생산 후 사용 단계에서 발생한 문제는 주로 사용자 부주의나 기계 오류에 기인한다. 이 경우 책임 소재는 설계자와 제작자에 있다. 반면 기계가 자율 지능 시스템이 되면, 시스템 설계자가 제어 혹은 예측할 수 없는 의사 결정을 할 수 있다. 이때 사고가 발생하거나 잘못된 결정이 내려질 경우 누구의 책임인가? 자율 시스템 기계인가? 기계 설계자인가? 기계 제작자인가? 최종 결정을 가능케 한 원인은 단순히 설계와 제작에만 있지 않고 인공지능의 학습 과정에도 있으므로 '설계, 제작, 데이터 학습, 생산, 사용'의 전 단계가 책임 소재가 될 수 있다. 게다가 특정 단계나 시점 한 부분만이 아니라 여러 부분에 책임이 분할될 수 있다. 또 인공지능 알고리즘이 학습해 왔던 절차나 과정 전반에 걸친 검토와 설명이 필요하다.

인공지능 기반 로봇 팔을 다시 생각해보자. 인공지능 로봇 팔을 가진 사람의 의도와 다르게 로봇 팔이 잘못 휘둘러져 타인을 다치게 했다고 가정하자. 이 경우 누구의 책임이라고 할 수 있는가? 로봇 팔의 인공지능 알고리즘 설계의 잘못인가, 아니면 인공지능 로봇 팔을 완벽하게 훈련시키지 못한 소유자의 잘못인가? 책임 소재를 알려면 로봇 팔의 알고리즘 설계뿐 아니라 인공지능 훈련 과정에서 사용자가 어떤 절차를 거쳤는지, 심층학습 네트워크의 여러 층들 중 학습 과정에서 어떤 층에서 사고를 일으킬 만한 학습 절차가 있었는지 등 알고리즘 학습 과정 전반을 들여다봐야 할 것이다. 그리고 문제 요인이 파악되면 설명을 요청하고 책임을 부여해 수정 등이 이루어져야 더 큰 사고를 방지할 수 있다.

5. 책무성을 부과하면 알고리즘 투명성을 어떻게 얻을 수 있을까

책무성은 인공지능이 데이터를 학습하고 이를 바탕으로 의사 결정을 내리는 과정을 밝히는 또 다른 윤리 쟁점인 '투명성 문제'와 밀접하다. 투명성이 높아지면 책무성과 책임 부여가 쉽다. 그런데 투명성과 책무성은 '관련성'만 있을 뿐 '인과 관계'는 아니다. 즉 투명성이 높아진다고 자동적으로 책무성이 확보되는 것은 아니다. 즉, 책무성과 투명성이 항상 일치하지는 않는다. 우리는 알고리즘 투명성이 높아지면 책임 소재를 밝히는 데 큰 도움이 되리라 기대한다. 그러나 실제로는 사회적 책무성에 투명성이 필요하지 않은 경우도 있고 투명성으로 다 해결되는 것도 아니다.

먼저, 투명성은 책무성을 확보하는 데 꼭 필요한 것은 아니다. 투명성은 책임을 위한 것인데, 학습 절차를 밝히는 방법 외에 다른 방법으로 책임 소재를 찾을 수 있다. 또 투명성은 책무성을 확보하는 데 충분하지 않다. 예컨대, 투명성 확보를 위해 모든 사람들이 검사할 수 있도록 복잡한 컴퓨터 코드를 공개한다고 가정하자. 알고리즘을 공개한다고 알고리즘과 학습 절차의 어느 부분에서 잘못되었는지가 잘 설명되고 책임이 자동 할당되는 것은 아니다. 따라서 투명성 확보와 책무성과 책임 부여는 별개의 작업이다. 책임 소재는 알고리즘 설계 기준과 학습 과정을 공개한다고 자동으로 식별되지 않는다. 인공지능이 학습하는 '데이터 내용' 또한 살펴볼 필요가 있다. 인공지능이 받아들여 학습하는 데이터가 특정 인종이나 성(性), 그리고 특정 집단에 편향된 자료일 수 있다.

인공지능의 학습과 의사 결정 과정뿐 아니라 그 과정의 내용인 데이터를 어떻게 선택했으며 그 데이터가 어떻게 생산되었는지 또한 설명되어야 한다. 인공지능이 학습하는 데이터는 인공지능이 만들어 낸 것이 아니라 인간들과 인간 사회가 만들어 낸 것이다. 따라서 윤리적 문제는 인공지능이 아니라 오히려 데이터를 만들어 내는 인간에게 있다.

6. 인공지능 결정에 대한 책임 부여를 위한 조건은 무엇일까

알고리즘 투명성 확보에만 집중하면 목표와 수단이 뒤바뀔 수 있는 위험성이 있다. 알고리즘 설계 기준과 학습 절차를 투명하게 한다고 자동적으로 책임 소재가 파악되거나 설명되는 것이 아니다. 인공지능의 학습 내용에 따라 책임 소재는 달라진다. 그렇다면 무엇을 해야 할까? 먼저, 관련 사항들을 기록·보관하는 시스템과 이를 잘 수행하는 사회문화가 필요하다. 기록 보관 시스템에는 인공지능 시스템으로부터 입을 수 있는 피해에 대해 법적 책임과 설명의 의무를 다할 수 있도록 아래와 같은 주요 내용들이 포함되는 것이 바람직하다. 아래의 내용이 포함되면 차후 책임과 책무성을 쉽게 부여하고 사고를 미리 방지할 수 있다.

- 사용 목적
- 데이터 소스

- 알고리즘
- 프로세스 그래프
- 사용자 인터페이스
- 액추에이터, 출력
- 최적화 목표, 손실 함수, 보상 기능

7. 자율 살상 무기에 대해서는 누가 책임을 지는가

인공지능의 책임 문제가 현실적으로 부각된 계기는 자율 살상 무기(LAWs, Lethal Autonomous Weapons) 혹은 킬러로봇의 등장이다. 킬러로봇은 인간을 닮은 로봇만이 아니라 현재 개발 중인 인공지능이 장착된 드론이나 '신경 회로망' 기술을 활용한 전자동 소총과 미사일을 모두 포함한다. 자율 살상무기는 인간의 최종 의사결정 없이 생명을 죽이는 결정을 하므로 인공지능 시스템 중 가장 큰 윤리적 문제를 일으키는 로봇이다.

전쟁 무기 자체가 비윤리적이므로 자율 살상 무기를 어떻게 윤리적으로 사용하는가라는 문제는 토론 대상이 아니라고 반박할 수 있다. 그러나 군사나 전쟁 무기가 지구상에서 완전히 없어지는 것은 최소한 현재로서는 비현실적이다. 이를 인정하면 차선책을 생각해야 한다. 살상 로봇의 무분별한 사용을 막는 것이 차선이다. 살상 로봇의 목표는 적군을 살상하는 것이다. 즉 적군과 아군을 잘 구분해 적군을 살상해야 하므로, 이러한 소프트웨어를 설계하는 것이 과제가된다. 인간이 적군과 아군을 구분하는 것처럼 군사복이나 군사모를 통해 구분하거나 혹은 인종 차이를 구분하도록 인공지능을 훈련시켜 살상 로봇이 목표를 달성하도록 할 수 있다.

문제는 자율 살상 무기의 사용이다. 적군을 식별해 살상하는 원래 목표를 넘어 민간인을 살상하는 데 사용하거나, 독재자가 자국민을 협박하는 데 사용하거나, 테러리스트가 일반인을 대량 살상하는 데 사용할 가능성이 있다. 개인이 비윤리적으로 사용하는 예는 일반인이 드론을 킬러로봇으로 사용할 가능성이다. 드론은 쉽게 낮은 가격으로 제작이 가능하므로 누구나 무기로 사용할 수 있어서 다양한 종류의 전쟁을 촉발할 가장 위험한 상황이 된다. 이 상황에 대해 인공지능 및 로봇 연구자 1,000여 명은 이러한 위험성을 인지하고서 2015년 7월 킬러로봇 개발 금지를 촉구하는 공개 서한을 발표했다. 인공지능으로 작동하는 전쟁 무기 모두를 금지할 수는 없지만, 아주 정교하게 작용해 기계가 생사에 대해 결정을 내리는 인공지능 무기는 금지되어야 한다는 취지다.

　　최근 미국 국방부가 인공지능 시스템을 불법 이주자 식별과 무인폭격기에 사용하면서 과연 이러한 사용이 윤리적인지가 문제제기되었다. 이에 대해 구글과 마이크로소프트의 직원들은 자신들이 만든 영상 분석 인공지능 시스템을 비윤리적으로 사용하지 말 것을 촉구하고 계약 갱신을 반대하는 탄원서를 올렸다. 2013년 살인로봇 금지 캠페인(Campaign to stop robots)이 출범하면서 자율무기를 개발하고 생산해서 사용하는 것을 금지하자고 주장했다. 다른 한편으로는 인간 역사에서 전쟁을 피할 수 없다는 것이 현실이라면 인공지능로봇이나 드론을 활용해서 최소한 아군이나 무고한 민간인의 인명 손실, 그리고 경제적 부담을 줄일 수 있다는 입장도 있다.

　　가장 큰 문제는 자율 살상 무기가 살인을 할 경우 책임소재가 어디에 있는가이다. 기존 전쟁 무기와 자율 지능 시스템으로 작동하는 자율 살상 무기(Lethal Autonomous Weapons)를 비교해보자. 인공지능이 장착되지 않은 전쟁 무기가 잘못 작동할 경우, 전쟁 무기를 만든 설계자나 제작자가 책임을 진다. 또 이와 관련한 사고나 피해에는 제조물 책임법이 적용된다. 반면, 전쟁 무기가 인공지능을 장착한 자율 지능 시스템이 되면 설계자나 제작자의 설계 및 제작 의도와 독립적으로 무기 자체가 자율적으로 의사 결정을 하게 되므로 단순히 제조물과 관련한 책임이라고만 하기는 어렵다. 자율 살상 무기로 인해 예측치 못한 피해가 발생할 경우, 설계자나 제작자에게만 전적으로 '책임'을 지울 수 없다. 설계와 제작 이후에 자율 학습 과정이 있었기 때문이다. 전쟁 무기가 자율적 의사 결정을 하게 되는 원인 중 하나인 '인공지능 학습 과정'에서 무엇이 잘못되었는지 '설명'하는 '책무성'을 부여해야 하는 이유가 여기 있다. 최근 유럽연합에서 로봇법을 거론했던 이유도 기존의 법적 체계로는 자율 지능 시스템이 된 인공지능 관련 피해나 사고를 처리하기 어렵기 때문이다.

가장 이상적인 해결방법은 책임 소재가 어디 있는지 확인하기 위해 자율 살상 무기에 장착된 인공지능 시스템의 내부 처리절차를 기록, 설명하는 것이다. 기록을 통해 인간 중 누가 명령을 내렸는지, 누가 알고리즘을 수정했는지 등을 알 수 있다. 이 과정에서 인공지능이 장착된 군사 로봇의 경우 군사 로봇을 설계한 프로그래머, 제조자 그리고 무기가 법적으로 문제가 되는 지점을 점검하는 법무팀, 그리고 군사담당 사무관, 로봇을 다루는 사람, 사안에 따라서는 대통령이나 총사령관이 모두 책임을 져야 할 수 있다.

그런데 인공지능을 장착한 자율 살상 무기가 적진의 병사가 아닌 민간인을 잘못 살상하는 경우 책임 소재가 어디 있는지 알기 위해 자율 살상 무기에 추적 기능을 내장하도록 하는 것이 현실적으로 가능할까? 그러한 기능을 장착하도록 각 나라의 국방부나 책임자가 승인을 할까? 승인할 경우 자국의 이익이나 자신의 개인 이익에 불리할 수 있으므로 승인할 가능성은 매우 낮다. 일상생활에서 사용되는 인공지능과 달리 자율 살상 무기는 감사를 받도록 애초에 설계되거나 사용되기 어려울 수 있다. 그렇다면 현실적인 방법은 자율 살상 무기를 관리하는 인간 지휘관이 필요시 자율 살상 무기를 통제할 수 있게 하고 무기 설계나 운영에 대해 책임 소재를 미리 설정하는 것이다.

자율 살상 무기의 딜레마는 여기서 발생한다. 각 나라의 이해관계 때문에 책임 부여에 대한 사항을 정할 때 전 세계적으로 단일한 표준이 만들어지는 것도 어렵지만 만들어진다 하더라도 자율 살상 무기는 국가 간 전쟁에서 사용된다는 점에서 표준이 지켜지기 어렵다. 그렇다면 인공지능 시스템을 활용한 자율 살상 무기가 최소한 피해야 할 점이 명시될 수 있다. 대표적 항목이 군인과 민간인을 구분해서 최소한 민간인을 살상하지 않도록 하는 것이 중요할 것이다. 그런데 자율 살상 무기가 전장에서 적국의 군인과 민간인을 어떤 기준으로 구분할 수 있겠는가? 기준이 있다고 해도 군복을 입은 민간인, 그리고 군인이 항복하는 경우 등을 어떻게 구분할 수 있는가?

자율 살상 무기를 사용하는데 있어 더 근본적 문제는 인간이 직접 전장에 참여하지 않으면서 내려지는 의사결정이 적절할 것인가의 문제, 그리고 국가의 군사정책 등이 온라인 게임처럼 현실적이지 못할 가능성이 생긴다는 점이다. 부수적인 문제점은 이 비현장성으로 인해 생명의 존엄성에 대한 무시가 보다 쉬워진다는 점이다. 인공지능윤리와 로봇윤리의 기본 정신은 인간의 기본권을 보호하는 것이다. 인공지능 및 로봇의 작동은 인공지능 기술뿐만 아니라 인공지능의 학습 재료인 데이터의 영향을 크게 받는다. 여기서 핵심은 데이터를 만들어내고 분류, 선정하고 알고리즘을 만드는 주체 역시 인간이라는 점이 자율 살상 무기와 관련하여도 적용된다.

8. 책임 여부를 검토하기 위해 고려할 사항은 무엇인가

인공지능을 활용하는 시스템으로부터 생길 수 있는 사고와 오류를 방지하고 책임과 설명을 잘 확보하려면 인공지능 설계 이전 단계에서 다음의 질문들을 던져 검토하는 것이 필요하다.

- 알고리즘에서 우선 순위 결정 근거는 무엇인가?
- 인공지능 로봇을 데이터로 훈련시킬 때 대상 데이터 선택 기준은 무엇인가? 잠재적 편향은 없는가?
- 데이터를 측정하거나 다룰 때 한계를 파악했는가? 의도적이지는 않더라도 정치적·사회적으로 편향될 가능성을 검토했는가? 특정 계층에 유리한 정보가 포함된 편향된 정보를 사용하진 않았는가?
- 알고리즘 모형 설정이 과적합(over-fitting)이나 과소적합(under-fitting)이 되는 것은 아닌지 검토하였는가? 만약 그럴 경우 데이터의 종류나 수를 조정하거나 알고리즘 모형 변경을 검토하였는가?
- 인공지능 로봇에 사용될 데이터를 다룰 때 데이터 분류 기준에 대한 이해 관계자는 어떤 사람들인가?
- 이외에 어떤 종류의 불확실성이 있는가?
- 인공지능 로봇에 사용되는 알고리즘에서 제외된 사항들이 있는가? 있다면 문제를 야기할 소지가 있는 사항들이 있는가?

참고문헌

김대원(2018) "카카오 알고리즘 윤리 헌장의 해제" 『카카오 AI 리포트』 10호 (2018년 1월호) https://brunch.co.kr/@kakao−it/186.

Ananny, M., & Crawford, K. (2018). Seeing without knowing: Limitations of the transparency ideal and its application to algorithmic accountability. New Media & Society, 20(3), 973−989.

Boyd, D. (2016). Transparency ≠ Accountability. Data & Society: Points. https://points.datasociety.net/transparency−accountability−3c04e4804 504.

de Laat, P.B.(2017). Algorithmic decision−making based on machine learning from big data: can transparency restore accountability?. Philosophy and Technology, 30:1, 1−17.

Diakopoulos, N. (2015). Algorithmic accountability: Journalistic investigation of computational power structures. *Digital Journalism. 3*(3), 398∼415.

Gunning, D. (2018). Explainable Artificial Intelligence (XAI), https://www. darpa.mil/program/explainable−artificial−intelligence.

Hevelke, A. & Nida−Rumelin, J. (2015). Responsibility for crashes of autonomous vehicles: An ethical analysis. *Science and Engineering Ethics 21*(3), 619∼630.

https://www.techrepublic.com/article/transparent−machine−learning−ho w−to−create−clear−box−ai/.

O'Neil, C. (2017). Weapons of math destruction: How big data increases inequality and threatens democracy. Broadway Books.

Reese, H. (2016.11.15.). Transparent machine learning: How to create 'clear−box' AI. Techrepublic,

Sample, Ian. (2017. 11. 5). Computer says no: why making AIs fair, accountable and transparent is crucial. *The Guardian,*

https://www.theguardian.com/science/2017/nov/05/computer−says−
no−why−making−ais−fair−accountable−and−transparent−is−cr
ucial?CMP=Share_AndroidApp_Gmail.

Sample, Ian. (2017. 11. 5).Computer says no: why making AIs fair, accountable and transparent is crucial. The Guardian, https://www. theguardian.com/science/2017/nov/05/computer−says−no−why−mak ing−ais−fair−accountable−and−transparent−is−crucial.

Skeem, J. L., & Lowenkamp, C. T. (2016). Risk, race, and recidivism: Predictive bias and disparate impact. Criminology, 54(4), 680−712.

Snow, J (2017). New Research Aims to Solve the Problem of AI Bias in "Black Box" Algorithms. MIT Technology Review. https://www.technology review.com/s/609338/new−research−aims−to−solve−the−proble m−of−ai−bias−in−black−box−algorithms/.

Snow, J (November 7,2017), "New research aims to solve the problem of AI bias in "black box" algorithms," *MIT Technology Review.*

Tan, S., Caruana, R., Hooker, G., & Lou, Y. (2017). Detecting bias in black−box models using transparent model distillation. arXiv preprint arXiv:1710.06169.

USACM(2017). Statement on Algorithmic Transparency and Accountability. https://www.acm.org/binaries/content/assets/public−policy/2017_usa cm_statement_algorithms.pdf.

제5장

도덕적 로봇 만들기

도덕적으로 생각하고 행동하는 로봇을 실제로 알고리즘을 통해 구현하는 방식은 두 가지이다. 하나는 규칙을 입력해서 그 규칙에 따라 행동하도록 하는 하향적(top-down) 방식과 다른 하나는 환경으로부터의 정보들을 피드백 삼아 자체적으로 패턴을 파악하여 행동하게 하는 상향적(bottom-up) 방식이다. 인간도 이와 같은 방식으로 윤리적 행동과 규칙을 배운다. 이 두 가지 방식을 접목한 혼합적 방식이 실제로는 많이 사용된다. 각 방식은 로봇이 도덕적으로 행동하는데 어떤 도움이 될까?

Ⅰ. 도덕규칙을 적용해서 어떻게 도덕적 로봇을 만들까

1. 도덕성을 인공적으로 설계하는데 무엇이 필요할까

인간이 도덕성을 로봇에 학습시키고 구현하는 방법을 알아보기 전에 인간이 어떻게 학습하며 성장하는지를 살펴보자. 인간의 학습은 특정 상황에 대한 행동 규범이나 규칙을 통해 학습하는 하향적(top-down) 방식과, 정해진 규칙은 없지만 경험을 통해 나름대로 규범을 파악하는 방식으로 학습하는 상향적(bottom-up) 방식으로 나뉜다. 인간은 이 두 방법을 함께 적용하며 사회에서 인간과 어울려 조화롭게 사는 법을 깨닫는다.

인공지능이나 로봇은 인간처럼 '자연적으로 생겨난 행위 주체(natural agent)'가 아니라 인간에 의해 만들어진 '인공적 행위자(artificial agent)'다. 인간이 성장하면서 자연적으로 사람들의 행동 패턴이나 도덕법칙을 깨닫는 것과 달리, 인공지능이나 로봇의 경우 인간이 행동의 규칙이나 필요한 환경을 제공해 주어야 한다. 인공물(artifact)에 지능을 구현하는 방식은 인간의 학습 방식과 유사하게 발전되어 왔다. 사람들의 학습방법과 마찬가지로 윤리적으로 판단하고 행위하는 인공지능 로봇을 만드는 방법도 하향적, 상향적 방법이 있다. 도덕적 행동을 규칙이나 이론으로 만들어 시스템 안에 구현하는 것이 하향적 방법이고, 최소한의 규칙만 주고 외부 환경을 통해 자율적으로 학습하게 하는 것이 상향적 방법이다.

어떤 상황을 윤리적으로 판단할 줄 아는 인공지능, 도덕적으로 행동하는 로봇을 설계하려면 무엇부터 결정해야 할까. 첫째, 로봇에 도덕을 구현하는 과정에서 현실적 문제는 도덕적 기준을 어떻게 알고리즘이나 소프트웨어 언어로 구현할 것인가다. 도덕규범은 인간의 일상 언어로 되어 있지만 컴퓨터는 기계 언어를 사용하기 때문에 일상 언어를 기계 언어로 바꾸어 주어야 한다. 도덕 판단이나 행동들을 기계 언어로 바꿔 알고리즘으로 만들려면 도덕 규칙들의 집합이 만들어져야 한다. 또 도덕 규칙의 집합을 만들려면 먼저 '도덕 판단'과 '윤리적 행동'이 어떤 구체적 요소로 구성되어 있는지 알아야 한다. 그리고 구성 요소를 알려면 '도덕 판단'이 이성적인 것인지 정서적인 것인지 알아야 한다. 그러나 이러한 내용들은 아직 다 밝혀지지 않았거나 합의되지 않았다.

둘째, 그렇게 도덕 규칙들을 정해서 입력하려면 도덕규칙을 선택할 때 과연 '윤리적 판단', '도덕적 행동'의 기준이 무엇인지부터 정해야 할 것이다. 그 '기준'은 어떤 것으로 설정해야 할까? 쉽게 떠오르는 기준은 현재 우리 인간이 기준으로 삼는 사회 규범이다. 개인이 임의대로 정하면 안될까? 사회규범은 사회 구성원 간의 합의 가능성이 높고 갈등을 최소화할 수 있으므로 크게 무리가 없다. 윤리적 판단의 기준은 문화마다, 국가마다 다를 수 있다. 문화나 국가마다 다른 도덕적 인공지능 로봇이 만들어질 가능성이 있는 이유다.

이러한 구체적 요소들이 밝혀져야 도덕 원칙이나 행동을 알고리즘으로 표현할 수 있다. '다른 사람에게 해를 입혀서는 안 된다'는 단순한 원칙처럼 보인다. 하지만 이 원칙 그대로는 알고리즘으로 구현할 수 없다. 알고리즘으로 구현하려면 어떤 구체적 상황에서 어떤 구체적 행동이 나와야 하는지에 대한 상황들을 상세한 규칙으로 만들어야 한다. 예컨대 '해를 입힌다'는 내용은 구체적으로 어떤 상황에서 어떻게 행동하고 상대는 어떻게 인식하는 행동인가? 또 어떤 행동들은 포함하고 어떤 행동들을 제외해야 하는가? 소화가 안되는 타인의 등을 두드리는 행동은 등을 악의적으로 때리는 행동과 어떻게 구분할 것인가? 이처럼 해를 입히는 행동과 해를 입히는 것처럼 보이지만 실제로는 도덕적으로 문제가 없는 행위도 구분할 줄 알아야 한다.

인간은 위의 두 종류의 행위를 쉽게 구분한다. 소화가 안되는 타인의 등을 두드리는 '무도덕적(amoral, 도덕과 관련 없는)' 행위와 도덕적 비난을 받을만한 '비도덕적(immoral)' 행위를 구분한다. 그러나 도덕적 행동이 무엇인지는 문화나 맥락에 따라서는 그 구분의 기준이 항상 뚜렷한 것은 아니다. 우리는 수명을 다하신 분들을 모르는 사람이라 하더라도 거리에 버려두지 않는다. 만약 그렇게 한다면 매우 비윤리적인 행동으로 비난받을 것이다. 에스키모인은 돌아가신 부모의 사체를 들판에 버려두고 비나 바람에 맞혀 자연적으로 소멸시키는 풍장(風葬)을 한다. 때로 들짐승에 사체가 뜯기기도 한다. 많은 국가들에서는 풍장이 매우 비도덕적으로 여겨지지만, 에스키모인에게 풍장은 비윤리적 행위가 아니라 그들이 사는 북극의 자연 환경을 고려한 '무도덕'적인, 허용되는 행위다. 땅이 차갑게 얼어붙기 때문에 사체를 매장하기 어렵고 매장하더라도 썩지 않으므로 오히려 문제가 된다.

우리는 일반적으로 어떤 행위 자체가 도덕적이고 비도덕적이라고 생각하는 경향이 있다. 그러나 '도덕적', '비도덕적', 그리고 '무도덕적'의 구분은 '행위'의 종류 뿐만 아니라 때론 환경과 맥락에 따라 달라진다. 그만큼 인간의 도덕적 행위는 구체적 맥락에 따라 세세하게 평가받는다. 인간이 이렇게 맥락에 따라 도덕적 행위와 비도덕적 행위를 구분할 수 있는데, 인공지능이나 로봇이 그렇게 할 수 있을까? 구체적 상황을 세세하게 만들어 그로부터 로봇이 취해야 할 행동이나 인공지능이 선택해야 할 도덕적 판단의 규칙들을 만들어 알고리즘으로 구성할 수 있다.

2. 어떤 도덕 규칙들이 있으며 어떻게 구현가능할까

인공지능 로봇에 도덕규칙을 학습시키는 방법이 하향식으로 도덕성을 구현하는 방법이다. 도덕 규칙은 어떤 것이 있을까? 대중적으로 널리 알려져 있는 아시모프의 로봇 3법칙 외에 의무론이나 공리주의와 같은 윤리 이론들이 있다. 하향식으로 로봇에 도덕성을 구현하는 방법은 이런 규칙들을 더 자세한 규칙들로 만들어 알고리즘을 만들고 나서, 구체적 상황을 입력 정보로 사용해 특정 행동을 이끌어 내는 방법이다. 윤리 이론뿐 아니라 의료 진단 사례나 특정 분야에서의 관례, 종교 교리, 법적 규칙도 하향적 방법으로 도덕성을 구현할 수 있는 도덕 규칙에 포함된다.

규칙을 적용해서 도덕성을 만들어낼 수 있다는 생각은 이미 17세기에 제시되었다. 근대 철학자 고트프리트 라이프니츠(Gottfried Leibniz)는 만능 도덕 규칙이 가능하며 이 규칙으로 계산하면 도덕적 판단을 만들어 낼 수 있다고 생각했다. 도덕성을 인공적으로 만들어 낸다는 생각의 시초다. 18세기 철학자 제러미 벤담(Jeremy Bentham) 역시 도덕 행위들이 수학으로 법칙화될 수 있다는 '도덕적 수학(moral arithmetic)'의 가능성을 언급했다. 다종다양한 사례들에 모두 적용될 수 있는 만능 도덕 규칙의 아이디어다. 현대에 와서는 윤리학자 존 롤즈(John Rawls)가 1971년 모든 인간에 공통된 도덕성이 있다는 '보편 도덕 문법(UMG, Universal Moral Grammar)'을 언급했다. 인간은 도덕성을 타고난다는 내용이다. 이를 통합적으로 발전시킨 사람은 철학, 인지과학, 법학을 공부한 법학자 존 미카일(John Mikhail)이다. 미카일은 '보편 도덕 문법'이론에서 도덕 판단은 언어처럼 인간 안에 내재되어 있는 다양한 정보처리 과정을 거친다고 본다.

모든 상황에 각각의 규칙을 일일이 덧붙이는 것은 현실적으로 불가능하고 무한한 시간을 필요로 하는 일이므로 유사한 종류들에 적용되는 일반적 규칙이 필요할 것이다. 많은 사례 혹은 모든 사례에 적용 가능한 보편적 도덕 가치가 있을까? 다양한 문화나 종교, 가치관을 다 포섭하기는 어렵지만 유사한 문화권에서 통용될 수 있는 가치는 있을 것이다. "살인하지 말라"와 같은 예가 대표적인 보편 윤리 규범이다. 그런데 이런 보편 윤리 규범을 컴퓨터 알고리즘으로 구현하는 데에는 많은 작업이 더 필요하다. 규범만으로는 구체적 상황에 그대로 적용하기 어렵고, 더 구체적인 상황들에 대한 판단과 행위를 규칙들을 만들어야 한다.

보편적인 윤리 규범의 대표적 예는 의무론(deontolgy, 義務論)과 공리주의(utilitarianism, 功利主義)라는 윤리 이론에서 주장하는 도덕 원칙들이다. 의무론은 도덕적 여부의 기준을 행위 결과가 이득이 되는지로 가늠하지 않고 한 행위가 그 규칙을 따르는 것 자체로 옳다는 주장이다. 살인하지 말라, 약속을 지켜라 등은 그 결과가 이득을 가져오지 않더라도 그 자체로 도덕적 행위로 평가한다.

그런데 여러 도덕 규칙들이 충돌하는 경우에는 어느 규칙을 따라야 할까? 응급환자를 구하려는 로봇이 차가 필요할 때 차에 탄 사람을 빼내고 차를 훔치는 것이 정당화될까? '생명을 구해야 한다'는 의무와 '남의 물건을 훔치면 안된다'는 의무 간의 갈등에서 어떻게 선택해야 할까? 인간도 규칙이나 의무 간의 갈등 상황을 쉽게 해결하기 어렵다. 인공지능 및 로봇에 규칙을 적용해서 윤리적 판단이나 행동을 하게 할 때 규칙들 간의 갈등이 문제가 되면 로봇이나 인공지능이 아예 실행이 불가능하게 된다. 이를 어느 정도 해결하면서 의무론적 규칙을 로봇에 구현하려면 다음의 작업이 필요하다.

① 원칙을 규칙 집합으로 만들기
② 규칙을 여러 사례에 적용되게 하기
③ 적용에서 여러 규칙들 중 어느 규칙을 우선시해야 할지의 순서와 규칙 정하기.

규칙 간의 갈등 문제를 규칙 중 우선순위를 정하는 방식으로 해결할 수 있다면 또다른 문제가 있다. 의무론 규칙을 알고리즘으로 만들려면 구체적 상황과 그 상황에서 택해야 할 판단이나 행동을 정해야 한다. 그런데 하나의 의무에 대해 다양한 해석이 가능하다는 점이 문제가 된다. 한 상황에 대한 여러 해석 중 어떤 해석을 구체적 상황에 적용해야 하는지에 대해 어떻게, 어떤 기준으로 판단할 수 있는가? 잠정적으로 가장 많은 사람들이 동의하는 해석으로 정하게 될 것이다. 이렇게 해석이 쟁점이 된다는 것은 어떤 규칙 자체가 객관적이지 않으며 하나의 규칙을 모든 상황에 일괄적으로 적용하기 어렵다는 의미다.

의무론을 적용하여 도덕적으로 행위하는 로봇 및 인공지능을 구현하려 할 때 이러한 어려움이 있다면, 어떤 행위나 판단이 도덕적인지 여부를 판단할 때 특정 도덕 규칙을 잘 지켰는가만 검토할 것이 아니라, 구체적 행위 각각이 도덕적 가치를 가지는지 또한 검토해보아야 할 것이다. 바로 이렇게 행위들의 도덕적 가치를 따져보는 방법이 바로 공리주의적 접근이다.

공리주의에 따르면 어떤 행동을 할 때 그에 따른 행복 또는 복지의 총량이 최대화될 때 그 행동이 가장 윤리적이다. 따라서 여러 판단 혹은 행동 중에서 선택할 때 행복의 총량을 계산해야 한다. 컴퓨터는 계산에 매우 능하므로 도덕 판단을 하는 인공지능 로봇을 구현하는 데 공리주의가 의무론보다 더 적합하다고 할 수 있다[39] (Wallach et al., 2008). 그런데 모든 상황을 고려한 정확한 계산이 가능할까? 공리주의를 처음 제안했던 철학자 제러미 벤담은 이것이 어렵다는 것을 알고 있었다. 과거와 현재 상황에 대해서는 어느 정도 계산하는 것이 가능하나, 미래 상황에 대한 정확한 계산은 불가능하다.

또 현재 상황에 대한 행복 총량 계산이 정확하게 될 수 있을까?

---

39) Wallach, W., & Allen, C. (2008). Moral machines: Teaching robots right from wrong. Oxford University Press.

행복이나 복지는 그 구체적 사안이 무엇인가에 따라, 그리고 동일한 사안이라 할지라도 개개인마다 느끼는 질과 양의 차이가 크다. 이는 개개인이 처한 상황 차이 뿐만 아니라 개개인 성향 차이에 따라 달라지기 때문이다. 이런 개인적 측면을 어떻게 객관적 양으로 수치화할 수 있을까? 벤담은 다양한 행복의 질적 차이 또한 양으로 계산 가능하다고 생각했지만 많은 비판을 받았다.

존 스튜어트 밀(John Stuart Mill)은 벤담과 달리 쾌락에는 질적 차이가 있다고 보면서 "배부른 돼지보다는 배고픈 인간이 낫다"[40]는 말을 남겼다. 전자오락 게임을 해서 얻는 기쁨과 수학 문제를 풀어서 얻는 기쁨은 어느 기쁨이 더 가치 있는 기쁨인가? 육체적 고통과 정신적 고통은 어느 편이 더 고통스러운가? 이를 판단하려고 다시 공리주의적 계산에 호소할 수는 없다. 그러면 의무론의 규칙과 같은 절대 기준에 의존해야 할까? 의무론의 원칙 또한 여러 해석에 열려 있으므로 동일한 문제가 되풀이된다.

더 나은 판단이나 행위, 그리고 행복을 선택할 때 우리는 현재 시점을 기준으로 숙고해야 하는가, 아니면 미래 시점을 기준으로 삼아야 하는가. 한 결정이 현재에는 평화와 행복을 주지만 한 달 후에는 전쟁을 낳는다면 어떤 선택을 해야 하는가. 여러 시점들을 계산해 비교한다고 하면, 현재와 미래를 어떤 비율로 고려해야 할까. 이 같은 문제들은 컴퓨터 알고리즘을 만들 때뿐만 아니라 윤리에서도 미해결의 문제들이다.

---

40) Mill, J. S. (1859). Utilitarianism (1863). *Utilitarianism, Liberty, Representative Government*, 7–9.

3. 아시모프의 로봇 사 원칙을 구현할 수 있을까

의무론이나 공리주의 외에 규칙을 통해 도덕성을 로봇에 구현하려는 시도 중 대중적으로 알려진 것은 아이작 아시모프(Issac Asimov)의 로봇공학 삼원칙이다.

(원칙 1) 로봇은 인간에게 해를 입히는 행동을 하거나, 인간이 해를 입는 상황에서 아무런 행동도 하지 않아서는 안된다.

(원칙 2) 로봇은 인간이 내리는 명령에 복종해야 한다. 단 이런 명령이 원칙 1에 위배될 때는 예외로 한다.

(원칙 3) 로봇은 자신의 존재를 보호해야 한다. 단, 자신을 보호하는 것이 원칙 1과 원칙 2에 위배될 때는 예외로 한다.

1942년 작 단편소설 <위험에 빠진 로봇>에 등장한 로봇공학 삼원칙[41]은 로봇 공학자들이 만든 것은 아니다. 그러나 소설에 등장하는 로봇들이 도덕 원칙들을 따르게 했다는 점에서 로봇에 적용되는 최초의 도덕 규칙으로 여겨진다.

아시모프의 로봇공학 삼원칙은 앞서 지적되었던 규칙 기반의 도덕성 구현의 단점을 역시 가지지는 않을까? 삼원칙에서 이미 어려움에 부딪힌다. 삼원칙의 각 원칙은 의무론적 규칙이다. 의무론의 규칙들을 실제로 이야기할 때 만났던 어려움처럼, 로봇공학 삼원칙들이 서로 충돌할 때 로봇은 어떤 행동을 취해야 하는지 결정하기 어렵다. 원칙들 간의 충돌 문제를 해결했다고 가정하자. 그렇다고 해도 오늘날 기계학습을 통해 학습하는 인공지능이 장착된 로봇은 자율학

---

41) Asimov, I. (1942). Runaround. *Astounding Science Fiction*, 29(1), 94–103.

습 절차를 거쳐 인간이 입력한 정보를 넘어선 정보를 파악하기 때문에 로봇공학 삼원칙만으로는 도덕적으로 행동하는 로봇으로 인정받기 어려울 것이다.

아시모프의 소설이 출간된 후 세 원칙의 충돌 문제에 대해 비판을 받고 이를 해결하기 위해 아시모프는 1985년 단편소설 <로봇과 제국>에서 원칙 하나를 더 추가했다.[42] 추가된 원칙은 1, 2, 3원칙보다 우선한다는 의미에서 '0원칙'으로 이름 붙여졌다.

(0원칙) 로봇은 인류(humanity)에 해를 입히는 행동을 하거나, 인간성이 해를 입는 상황에서 아무런 행동도 하지 않아서는 안 된다.

이 원칙 또한 규칙을 적용하여 도덕적 로봇을 만드는 하향적 방법의 한계에서 자유로울 수 없다. 무엇보다도 원칙이 명료하게 구체적으로 해석되지 않는다. 0원칙에서 '인간성'은 어떻게 해석될 수 있을까? '인간성에 해를 입히는 행동'에 대한 가장 일반적 해석은 인간이나 인류에 폭력을 가하거나 생명을 위협하는 행동일 것이다. 전쟁이 대표적 예다. 이렇게 해석하면 로봇은 인간을 가장 먼저 제거해야 할 것이다. 인간은 전쟁에서 인간의 생명을 무수히 위협하기 때문이다.

그렇다면 '인간성에 해를 입히는 행동'을 구체적으로 적군이 아군을 해칠 경우로 제한해 보자. 아군과 적군을 어떻게 구분하게 할 것인가? 아군으로 위장하는 적군은 어떻게 구분할 수 있을까? 또, '인간성에 해를 입힌다'는 내용에 대한 해석은 과연 누가 할 것인가? 특히 전쟁 중인 두 적대적 국가들에게는 이 해석이 정반대가 될 것이다.

보다 일반적인 상황에 적용해보자. '인간성'은 정확히 무슨 뜻인가? 사형제도는 인간성에 해를 입히는 경우인가, 아니면 건강한 사회

---

42) Asimov, I., & Conway, M. (1985). *Robots and empire*. New York: Doubleday.

를 유지하기 위해 필요한 상해라고 설명함으로써 예외를 적용해야 하는가? 또, '해를 입힌다(harm)'의 범위는 어디까지인가? 비윤리적 상해와 윤리적 상해 간의 경계는 어디인가? 문화마다 다른 판단에 대해서는 어떻게 기준을 설정할 것인가? 윤리 이론에 따라 판단해야 할까? 여러 윤리 이론 중 어떤 윤리 이론을 취해야 하는가? 윤리 이론의 선택은 어떤 기준으로 하며 누가 혹은 어떤 집단이 정하는가? 다수의 의견에 따라 정하면 될까? 다수의 의견이 대체로 상식을 반영하지만 인간은 선동에 취약하며 때로는 감정에 휩쓸린 의사결정을 하는 경우가 많다. 특정 윤리 원칙의 선택은 가치관, 종교, 문화 배경, 그리고 소속 이익 집단에 따라 달라질 수밖에 없다.

도덕적으로 행동하는 로봇을 하향식으로 설계하는 시도가 국내에도 있다. 동아대학교 김종욱 교수 팀은 10세 어린이 수준의 윤리적 판단이 가능한 인공 윤리 행위자를 개발하는 과제를 수행하고 있다. 10세 어린이 수준이란 미국 심리학자 로렌스 콜버그(Lawrence Kohlberg)의 도덕 발달 이론에 의거한 인습 이전 수준(pre−conventional level)의 최상위 단계로, 공정함과 공평에 대한 개념을 기반으로 한 기초적 윤리 판단이 가능한 수준을 의미한다.

이 연구팀은 로봇에 구현 가능한 윤리적 판단 알고리즘을 연구하고 이를 오픈소스로 공개된 인지 에이전트 아키텍처인 Soar(State, operator, and result), 로봇용 운영 체제인 ROS(Robot Operating System), 그리고 각종 HRI(Human−Robot Interaction) 패키지를 통합한 AMA를 개발한다. 현재는 의무론과 공리주의의 기본 원리를 융합한 하향식 도덕 로봇을 개발하고 있다. 어떤 명령이 주어졌을 때 수행과 거부에 대한 3레벨−10원칙별 윤리 판단 점수(ethical decision score)를 합산해 총점이 더 높은 쪽의 행위를 선택해 수행하는 원리를 바탕으로 한다.[43]

4. 하향식 설계의 근본적 한계점은 무엇인가: 프레임 문제

인공 도덕성을 구현하는 하향적 방법은 경험 기반이 아니라 규칙 기반의 구현방법이다. 규칙 기반의 구현방법은 인공지능의 대표적인 두 인지 모델인 부호주의(symbolism)와 연결주의(connectionism)(혹은 병렬분산처리PDP) 중 부호주의(symbolism) 정보처리 방식에 기반을 둔다. 부호주의에 대한 한 비판은 중앙처리적 계산과 기억에만 의존해 복잡한 환경을 판단하므로 문제를 해결하기 어렵다는 것이다. 이 비판은 '프레임 문제(frame problem)'로 불린다.

현실 세계에서 인공지능에게 '패스트푸드점에서 햄버거를 사오시오'와 같은 문제를 해결할 것을 요구했다고 하자. 현실 세계에서는 그 과정에서 무수히 다양한 사건이 일어날 수 있지만 인공지능 알고리즘을 설계할 때에는 패스트푸드점의 햄버거를 사는 일에 중요하게 관계된 것만 고려하여 생각할 것이다. 햄버거를 사 오는 동안 날씨가 맑은지 흐린지 비가 오는지, 햄버거 판매원이 친절한지 등의 사실까지 알고리즘의 중요한 요소로 고려할 필요는 없다. 중요한 사실에 국한해 그 요소들을 규칙 집합으로 만들면 되는데, 여기서 '국한'하는 고려 요소들이 '프레임(frame)'이 된다.

하향식 규칙 적용의 어려움에서 보았듯 구체적 상황과 관련된 중요한 사항을 잘 프레임하여 프레임들을 여러 개 정해 두면 될 것처럼 보인다. 그런데 특정 상황에서 어느 프레임을 적용해야 로봇이 성공적으로 목표를 달성할지 알 수 있을까? 로봇이 성공적으로 목표에 달성하든지 또는 도덕적 판단을 잘 해내든지 또는 도덕적 행동을 정확하게 하는 데에는 관련한 특정 상황에 '관련된 것'의 범위를 정확하게 판단하는 것이 필요하다. 그런데 이를 판단하는 것은 어렵다.

---

43) http://robofriend.kr/skin_mw3/sub_page.php?page_idx=8.

이것이 프레임 문제다. 프레임 문제는 컴퓨터과학자이자 인지과학자인 존 매카시(John MaCarthy)가 처음 <기계 지능>이라는 학술저널에서 제시하였고[44] 철학자 다니얼 데닛(Daniel Dennett)이 "인지 굴레: 인공지능의 사고범위 문제"[45]라는 논문에서 구체적으로 다음과 같이 묘사했다.

　　동굴 안에 배터리가 있고 그 위에 시한폭탄이 설치되어 있다. 그대로 두면 폭탄이 폭발해 로봇이 움직이지 못하므로, 동굴에서 배터리를 꺼내 와야 한다. 로봇은 '동굴에서 배터리를 꺼내올 것'을 지시받았다. 인공지능 로봇 1호는 동굴에 들어가 배터리를 꺼내 올 수 있는 능력이 있다. 1호기는 배터리 위에 폭탄이 얹혀 있다는 사실은 인식하고 있지만, 배터리를 옮기면 폭탄도 함께 옮겨진다는 사실은 인식하지 못하는 상태라고 가정된다. 그래서 동굴에서 나온 직후 폭탄은 폭발하고 로봇도 파괴되었다. 1호기가 배터리를 꺼내는 목적에 대해서는 이해하지만 배터리를 꺼내면 폭탄도 동시에 옮겨지는 것까지는 이해하지 못한 것이 원인이다.

　　그 다음 단계 개발에서는 목적 수행과 더불어 부차적으로 발생하는 사항까지 고려하는 인공지능 로봇 2호가 개발된다. 그런데 로봇 2호는 동굴에 들어가 배터리 앞에서 동작을 멈추고 그대로 있다가 시한폭탄이 폭발하자 파괴되었다. 2호는 배터리 앞에서 '이 배터리를 움직이면 위에 있는 폭탄이 폭발하는가?', '배터리를 움직이기 전에 폭탄을 이동시켜야 하는가?', '폭탄을 움직이려고 하면, 천정이 무너져 내리지는 않는가?', '폭탄에 가까워지면 벽의 색깔이 바뀌지 않는가?' 등 부차적으로 발생할 수 있는 모든 사항을 생각하다가 폭

44) McCarthy, J., Hayes, P. J. (1969). "Some philosophical problems from the standpoint of artificial intelligence". 《Machine Intelligence》 4: 463-502.
45) Dennett, D. C. (2005). Cognitive wheels: The frame problem of AI. Language and Thought, 3, 217.

발 이전에 배터리를 꺼내 오지 못한 것이다. 한 사항에 부차적으로 발생할 수 있는 사항은 거의 무한대다. 따라서 이를 다 고려하려면 무한한 시간이 필요하므로 로봇 2호는 생각하느라고 동작을 멈추었던 것이다. '벽의 색깔이 바뀌지 않는가'는 목적과 관련 없는 사항으로 배제했어야 했다.

그래서 관계없는 사항을 고려하지 않게 개량한 인공지능 로봇 3호기가 개발된다. 그런데 이 로봇은 동굴에 들어가기도 전에 동작을 멈추었다. 3호기는 동굴에 들어가기 전, 목적과 관계없는 사항과 아닌 사항을 구분하려고 검토를 계속했다. 이것 역시 무한한 시간이 필요하다.

데닛이 묘사한 이 상황은 주어진 과제와 '관련 있는' 내용을 로봇이 어떻게 판단하며, 이를 위해 어떤 규칙이 주어져야 '정확히' 과제를 수행하는지를 설정하는 것이 어렵다는 점을 보여 준다. 이것이 단지 로봇에 도덕성을 구현할 때만의 어려움일까? 인간에게도 윤리적 판단과 행위를 선택해야 할 때 어떤 사항을 중요하게 생각하고 어떤 사항은 생각하지 않아도 되는지 범위, 즉 프레임을 정하는 일은 똑같이 어렵다.

II. 경험을 제공해서 도덕적 로봇 만들기

1. 경험을 통해 도덕성을 배우는 방법은 어떤 특징이 있을까

상향적 방법이란 완결된 도덕원칙을 따르는 것이 아니라 밑바닥부터 하나하나 배워 스스로 터득하게 되는 학습 방법이다. 이미 완결된 도덕 원칙을 따르는 학습이 아니므로 도덕적 행동이나 판단의 유능함을 단번에 얻는 것이 아니라 점진적으로 조금씩 배워가는 학습이다. 도덕적 행동이나 의사결정을 '상향적' 방식으로 구현한다는 것은 특정 행동이 선택되도록 점진적으로 배워갈 수 있는 환경을 제공해 학습시킨다는 의미다. 컴퓨터 알고리즘이 '경험'을 통해 도덕적 행동을 배우도록 하는 방식이다.

경험을 통한 학습은 학습자가 자신의 행동들에 대해 칭찬이나 보상을 받는 방식으로 도덕적으로 허용 가능한 행동과 아닌 행동을 배우는 것이다. 인간 아이가 자신의 행동에 대해 부모를 비롯한 사회로부터 칭찬이나 제지, 나무람 등을 통해 어떤 행동이 도덕적으로 허용 가능한지를 배우는 것과 동일하다. 아동이 주변 반응을 통해 도덕적 행동을 배우는 것처럼 인공지능 혹은 컴퓨터에 평가와 피드백을 줌으로써 도덕 교육을 할 수 있다. 로봇 학습에도 아동 발달 모형을 비슷하게 적용해 볼 수 있다.

경험을 통한 학습의 특징은 속도가 느리고 점진적이라는 점이다. 완성된 도덕 규칙을 처음부터 알려 주는 것이 아니라, 보상과 거절이라는 피드백을 통해서 조금씩 도덕적 행동의 패턴을 알게 되므로 그 속도는 매우 느릴 수밖에 없다. 빠른 속도를 가진 첨단 컴퓨터로 상향식 학습을 수행한다 해도 학습 시간은 꽤 소요된다.

2. 진화 과정을 통해 어떻게 도덕을 학습할까

상향식으로 인공지능 로봇에 도덕성을 학습시키는 한 가지 방식은 진화 과정을 모방해 도덕성이 점진적으로 생성되도록 하는 것이다. 심리학자이자 컴퓨터 과학자인 존 홀랜드(John Holland)는 진화과정을 컴퓨터로 구현하여 유전적 알고리즘을 만들었다. 인공생명(artificial life)을 가상공간 안에서 번식시키는 방식으로 생물적 진화를 모방한 유전적 알고리즘이다. 소프트웨어로 만들어진 컴퓨터 안의 가상 세계에서 한 무리의 로봇들은 주어진 과제 수행을 성공적으로 하는지 여부에 따라 평가를 받는다. 아동이 칭찬과 제지를 통해 좋은 도덕적 행동이 무엇인지 배우듯, 로봇은 어떤 수행이 적절한 행동인지를 단계가 진행되면서 계속 배운다.

가장 높은 점수를 받는 로봇들은 새로운 한 무리의 로봇을 만들어 낼 수 있다. 일종의 번식이다. 이런 방식으로 적응도가 가장 좋은 로봇들 위주로 과제 수행을 계속하면 점점 더 문제 해결을 잘하는 로봇들이 만들어진다.

유전적 알고리즘은 주로 로봇의 운동 능력을 향상시키는 데 사용되어 왔지만 도덕적 행동을 배우는 데에도 사용될 수 있다. 선택한 행동에 대해 평가하는 과정을 되풀이함으로써 도덕적 행동이 어떤 유형인지 파악하게 할 수 있다.[46] 칭찬과 제지라는 평가를 컴퓨터로 정확히 재현하는 일은 쉽지 않다. 소프트웨어로 구현하는 것뿐만 아니라 하드웨어 측면에서도 컴퓨터가 현재 선택한 의사결정이나 행동에 대한 피드백을 하도록 만드는 것은 쉬운 일이 아니다. 먼저, 칭찬과 제지를 하는 기준을 어떻게 설정할 것인지가 해결해야 할 과제 중 하나다. 더 나아가 인공지능 로봇에게 피드백을 주거나 소통할 때 인간이 이해하는 방식으로 구현해야 하는 점 또한 고려해야 한다.

로봇이 배워야 할 도덕성 중 어려운 부분은 인간이 자기 이익을 넘어 공정성과 같은 가치를 추구하는 측면이다. 이는 컴퓨터 계산으로 설계하기 어려우며, 진화과정의 적응도로도 설명이 어렵다. 인공지능 로봇이 인간과 동일한 수준의 윤리적 판단이나 행동에 다다르기를 바라는 것은 이른 감이 있다. 그러나 이런 과제들을 해결하려는 시도가 진행 중이다.

---

46) Holland, J. H (1992), Genetic algorithms, *Scientific American* ,267(1), 68.

3. 상향식 도덕 학습은 덕의 발달과 어떻게 관련있는가

경험으로부터 배우게 하는 상향적 방식의 도덕학습은 하향적 방식의 도덕 학습의 단점을 해결해준다. 하향적 방식의 도덕 학습은 온전한 형태의 도덕규칙을 갖추고 있지만 구체적 상황에 세밀하게 적용하는데 어려움을 가지는데, 상향식 방법은 구체적 상황에 처음부터 최적화하는 방식으로 이루어지므로 그러한 단점을 해결할 수 있다.

이런 특징을 인공지능 알고리즘으로 구현하려면 어떤 요소들을 고려해야 할까? 경험으로부터 배우는 방식은 조금씩 그러나 단계적으로 학습하는 발달의 과정을 거친다. 따라서 적절한 도덕적 행동의 기준들뿐만 아니라 도덕적 행동과 판단이 어떻게 발달되는지에 대한 이해가 필요하다. 학습의 발달 과정에 대한 이해가 기반이 되어야 도덕적 판단, 도덕적 행위를 상향식으로 설계하는 것이 가능할 것이다.

인간이 어떻게 배우는지에 대한 대표적인 두 가지 설명은 인간 안에 본래 있는 내용을 발현함으로써 배운다는 설명과 경험을 통해 배운다는 설명이다. 전자는 학습이란 학습자 안에 이미 있는 내용을 표현하는 것이라는 이론이며, 다른 하나는 학습자 안에는 아무것도 없으며 학습이란 백지 상태에서 내용과 그 내용을 표현하는 것 모두를 찾는 것이라는 이론이다. 이 두 설명에 대해 발달심리학자들은 타고나는 특성은 어떤 것인지 더 개발되거나 새롭게 발현하는 특성은 어떤 것인지를 연구한다. 상향식 학습법으로 인공지능 로봇을 학습시켜야 하는 알고리즘 개발자들은 이러한 특성과 발달 단계를 대략 알고 있다면 컴퓨터에 점진적 학습방법을 통해 도덕성을 획득하도록 할 때 어떤 방법이 더 효과적인지에 대한 통찰을 얻을 수 있다.

이렇게 발달 과정을 거쳐 형성되는 도덕적 특성은 덕(德. virtue)

이다. 인공지능 로봇에 하향식으로 도덕성을 구현할 때 주로 사용되는 대표적 도덕 규칙은 의무론이나 공리주의를 보면, 주로 인간의 '행위'가 어떻게 되어야 하는지가 중점이다. 반면 상향식 도덕 학습과 잘 맞아떨어지는 윤리 이론은 덕 윤리(value ethics)다. 경험으로부터 배우는 방법을 통해서는 도덕적 '행위'가 정해져 있는 것이 아니라 '행위 하는 사람'의 경험을 통해 도덕적 행동이 어떤 것인지 배우는 과정이 중요하다. 따라서 행위 자체보다는 행위자의 내면 과정이 더 중요하다.

덕 윤리의 대표적 철학자는 고대 철학자 아리스토텔레스(Aristotle)는 덕을 갖추기 위해 '습관'을 강조한다. 여기서 '습관'은 '규칙'과 대비되는 특성이다. 습관은 한 번으로 얻어지는 것이 아니라 다양하고 변화하는 상황에서 지속적 연습을 통해 도덕적 행동이 구체적 상황에 최적화되는 과정이다. 이를 위해서는 외부의 규범을 따르는 것이 아니라 스스로 찾아야 하기에 '실천적' 지혜로 불린다.

4. 도덕적 판단을 하는 프로그램들이 있을까

도덕성을 상향적으로 학습하는 방법은 구체적 상황에의 적용에 강점이 있지만 불완전한 배움의 과정에서 잘못된 도덕 판단이나 행동을 하게 될 경우 생기는 문제점은 방지할 수 없기 때문에 완벽한 방법은 아니다. 상향식이나 하향식 모두 단점이 있으므로 로봇학자들이 인공지능 로봇에 도덕적 행동이나 판단을 하게 하려고 시스템을 개발할 때에는 두 방식을 함께 사용한다. 이처럼 컴퓨터 프로그램을 통해 윤리적 판단을 내리는 소프트웨어는 이미 여러 형태로 개발되고 있다.

첫째 유형은 사례들로부터 판단 근거를 찾는 '사례 기반' 소프트웨어다. 대표적 예는 '매드에덱스(MedEthEx)' 시스템으로 컴퓨터 과학자인 마이클 앤더슨(Michael Anderson)과 철학자인 수잔 앤더슨(Susan Anderson)부부가 만든 혼합식 시스템이다. 의료 시술 시 두 가지 이상의 선택지가 제시되므로 이 부분은 하향적 방식으로 설계된 부분이다. 그러나 두 가지 이상의 선택지 중에서 선택해야 할 때 과거 사례를 참고해 결정하도록 함[47]으로써 하향적 방식의 한 난점, 즉 규칙 간의 상충시 선택의 어려움을 극복할 수 있다.

둘째 유형은 의사 결정에 대한 정당성까지 제공해주는 '논리 기반' 소프트웨어다. 인공지능로봇이 내린 의사 결정이나 행동에 대한 정당성을 증명하려면 명제들 간의 진리값을 계산하는 데 필요한 논리적 연산자가 필요하고 의무와 책임 간의 관계를 다루는 규범 논리(deontic logic)를 이용해야 한다. 규범 논리는 최종적으로 행위자가 무엇을 해야 할지 추론하는데, 이를 위해서는 관련된 행위자들의 의무를 정하여 연산자로 표현하고 이 연산자들 사이의 관계를 규칙으로 표현해 적절한 상황에서 어떤 행동을 결정할 수 있도록 한다.

이러한 시스템을 구축하기 위해 인공지능 및 추론 실험실을 운영하는 셀머 브링스요드(Selmer Bringsjord)는 공리주의 규칙을 사용하고 결과에 대한 적합성 증명까지 제시하는 소프트웨어 추론 기술을 개발 중이다. 브링스요드는 인공지능 시스템에 도덕성을 학습시키는 방법 중 하향식 접근이 상대적으로 더 안정적이라고 생각한다.[48] 그러나 이 기술은 공리주의와 같은 규칙을 사용하므로 하향식

47) Anderson, M., Anderson, S. L., & Armen, C. (2006). MedEthEx: a prototype medical ethics advisor. In *Proceedings Of The National Conference On Artificial Intelligence*, 21(2). 1759.
48) Bringsjord, S., Arkoudas, K., & Bello, P. (2006). Toward a general logicist methodology for engineering ethically correct robots. *IEEE Intelligent Systems*, 21(4), 38-44.

의 난점을 여전히 가지고 있고 이를 극복하기 위한 노력이 계속되고 있다.

셋째 유형은 실제 인간 사회의 윤리적 상황과 같은 복잡한 환경을 설정해서 시뮬레이션을 해 볼 수 있는 '다중 행위자 접근법'이다. 실제 사회에서는 윤리적 판단을 내리는 환경이 단순하지 않고 여러 사람들, 그리고 상황과의 상호작용이 있다. 컴퓨터과학자인 빈센트 비겔 (Vincent Wiegel) 교수는 실제 사회와 같은 복잡한 네트워크에서 여러 행위자들이 어떤 상호작용을 하고 어떤 판단을 내릴지 컴퓨터로 모의(시뮬레이션)해 보는 '소포랩(SophoLab)'을 개발했다.[49] 최근 무인자동차가 복잡한 교통 상황과 갑작스런 사태 등에서 어떻게 의사 결정을 내려야 하는지, 사고를 냈을 때 탑승자, 제작자, 보험회사, 판매자, 교통 시스템 중 어느 부분의 책임이며 어느 부분에 어느 정도의 책임을 부여해야 하는지 검토할 때 도움을 줄 수 있다.

III. 설계자, 제작자, 사용자는 인공지능에 대해 무엇을 조심해야 할까

1. 진짜 정보와 가짜 정보를 어떻게 구별할까

인공지능을 이용한 이미지 생성은 게임이나 영화에 활용된다. 이미지 조작 기술은 '생성적 적대 신경망(GAN, Generative Adversarial Network)'으로, 가짜를 만들어 내는 '생성망'과 이를 구별해 내는 '판별망'이 대결하면서 점점 더 실제와 같은 이미지나 소리를 만든다.

이미지 생성 기술은 인공지능 기계학습(머신러닝)을 활용해 영상

---

49) Wiegel, V. (2007). *SophoLab; experimental computational philosophy* (Vol. 3). 3TU Ethics.

에 등장하는 사람의 표정과 목소리, 행동 등에서 패턴을 찾아서 비슷하지만 다른 사람의 영상에 입히는 작업이다. 이 기술이 논란이 되었던 것은 디프페이크(DeepFake)라는 인터넷 아이디를 가진 사람이 유명 배우의 얼굴과 포르노 영상을 합성하면서이다.[50] 이 이후로, '디프페이크'는 이미지 생성 기술로 만든 영상편집물의 명칭으로 불리게 되었다. 최근에는 오바마 전 미국 대통령이 도널드 트럼프 대통령을 가리켜 '멍청이'라고 비난하는 가짜 영상이 만들어져 논란이 되었다.

인공지능 기술의 소스가 오픈되어 누구나 쉽게 가짜 영상과 목소리를 만들게 되면 뉴스뿐 아니라 일상에서 사실과 거짓의 경계가 모호해질 것이다. 이를 이용한 범죄나 잘못된 판단으로 인한 피해는 돌이키기 어렵다. 일상에서 수많은 결정을 내릴 때 의존하는 감각 정보인 사람 얼굴이나 목소리 그리고 인지 정보들을 '사실'로 판단하기 어렵게 된다. 국가 정책이나 공적 의사 결정이 이러한 상태에서 내려진다면 국가 위기도 초래될 수 있다. 또, 개인 차원이 아니라 회사나 국가 차원에서 상대 회사나 집단의 의사 결정을 방해하려는 의도로 악용될 수 있다.

이러한 문제들에 대처하는 방법은 크게 두 가지다. 하나는 인공지능으로 만들어진 영상이나 소리의 경우 인공지능이 먼저 자신이 인간이 아니라 인공지능이라는 것을 먼저 밝히도록 하여시민들이 혼동하지 않도록 하는 것이다. 딥페이크 기술을 사용할 때 이를 의무사항으로 둘 수 있다. 그런데 나쁜 의도로 남을 속이려고 할 때는 이런 의무사항이 쉽게 무시되는 경우가 많다.

---

50) Rössler, A., Cozzolino, D., Verdoliva, L., Riess, C., Thies, J., & Nießner, M. (2018). FaceForensics: A Large-scale video dataset for forgery detection in human faces. arXiv preprint arXiv:1803.09179.

또 다른 대처 방법은 딥페이크 기술로 만든 가짜 영상을 판별하는 인공지능 프로그램을 만드는 것이다. 최근 미국 국방부 산하 방위고등연구계획국(DARPA)에서 개발한 인공지능이 디프페이크로 만든 진짜 같은 가짜 영상을 판별하는 데 성공했다. 딥페이크 기술은 주로 정지 화면을 이용해 만들기 때문에 눈 깜빡임이 없는 영상을 가짜 영상으로 골라 낼 수 있다. 물론 이런 단점을 보완한 가짜 영상 제작 기술이 더 발전할 것이지만 가짜를 판별하는 인공지능 기술 또한 발전할 것이다.

2. 인공지능 정체 밝히기와 튜링 테스트

딥페이크와 같은 사례는 가짜 영상에만 국한 되지 않는다. 인간이 여러 종류의 인공지능이나 로봇과 맞닥뜨려야 할 때 인공지능의 자기 정체 밝히기는 필수이다. 전화 상담을 통해 어떤 결정을 내릴 때 전화 너머의 상담인이 인간인지 인공지능인지 구분되어야 딥페이크와 같은 상황을 유보하거나 방지할 수 있다. 인공지능 상담사가 덜 믿을만하다는 의미가 아니라 인공지능이 인간인 것처럼 착각하는 상황이 위험할 수 있다는 의미다. 인간 상담사가 인간을 속였을 경우 그 윤리적, 법적 책임 주체가 분명하고 의도와 동기 등을 추적하는 등의 조치를 취할 수 있다.

반면 인공지능 상담사가 가지는 정보가 알고리즘 오류이거나 잘못된 알고리즘으로 작성되어서 인간의 결정에 피해를 줄 경우, 그 책임을 묻는 것이 현재 법 체계에서는 불가능하다. 인공지능 정체 밝히기는 시민 개개인이 도덕 감수성을 가지고 적극적으로 참여해야 한다. 그렇지 않으면 참여하지 않는 개인, 산업체 등을 미리 알아내기가 어려워진다. 이 경우 상대가 인간인지 인공지능인지를 구분하는 테스트가 필요하게 될 것이다. 이러한 테스트는 20세기 영국의 컴퓨터 과학자이자 수학자, 논리학자, 암호학자였던 앨런 튜링이 그의 논문에서 '이미테이션 게임(imitation game)'이라는 이름으로 제안했고 그 이래로 '튜링 테스트(Turing test)'라는 이름으로 불려왔다. 튜링테스트는 주로 대화를 통해 대화 상대방이 컴퓨터인지 인간인지를 구별해 내는 시도다. 딥페이크 기술로 만든 가짜 정보는 단순한 대화만으로 구분이 어려울 수 있다. 따라서 새로운 튜링 테스트를 개발하는 것이 앞으로의 과제다.

인공지능 정체 밝히기는 무인자동차와 일반 자동차가 함께 운행될 때 일반 자동차를 운전하는 시민들에게도 중요하다. 또한 무인자동차끼리 정보를 공유해 서로 속도나 운행 경로 등을 조정할 수 있어야 사고를 방지할 수 있다. 인공지능에서 더 근본적인 문제는 기술 자체가 아니라 사용 데이터 및 정보이므로 사회 전반, 그리고 사회 시스템을 함께 고려해야 안전을 비롯한 여러 기술적, 윤리적 문제들을 적절히 해결할 수 있다.

이와 관련된 문제 사례로 미국에서 많은 연구자들이 서베이나 실험의 장으로 활용하고 있는 메커니컬터크(MTurk, Mechanical Turk)가 있다. 메커니컬터크는 참여자와 과제 담당자를 연결해 주는 플랫폼으로, 참여자로 등록된 이들이 제시된 수고비를 받고 과제에 참여한다. 이를 바탕으로 많은 연구들이 이루어졌고 여러 기업에서는 새로운 상품에 대한 반응을 짧은 시간 내에 알 수 있어 사업에도 큰 도움이 되고 있다. 학문적 연구뿐 아니라 회사의 브랜드 개발이나 경영 방향, 정부 정책 제안에도 큰 영향을 미친다. 그런데 최근 이 플랫폼에서 진행된 과제에 인간 참여자가 아니라 '봇(bot)'이 일부 서베이에 참여했다는 의심이 증폭되고 있다.[51] '봇'이란 인터넷에서 자

---

51) Dreyfuss, E. (2018.8.18). A bot panic hits Amazon's Mechanicl Turk, *Wired*,

동으로 과제를 수행하는 소프트웨어를 의미한다. 인공지능으로 가짜 영상이나 가짜 정보뿐만 아니라 가짜 행위가 가능하다는 얘기다. 더구나 참여자가 봇인지 인간인지에 대해서 대화를 통해 테스트해 볼 수 없고 참여자들 또한 온라인을 통해 참여하기 때문에 그 진위 여부 파악이 더 어렵다. 만약 어떤 형태이든 피해가 발생할 경우 투명성확보를 위해 인공지능이나 자율 시스템의 어느 부분에서 문제가 생겼는지 추적할 수 있어야 한다.

3. 인공지능에 사용되는 개인정보는 어떻게 보호할까

딥페이크나 메커니컬터크처럼 인공지능이 인간의 개입이나 최종 결정 없이 의사 결정을 할 때 생기는 위험을 막는 방법 중 하나는 법적 조치다. 유럽연합은 2018년 5월 GDPR(General Data Protection Regulation, 일반데이터보호법령)이라는 새로운 개인정보보호 체계를 적용하기 시작했다.

GDPR이 기존 데이터 관련 법령과 다른 점은 투명성의 강조다. 인공지능의 기계학습을 거쳐 내려지는 의사 결정에 인간의 결정이 개입되지 않기 때문에, 이때 기계학습 과정에서 정보가 어떻게 처리되었는지 그 과정을 설명하도록 되어 있다. 정보처리 절차와 관련하여 연관된 당사자는 인공지능 기계학습을 위해 알고리즘을 설계한 인간 프로그래머뿐 아니라 데이터 관리자가 포함된다. 그리고 만약 기계학습을 이미 거친 인공지능 도구가 아니라 구매 후에 학습을 통해 점점 업그레이드되는 제품일 경우 학습 환경을 제공하는 사용자나 판매자 등도 데이터에 대한 설명을 해야 하게 될 것이다. GDPR

https://www.wired.com/story/amazon-mechanical-turk-bot-panic/.

의 22조에는 "프로파일링을 포함한 자동화된 의사 결정의 대상이 되지 않을 권리"를 명시하고 있다.[52] 컴퓨터 알고리즘의 결정에 근거해 시민들에게 어떤 영향을 미치는 결정이 내려지는 경우 시민들은 이에 대해 이의 제기를 할 수 있다.

재범 예측 프로그램인 컴파스는 미국에서 범죄 방지에 효과를 보였다는 근거로 한국에서도 도입을 추진 중이다. 그런데 만약 알고리즘의 결정으로 어떤 사람의 재범률이 높으므로 행동과 거취 등에 제한을 받는다면 무조건 따라야 할까. GDPR은 그 알고리즘의 기준이나 결정의 타당성에 대해 문제 제기를 할 수 있는 윤리적, 법적 근거를 마련해 준다.

이러한 문제 제기를 하면 기계학습 등의 방법을 사용하는 인공지능의 의사 결정 과정에 대해 묻게 되므로 개인정보 활용의 정당성과 절차에 대해 알 수 있다. 해당 알고리즘에 대한 알 권리가 인간의 기본 권리 중 하나가 되는 셈이다.

알고리즘 투명성을 확보하라는 제안은 인공지능을 개발 중인 산업체에게는 규제로 들릴 수 있다. 알고리즘 작동 과정을 공개하는 것은 인공지능 개발이나 사업 아이템을 공개하는 꼴이 되어 기업 경쟁력 확보를 어렵게 하기 때문이다. 투명성을 확보하면서도 규제가 되지 않는 방법은 투명성을 확보하는 여러 가지 방법을 개발하는 것이다.

일반 시민은 관련 사안에서 스스로를 보호하기 위해 재정 지원과 의사 결정 방향을 정하는 이가 어떤 이해 관계에 있는지 파악할 필요가 있다. 투명성의 구체적 내용은 이해 관계자가 누구인가, 어떤

---

52) EU GDPR의 22조인 "Automated individual decision-making, including profiling"는 다음을 참조하라.
http://www.privacy-regulation.eu/en/article-22-automated-individual-decision-making-including-profiling-GDPR.htm.

집단에 속해 있는가 등에 따라 달라지기 때문이다. 인공지능과 인공지능이 활용하는 데이터와 관련한 책임과 권리는 인공지능 설계자뿐 아니라 데이터를 제공하는 모든 시민, 그리고 인공지능을 사용하는 모든 이와 연관될 수밖에 없다.

4. 인공지능의 결정으로 인한 사고에 대해 무엇을 고려해야 할까

일반 자동차 운행 중 타인을 다치게 하면 운전자가 책임을 지고 법적 배상을 하게 된다. 그런데 무인자동차가 탑승자 보조 없이 완전히 자율 기능으로 주행하는 가장 상위 단계까지 발전하면 탑승자는 무인자동차 운행 시 아무런 역할을 하지 않는다. 사고가 발생했을 때 운전자가 주의 의무를 다하지 않았다는 근거를 대기 어려워진다.

만약 무인자동차의 알고리즘과 기계학습으로 예측하기 어려운 상황에서 사고가 발생했을 때, 또 무인자동차의 자율도가 높으며 탑승자의 보조가 필요 없다고 가정했을 때는 제조사 혹은 알고리즘이 책임을 질 수밖에 없다. 그런데 탑승자 개입이 전혀 없는 완전한 무인자동차가 개발되면 탑승자는 정말 아무런 책임을 지지 않아도 될까? 무인자동차 탑승자가 차의 소유자일 때와 일회성으로 탑승한 자일 때의 상황이 다를 수 있다. 소유자라면 그 차를 소유함으로써 생기게 되는 여러 가지 위험에 대해 사용자로서 일정 부분 책임을 지는 것을 전제로 차를 소유하거나 보험에 가입해야 할 수가 있다.

한편, 무인자동차는 많은 결정을 차에 일임하지만 인공지능 시스템을 장착한 기계를 활용해 도움을 받는 인공지능 의사, 즉 인공지능 의료 진단 시스템의 경우는 또 다르다. 인간 의사는 인공지능 의사의 도움을 받을 뿐이지 의사 결정을 전적으로 맡기지 않는다. 무인자동차와 달리 최종 결정자는 인간이다. 따라서 인공지능 시스템이 기계학습을 통해 인간이 잘 모르는 과정을 거쳐 의사 결정을 내린다고 해도, 이 시스템을 사용하고 도움을 받아 최종 의사 결정을 내리는 주체는 인간이므로 인간의 책임이 무인자동차의 경우보다 더 커진다.

인공지능을 활용해 수많은 판례를 분석하고 적절한 판결을 찾는 인공지능 변호사도 마찬가지다. 인공지능 변호사는 정확성이나 속도 측면에서 한계가 있을 수밖에 없는 인간과는 비교할 수가 없다. 그러나 인공지능 의사와 마찬가지로 인간 변호사는 인공지능 변호사와 협업을 통해 더 나은 의사 결정을 하는 것이지, 인공지능에게 최종 결정을 내리도록 하지는 않는다.

인공지능의 종류와 상관없이 인공지능이 학습하는 데이터는 나라, 문화, 시대마다 달라질 수밖에 없다. 인공지능은 정확성이나 속도 면에서 인간보다 우수하지만, 맥락 파악과 같이 문화에 따라 다르게 판단해야 하는 사항들은 주로 과거 사례로 구성되어 있는 기존 데이터의 학습에 의존하기 어렵다. 또 기존 데이터가 어떤 인종, 성별, 연령대, 직업에 편향되어 있을 가능성도 있기에 인공지능 컴퓨터의 의사 결정을 비판적으로 봐야 한다. 이는 여전히 인간의 역할이다.

참고문헌

Anderson, M., Anderson, S. L., & Armen, C. (2006, August). MedEthEx: a prototype medical ethics advisor. In *Proceedings Of The National Conference On Artificial Intelligence*, 21(2). 1759.

Asimov, I. (1942). Runaround. Astounding Science Fiction, 29(1), 94−103.

Asimov, I., & Conway, M. (1985). *Robots and empire*. New York: Doubleday.

Bringsjord, S., Arkoudas, K., & Bello, P. (2006). Toward a general logicist methodology for engineering ethically correct robots. *IEEE Intelligent Systems*, 21(4), 38−44.

Dennett, D. C. (2005). Cognitive wheels: The frame problem of AI. Language and Thought, 3, 217.

Dreyfuss, E. (2018.8.18). A bot panic hits Amazon's Mechanicl Turk, Wired, https://www.wired.com/story/amazon−mechanical−turk−bot−panic/.

Holland, J. H (1992), Genetic algorithms, *Scientific American* ,267(1), 66−72.

Intersoft consulting(2018). General data protection regulation. https://gdpr−info.eu/.

McCarthy, J., Hayes, P. J. (1969). "Some philosophical problems from the standpoint of artificial intelligence". 《Machine Intelligence》 4: 463−502.

Mill, J. S. (1859). Utilitarianism (1863). *Utilitarianism, Liberty, Representative Government*, 7−9.

Rössler, A., Cozzolino, D., Verdoliva, L., Riess, C., Thies, J., & Nießner, M. (2018). FaceForensics: A Large−scale video dataset for forgery detection in human faces. arXiv preprint arXiv:1803.09179.

Wallach, W., & Allen, C. (2008). Moral machines: Teaching robots right from wrong. Oxford University Press.

Wiegel, V. (2007). *SophoLab; experimental computational philosophy* (Vol. 3). 3TU Ethics.

제3부
인공지능과 법

제6장

인공지능의 법적 지위 - 사람(人)

Ⅰ. 문제의 소재

1. 인공지능의 법적 의의와 유형

현재 인공지능(人工知能, Artificial Intelligence, AI)을 직접 정의하고 있는 법은 존재하지 않는다. 다만, 「지능형 로봇 개발 및 보급 촉진법」은 유사한 개념으로 '지능형 로봇'을 "외부 환경을 스스로 인식하고 상황을 판단하여 자율적으로 동작하는 기계장치(기계장치의 작동에 필요한 소프트웨어를 포함한다)로 정의하고 있다."[1]

다른 영역에서는 인공지능을 "인간의 학습능력, 추론능력, 지각능력, 자연언어의 이해능력 등을 컴퓨터 프로그램으로 실현한 기술"로 징의하기노 하고,[2] 인공지능의 미시적 의미로서 "인간이 지닌 지적 능력의 일부 또는 전체, 혹은 그렇게 생각되는 능력을 인공적으로 구현한 것"으로 정의하는 곳도 있다.[3] 이러한 인공지능의 정의들

---

1) 「지능형 로봇 개발 및 보급 촉진법」 제2조 제1호.
2) 위키백과 '인공지능', <https://ko.wikipedia.org/wiki/%EC%9D%B8%EA%B3%B5%EC%A7%80%EB%8A%A5>.
3) 나무위키, '인공지능', <https://namu.wiki/w/%EC%9D%B8%EA%B3%B5%EC%

에서 그 중요 내용을 뽑으면 인공지능은 사람처럼 행동하도록 만들어진 장치로 정의될 수 있고, 그렇다면 인공지능의 법적 의의는 사람처럼 자율적으로 행동하는 장치로 이해될 수 있다.[4]

인공지능은 또한 강한 인공지능(strong AI)과 약한 인공지능(weak AI)으로 분류될 수 있다. 강한 인공지능은 알고리즘을 주면 스스로 데이터를 찾아 학습하는 능력을 갖출 수 있으며, 규칙을 넘어 능동적으로 학습하여 창조성을 발휘할 수 있다. 강한 인공지능은 영화 터미네이터에서의 스카이넷(SKYNET))과 아이로봇에서의 비키(VIKI)와 같은 것들이 이에 해당하며, 각 영화에서는 강한 인공지능이 인류에게 위협이 될 수 있음을 보여주고 있다. 반면, 약한 인공지능은 알고리즘뿐 아니라 기초 데이터나 규칙을 입력해야만 학습할 수 있으며 규칙을 넘어 새로운 창조를 할 수 없다.[5] 이에는 구글 딥마인드의 알파고, IBM의 왓슨이 이에 해당하며, 하나의 기술로써 문제를 해결하거나 업무 연구 처리에 최적화된 인공지능이라고 할 수 있다.

윤리적으로 문제가 될 수 있는 인공지능은 강한 인공지능이며, 약한 인공지능은 사람의 도구로서만 존재할 수 있어 문제가 되지 않는다. 이하에서는 인공지능의 법적 지위를 강한 인공지능으로 예정하고 그의 법적 지위를 살펴보기로 한다.

A7%80%EB%8A%A5>.

4) 인공지능의 역사와 정의, 인공지능이란? <처음 배우는 인공지능> (https://blog.naver.com/illumulus/221130053365); 이성웅, "상법상 인공지능기업의 상사적격에 관한 소고"「법조」제728호, 법조협회, 2018., 258면. ("인간이 지닌 지적 능력의 일부 또는 전체를 인공적으로 구현한 것").

5) 이성웅, 위의 논문, 259면.

2. 인공지능의 법적 지위

우리 민법은 권리의 주체와 객체를 엄격히 구분하고 있으며, 사람에게만 권리와 의무의 주체성을 인정할 뿐 그 외의 모든 것들에 대해서는 권리와 의무의 주체로 인정하지 않고 객체로만 취급하는 엄격한 이분법적 접근 방식을 취하고 있다. 그리하여, 사람으로서 법인격을 인정하는 것은 자연인과 법인에 한하며, 동물을 포함한 그 어떤 것에도 법인격을 인정하고 있지 않다. 그렇다면, 인공지능도 하나의 장치이기 때문에, 민법상 컴퓨터나 로봇과 같은 물건에 해당하여 권리의 객체가 될 수 있을 뿐이다.[6]

그런데 최근 여러 곳에서 인공지능이 다른 물건과 달리 사람처럼 자율적으로 행동할 수 있다면, 법인격을 부여해야 한다는 주장이 제기되고 있다. 사우디아라비아에서 세계 최초로 시민권을 취득한 인공지능 로봇 소피아를 제작한 핸슨 로보틱스의 대표 데이비드 핸슨은 "인공지능 로봇이 잠재력을 충분히 발휘하려면 하나의 인격체로 만들어야 하고, 인공지능 로봇도 사람들과 마찬가지 심성을 가질 수 있도록 연구를 하는 것이 올바른 방향"이라고 강조하면서, "인공지능을 새로운 종으로 인정하고 사람들과 똑같은 가치를 공유하고 공존할 수 있도록 해야 한다"고 주장한 바 있다.[7]

이하에서는 인공지능이 법적으로 물건이 아닌 사람으로서 인정될 수 있는지에 대해서 살펴보기로 한다.

---

6) 민법 제98조 ("본법에서 물건이라 함은 유체물 및 전기 기타 관리할 수 있는 자연력을 말한다.").
7) https://www.bloter.net/archives/301427 참조.

II. 사람 이외의 존재에 대한 법인격 부여

앞에서 살펴본 바와 같이, 우리나라는 사람으로서 자연인과 법인 이외에 법인격을 부여한 경우는 거의 찾아볼 수 없다. 반면, 외국에서는 초자연적 존재(Supernatural Beings), 동물(Animals), 무생물(Inanimate Objects), 자연물(Natural Beings)에 법인격을 부여한 바 있다.

1. 초자연적 존재(Supernatural Beings)

초자연적 존재 또는 초현실적 존재는 신화나 종교에서 등장하는 신과 성인들을 말한다. 이에 대해 고대 로마 등 여러 국가가 법적 인간으로 인식한 바 있다.8) 중세 독일은 신과 성인들을 법적 인간들로서 간주하였으나, 영국 보통법은 신이나 다른 초자연적 존재를 법적 인간으로 인식하지 않았다.9)

2. 동물(Animals)

오늘날 모든 동물은 물건으로 취급되지만, 법의 초기 단계에서 일정한 경우에 동물도 법적 의무를 갖는 것으로 간주하여, 그 책임이 인정되고 처벌을 받은 적이 있다고 한다. 특히, 중세시대 형사 관련 소송에서 동물을 법적 인간으로 간주하여 형사책임을 부과한 사례가 가장 대표적이라고 한다.10) 중세시대 기소와 처벌의 실행에 대

---

8) Susan W. Brenner, Humans and Humans+: Technological Enhancement and Criminal Responsibility, 19 B. U. Sci. & Tech. L. 215, 226 (2013).
9) Id.
10) John Chipman Gray, The Nature and Sources of the Law §105 (1909).

한 논문에 따르면, 중세시대에는 가축들을 가족의 구성원들로 간주하였고, 신하와 동일한 보호를 받을 수 있었다고 한다.[11] 그리하여 동물들은 인권이 부여되었고, 그에 따라 인간의 책임도 있다고 믿어졌다고 한다.[12]

동물에 대한 소송에는 두 가지 유형이 있었다고 한다. 그 하나는 살인과 같은 중범죄 혐의를 받는 가축과 관련된다.[13] 동물에게 이러한 중범죄가 인정되면, 인간이 받는 것과 동일한 형이 주어졌고, 그것은 일반적으로 사형을 의미하였다고 한다. 살인보다 약한 범죄를 저지른 경우 동물은 사형을 면할 수 있었으며, 17세기말 호주에서 지방 관리의 다리를 깨문 개는 공개시장에서 1년 동안 감금되었다고 한다.[14]

다른 유형의 소송은 쥐, 새, 뱀, 벌레와 같은 야생동물 집단과 관련되며, 그것들은 농작물 약탈과 같은 반사회적 행위로 인해 종교 법원에 소환되었다고 한다.[15] 소송이 제기된 동물을 방어하기 위해 변호사들이 임명되었고, 변호사들은 그들이 유죄로 되는 것을 막거나 부과되는 처벌을 줄이기 위해 절차나 전략들을 사용하였으며, 종종 성공하기도 하였다고 한다.[16] 동물에 대한 기소는 중세 유럽에 한하지 않았으며, 19세기 말 말레이시아, 뉴질랜드 그리고 아프리카 일부에서도 이루어졌으며,[17] 17세기 미국 식민지에서도 소가 제기

---

11) E.P. Evans, The Criminal Prosecution and Capital Punishment of Animals 10 (1906).
12) Id. at 10-11.
13) Anila Srivastava, "Mean, Dangerous, and Uncontrollable Beasts": Mediaeval Animal Trials, 40 Mosaic 127, 129 (2007).
14) Id.
15) Id.
16) Id.
17) Jen Girgen, The Historical and Contemporary Prosecution and Punishment of Animals, 9 Animal L. 97, 108-09 (2003).

되었다고 한다.[18]

동물과 관련된 또 다른 예는 속죄물(deodand)과 관련되었다. 속죄물은 사람의 사망에 직접적인 원인이 된 동산을 왕에게 몰수되도록 하는 것을 말하며,[19] 18세기 영국은 그리스와 모세의 법이 사람을 다치게 하거나 죽게 만든 동물들을 처벌했던 것을 고려하여 이를 도입하였다. 말, 소 또는 다른 동물들이 사람을 죽이면, 그 책임 중 일부는 소유자의 과실에 기인한 것이고, 그렇다면 그 사람은 몰수에 따라 적절하게 처벌되어야 하고, 그 동물들은 속죄물로서 몰수되어야 한다.[20] 속죄물은 천주교의 암흑기에 만들어졌고, 영국법 기초자들에 대한 맹신으로 살아남았다라고 하면서 많은 비판을 받았다.[21] 영국은 1846년에 그 속죄물 제도를 폐지하였고,[22] 그리하여 미국 보통법의 일부로도 되지 않았다.[23]

현대 사회에 들어, 서구 선진국들은 동물의 복지와 관련하여 동물의 기본적 권리에 관한 논의를 지속해서 해오고 있다. 1990년 독일은 동물은 물건이 아니라고 하는 조문을 신설하여 동물에게 생물

---

18) Id. at 108.
19) William Blackstone(Editor: George Sharswood), Commentaries on the Laws of England in Four Books. Notes selected from the editions of Archibold, Christian, Coleridge, Chitty, Stewart, Kerr, and others, Barron Field's Analysis, and Additional Notes, and a Life of the Author by George Sharswood. In Two Volumes. (Philadelphia: J.B. Lippincott Co., 1893). Vol. 1 − Books I & II, 300.
20) Id. at 300−301.
21) Id. at 300; Anna Pervukhin, Deodands: A Study in the Creation of Common Law Rules, 47 Am. J. Legal Hist. 237, 245−248 (2005).
22) Gregory L. Acquaviva & Kevin M. McDonough, How to Win a Krimstock Hearing: Litigating Vehicle Retention Proceedings before New York's Office of Administrative Trials and Hearings, 18 Widener L.J. 23, 29 n.35 (2008)(citing The Deodands Act, 9&10 Vict. c. 62 (1846)).
23) Calero−Toledo v. Pearson Yacht Leasing Co., 416 U.S. 663, 682−83 (1974). Accord Austin v. United States, 509 U.S. 602, 613 (1993).

로서 제3의 지위를 부여하고 그 고유성을 인정하였다.[24] 다만, 여기서 동물은 물건이 아니라고 한 것은 제3의 지위를 부여할 뿐 사람의 지위를 인정하는 것은 아니다. 독일뿐만 아니라 프랑스에서도 동물은 물건이 아니라 인간과 가까운 존재로서 취급하자고 하는 견해들이 많이 주장되고 있다.[25]

3. 무생물(Inanimate Objects)

무생물에게 법인격을 부여할 수 있는지에 대한 분석은 속죄물법에 그 근간을 두고 있었다.[26] 많은 경우에 무생물은 법적 권리의 주체뿐만 아니라 법적 의무의 주체로도 인정되어 법적 인간이 될 수 있었다.[27] 무생물이 법적 권리의 주체로 되는 경우 법원에서 소송을 제기할 자격도 있게 되었다. 예로써, 고대 로마에서의 사원, 중세 초기의 교회 건물, 그리고 성인의 유물들은 권리를 갖는 것으로 인정되었다.[28] 무생물은 또한 법적 의무의 주체로서 인식되기도 하였으며,[29] 고대 그리스에서 무생물에 대한 소송이 드물지 않았다고 한다.[30]

보통법에서 무생물에 대한 죄의 귀속은 속죄물의 형태로 나타났다.[31] 속죄물은 미국 보통법의 일부가 되지 않았지만, 움직이는 물체

---

24) 박정기, 동물의 법적 지위에 관한 연구, 법학연구 제51권 부산대학교 법학연구소, 26면 (2010).
25) 위의 논문, 제36면.
26) Gray, supra note 8, at §§106－110; Pervukhin, supra note 19, at 237.
27) Gray, supra note 8, at §§106－107.
28) Id.
29) Id. at §107.
30) Id. at §108.
31) Id. at §109.

에는 생명이 존재해야만 한다는 개념은 속죄물의 법을 형성하였고, 그 개념은 해상법에서 가장 두드러지고 일관되게 나타났다고 한다.[32] 운동성이 무생물에게 생명을 주는 가장 두드러진 예는 선박이었으며, 선박에서 한 사람이 추락해서 익사한 경우, 그 배의 운동성이 사망을 야기한 것으로 취급되어야만 했고 그 경우 배는 몰수되었다.[33]

미국 연방대법원의 'The China' 사건에서 쟁점은 도선사의 과실로 인해 손해가 전적으로 발생하였음에도 도선사의 책임으로 운행되던 선박에 대하여 물적인 불법행위 책임을 물을 수 있는지였다.[34] 좀 더 분명하게는 증기선의 선장에게 도선사를 채용하도록 강제한 뉴욕주법이 침몰한 미국 선박 켄터키(Kentucky)에 대하여 책임을 지지 않는지였다.[35] 연방대법원은 선박에게 도선사를 채용하도록 요구한 뉴욕주법은 도선사 시스템을 만들었지만, The China와 같은 불법행위 선박에 면책을 부여하기 위한 시도는 아니었다고 결정하였다. 그리하여 연방대법원은 피해를 입힌 선박이 면책되지 않는다고 하면서 선박에 대한 불법행위 책임을 인정하였다.[36]

거의 30년 후 해상에서의 대인적 소송인 Ralli v. Troop 사건에서, 연방대법원은 'The China'의 판결이 대리의 법이나 선박 소유자에게 책임을 부과한 것이 아니고, 해상법의 특별한 원칙 즉, 선박 그 자체가 불법행위자로 인정하는 것이라고 설명하였다.[37] 'The China' 판결은 여전히 유효한 법으로서 작동하는 미국 해상법의 기본 원리로 남아 있다.[38] 해상법이 성숙되지 않았던 미국 해상법 초기에 가

---

32) Id. at § 110.
33) Oliver Wendell Holmes, Jr., The Common Law 25, 26 (1923).
34) The China, 74 U.S. 53, 55 (1868).
35) Id.
36) Id. at 67.
37) Ralli v. Troop, 157 U.S. 386, 403 (1895)
38) Amoco Oil v. M/V Montclair, 766 F.2d 473, 476 (11th Cir. 1985); Sea Star

해 선박의 소유자들은 프로세스 밖에 존재함으로써 책임을 종종 면했었다.[39] 연방대법원은 인격화된 선박(anthropomorphized ship)이라는 개념을 개발함으로써 이것을 다루었고, 소유권과 관계없이 선박과 함께 이전되는 해상 유치권 제도를 도입하게 되었으며, 이 원칙은 추상적인 근거가 아니라 실질적인 근거가 되었다.[40]

속죄물의 법은 미국에서 보통법의 일부가 되지는 않았으나, 동물이나 무생물에 대한 형사책임을 부과하는 형태로 계승되고 있다.[41] 이러한 책임 부과의 근거는 동물과 무생물도 자연인과 마찬가지로 법적 권리를 보유하고 법적 의무의 주체가 될 수 있기 때문에 권리와 의무의 주체로서 법인격을 가질 수 있다는 관념이 암묵적으로 전제되어 있다고 볼 수 있다.[42]

4. 자연물(Natural Being)[43]

2017년 3월 뉴질랜드 의회는 "Te Awa Tupua(Whanganui River Claims Settlement) Act 2017"[44]을 제정하여 '황가누이 강(Whanganui River)'을 둘러싼 황가누이 원주민들의 생활 터전 보호와 관련된 오

Line, LLC v. M/V SEA RACER, 2002 WL 32348254, at *2−3 (M.D.Fla. 2002).

39) Douglas Lind, Pragmatism and Anthropomorphism: Reconceiving the Doctrine of the Personality of the Ship, 22 U.S.F. Mar. L.J. 39, 117 (2010).

40) Id. at 117−118.

41) 7 U.S. Code § 2156(f) (2006); People v. Kasben, 2006 WL 3077685, at *1 (Mich. App. 2006).

42) Gray, supra note 10, at §§ 64, 106−107.

43) 이경규, 인(人) 이외의 존재에 대한 법인격 인정과 인공지능의 법적 지위에 관한 소고, 인하대학교 법학연구 제20집 제2호, 2019, 11−13면.

44) Public Act 2017 No 7, <http://www.legislation.govt.nz/act/public/2017/0007/latest/whole.html>.

랜 분쟁을 해결하였고, 집합적 자연물에 대하여 법인격을 부여한 바 있다.[45] 해당 법은 'Te Awa Tupua'를 "산으로부터 바다로 이어지는 '황가누이 강'으로 구성되고, 그 모든 물리적·관념적 요소까지도 포함하는 불가분적 생태계 전체"라고 정의하였고, "'Te Awa Tupua'는 법인이며 법인으로서의 모든 권리, 권한, 의무와 책임을 보유한다"라고 규정하고 있다.[46]

인도에서는 위의 뉴질랜드 입법과 완전히 반대되는 대법원의 판결이 나왔다. 인도 우타라칸트 주의 고등법원은 2017년 3월 갠지스·야무나 강의 대리인이 강물을 오염시키는 자들을 상대로 낸 소송에서 강의 권리 주체성을 인정하였고, 강을 오염시킨 것이 사람에게 해를 입힌 것과 마찬가지로 규율될 것이라고 하면서 강의 법인격을 인정하였었다. 우타라칸트 주 정부는 강에 법인격을 인정할 경우, 홍수가 났을 때 피해 주민들이 강을 상대로 손해배상을 청구할 수도 있고 강들이 우타라칸트 주 뿐만 아니라 여러 주에 걸쳐있는데 우타라칸트 주 고등법원이 법인격을 인정한 것은 관할권을 넘어선 것으로서 강에 대한 사회적 믿음을 보호하여야 한다고 주장하였다. 인도 대법원은 2017년 7월 7일 갠지스·야무나 강에 법인격을 인정한 북부 우타라칸트 주 고등법원의 판결을 파기하고 강을 법인이나 생명체로 간주할 수 없다고 판결하였다.[47]

---

45) 계승균, "법규범에서 인공지능의 주체성 여부", 법조 2017. 8 (Vol. 724), 184-185면.
46) 제14조 제1항.
47) 중앙일보, "인도 대법원, 갠지스 강, 법적으로 인간과 같은 지위 아냐", 2017. 07.08. 기사 참조, <http://news.joins.com/article/21739634>.

III. 법인격 부여의 기준

1. 정책적 기준

자연인에게 권리능력을 부여하여 법인격을 인정하는 것이 사람의 사회에서 당연한 것처럼 보이지만, 누구에게 어느 정도의 권리능력과 법인격을 부여할 것인지는 해당 시대와 사회에서의 법 정책에 의하여 결정된다.[48] 예컨대, 자연인이라도 외국인에 대해서는 제한된 권리능력을 부여할 수 있으며, 태아는 같은 생명체일지라도 권리능력의 존재 여부가 출생 시를 기준으로 확정되고, 살아서 출생할 것을 조건으로만 손해배상청구권을 인정하기도 한다.[49]

또한, 자연인들은 생명이나 능력에 한계가 있으므로 대규모이고 영속적인 사업을 영위하기 위해 여러 사람의 협력이나 일정한 목적을 위하여 바쳐진 재산이 필요하다. 민법은 그리하여 법률로써 사람의 단체와 재산의 집합에 대해 권리능력을 인정함으로써 자연인 이외의 사람인 법인을 인정하였다. 이는 그러한 실체가 인간임을 뜻하는 것은 아니며, 제한된 목적 범위 내에서 사람으로서 행동할 수 있도록 허용하는 법적 간주(legal fiction)에 해당한다.[50]

우리 민법은 또한 권리의 객체로서 물건을 규정하고 있는데, 이에는 동산이나 부동산 등의 유체물과 관리 또는 배타적 지배가 가능한 무체물이 있다. 하지만 살아있는 사람의 신체나 그 일부분은 물건에서 제외되고 현존성 및 독립성을 갖춰야만 물건으로서 인정하고 있다.[51] 동물과 같이 살아있는 생명체들도 물건으로 취급되고 있으

---

48) 이경규, 앞의 논문, 4면.
49) 헌법재판소 2008.7.31. 선고 2004헌바81 전원재판부 판결.
50) https://ko.wikipedia.org/wiki/%EB%2%95%EC%9D%B8
51) 양형우, 민법의 세계: 이론과 판례 (제8판), 피앤씨미디어, 2016, 147-150면.

나, 최근 동물에 대한 보호를 위해 민법과 헌법에 대한 개정이 논의되고 있어 앞으로 물건에 해당할지는 불분명하다.

이처럼, 자연인도 법인격을 제한할 수 있으며, 사람의 집단이나 재산의 집합에 대하여 법인으로서 법인격을 인정할 수 있다. 이는 곧 사회의 정책에 따라 법인격 부여 여부를 결정할 수 있다는 것을 의미하며, 다시 말해 사회의 정책은 특정한 주체에게 법인격을 부여할 수도 있다는 것을 의미한다.

2. 실질적 특성

(1) 사람의 자유의지(Free Will)

자유의지(Free Will)는 "자신의 행동과 결정을 스스로 조절·통제할 수 있는 힘·능력이다."[52] 사람은 환경이나 사회적 영향을 받기 때문에 완전히 자유로운 존재는 아니며, 사람이 통제할 수 없는 요인에 의해 행동이 지배받을 수 있지만, 자신의 미래를 선택할 자유가 있고 이를 자유의지로 설명한다.[53] 법학에서의 자유의지 특히, 형법에서의 자유의지는 책임성과 밀접하게 관련된다. 자유의지가 없이 외부의 강압이나 상황에 따라 어쩔 수 없이 범죄를 저질렀을 때는 기대 가능성이 없어 책임성이 조각되어 그 책임을 물을 수 없다.[54]

---

52) 위키백과, '자유의지', <https://ko.wikipedia.org/wiki/%EC%9E%90%EC%9C%A0%EC%9D%98%EC%A7%80#자유의지와_책임과의_관계>.
53) 이경규, 앞의 논문, 20면.
54) 나무위키, '자유의지', <https://namu.wiki/w/%EC%9E%90%EC%9C%A0%EC%9D%98%EC%A7%80>.

사람의 정보처리기관인 뇌에서 일어나는 모든 활동은 신경생물학적 관점에서 파악할 때 신경세포, 시냅스, 신경전달물질들의 상호작용으로 발생하며, 다른 동물과 달리 사고능력에 대한 인식, 즉 언어를 통한 고차원의 의식 및 자아 인식이라는 특성을 가지며, 뇌의 기본구조는 유전 기타 생물학적 요인에 의해 출생 시에 상당 부분 결정되지만 각 개인의 뇌가 상호 교감하며 네트워크를 이루는 사회적 과정을 통하여 뇌 회로의 구조를 정하고 여러 감정과 기억 및 사고로 보충하며 뇌를 형성해 나간다고 한다.55)

사람의 뇌를 정보처리시스템으로 파악하는 경우, 뇌에서 행해지는 사고 작용과 그에 따른 행동은 사전에 결정된 것으로 생각될 수 있으나, 인간의 뇌가 작동하는 방식은 더욱 복잡하고, 사람은 스스로 자유롭게 행동하려는 의지를 가지고 있으며, 신체의 항상성을 유지하고 생존하고자 하는 원초적인 욕구가 전제되기 때문에, 사람의 자유의지는 자신의 욕구를 충족시키기 위한 전략적 의지에 따른 사고와 그에 따른 행동을 한다는 점에서 그 의의를 도출해 낼 수 있다.56)

(2) 인공지능의 자율성(Autonomy)

인공지능도 주어진 문제를 해결하기 위해 학습을 통해 다양한 정보와 지식을 습득하고, 그러한 학습을 통해 상황을 스스로 인식하고 주어진 상황에 맞추어 자율적으로 판단하여 문제를 해결하기 때문에, 사전에 결정되어 있지 않다는 점에서 자유로운 '인식 – 사고 – 행동'을 하였다고 볼 수 있다.57) 하지만, 위에서 본 바와 같이 사람

---

55) 김영두, "인공지능과 자유의지", 연세법학회 제60회 학술대회 '인공지능시대의 법적 과제' 자료집 (2017. 2. 18.), 10–20면.
56) 김영두, 위의 자료집, 20–26면.
57) 이경규, 앞의 논문, 21면.

의 자유의지를 자신만의 욕구를 충족시키기 위한 전략적 사고와 행동으로 파악할 때, 인공지능은 해당 문제의 해결이 과제로 주어졌을 뿐, 그러한 문제를 해결해야 할 동기나 욕구가 존재하지 않기 때문에 인공지능의 행동은 자신의 욕구를 만족시키기 위한 자유의지에 따른 행동이라고 할 수 없다.

인공지능의 자율성을 근거로 인공지능을 물건으로 보는 것이 아니라 제한적 권리의 주체로 보고 필요한 한도에서 인공지능의 권리와 의무를 인정하자는 주장이 제기되기도 하지만, 이러한 주장에 대해서는 당시의 과학 수준을 고려한 인공지능의 무오류성을 가정하여야 하며 인공지능이 부담할 책임 이행을 위한 책임재산을 확보하여야 하는 문제가 있다.[58] 따라서 개별 문제의 해결을 위한 현재 기술 수준의 인공지능에서 발현되는 자율성은 인간의 사고활동이나 행동원리에서 작용하는 자유의지와는 차원을 달리하고 그에 크게 미치지 못하는 것이어서, 현재 수준의 인공지능과 관련하여 권리와 의무의 주체성을 논하는 것은 현재의 법체계상 타당하지 않다.

결국, 인간의 뇌와 인공지능은 정보처리기관이라는 점에서 공통되나 현재의 기술 수준에서 볼 때 인공지능이 작용하는 원리상의 자율성은 인간의 자유의지에는 미치지 못하는 것으로 이해될 수 있다.[59]

---

58) 이중기, "인공지능을 가진 로봇의 법적 취급: 자율주행자동차 사고의 법적 인식과 책임을 중심으로", 홍익법학 제17권 제3호, 2016, 9면.
59) 김영두, 위의 자료집, 32-35면.

Ⅳ. 법인격 인정의 방법

인공지능이 현행법상 물건으로서 권리의 객체로 인정되지만, 인공지능이 온라인상에서만 작동하여 유체물성을 결하며, 초고도의 자율성 내지 자유의지를 가진 인공지능에 대해 무체물의 관리 가능성을 인정하기에도 쉽지 않다. 따라서 인공지능을 물건에 포함하는 것은 문제가 있을 수 있다. 그렇다면, 인공지능을 자연인이나 법인으로서의 사람으로 인정하거나 사람이나 물건이 어느 것도 아닌 제3의 존재로 인정하는 방법을 생각할 수 있다. 이하에서는 인공지능이 자연인, 법인, 제3의 존재가 될 수 있는지에 대하여 검토하기로 한다.

1. 자연인

민법은 "사람은 생존한 동안 권리와 의무의 주체가 된다"고 규정하고 있으며,[60] 여기서 사람은 바로 자연인이다. 자연인이 무엇인지에 대해 법에서 정의하고 있지는 않지만, 생물학적 분류상 현생 인류의 속성을 구비한 존재를 지칭한다. 자연인은 출생하면 기형아, 쌍생아 여부나 인공수정의 결과물인 경우 등을 구별하지 않고 당연히 사람으로 인정된다. 이는 법의 규정에 따라 권리능력이 인정될 수 있는 법인과 구별된다.

그런데, 시대에 따라 자연인도 권리능력이나 법인격을 인정받지 못했던 적이 있었다. 고대 로마 시대에 노예는 사람으로 인정되지 아니하였거나,[61] 권리는 없이 의무만 부담하기도 하였다.[62] 영국에

---

60) 민법 제3조.
61) Barbara Abatino, Giuseppe Dari−Mattiacci &Enrico C. Perotti, Depersonalization of Business in Ancient Rome, 31 O. J. L. S. 365, 377 (2011).
62) Dred Scott v. Sandford, 60 U.S. 393, 407.

서 결혼을 하는 경우 남편과 아내가 법률상 하나의 사람으로 인정되어 여성의 존재를 법적으로 무시한 적도 있었다.[63] 또한, 옛 나치의 시대에는 유대인의 법인격을 부정하여 독일국민으로 인정하지 아니하고 법적 권리를 인정하지 않은 적이 있다.[64] 다만, 로마 시대의 노예도 예외적으로 특유재산을 보유하거나 독자적인 의사능력을 근거로 행위능력자로 인정받을 수는 있었으며, 해방된 노예는 완전한 권리능력을 인정받았다.[65]

인공지능에게 권리와 의무의 주체성을 인정하기 어렵지만, 한정적 행위능력은 인정될 수 있다. 그렇다면, 인공지능은 법적으로 노예와 유사하게 취급될 수 있으며, 책임의 귀속을 위해 인공지능 자체의 특유재산 보유를 인정하거나 노예를 해방해 완전한 권리능력을 인정하는 것처럼 인공지능에게 권리능력을 보유하는 입법적 전환을 생각해 볼 수 있다.[66] 법은 정책적 결정에 따라 이루어지는 것이기 때문에, 권리능력은 자연인 이외의 존재에 대해서도 확장될 수 있다.

패트릭 교수는 자연인에게 법인격을 부여하는데 요구되는 것과 동일한 능력을 인공지능이 갖고 있다면 인공지능에게도 법인격이 부여되어야 한다고 주장한다.[67] 패트릭 교수는 행위 테스트(Behavioral Test)라 불리는 일정한 테스트를 통과하는 경우 비록 동일하지는 않더라도 자연인과 유사한 의식적 존재(Conscious Being)로 인정할 수

---

63) 1 William Blackstone, Commentaries On The Laws Of England 430.
64) Vivian Grosswald Curran, Fear of Formalism: Indications from the Fascist Period in France and Germany of Judicial Methodology's Impact on Substantive Law, 35 Cornell Int'l L.J. 101, 173 (2001 – 2002).
65) Lawrence B. Solum, Legal Personhood for Artificial Intelligences, 70 N.C. L. Rev. 1231, 1279 (1992).
66) 이중기, 앞의 논문, 19면.
67) F. Patrick Hubbard, "Do Androids Dream?": Personhood and Intelligent Artifacts, 83 Temp. L. Rev. 405, 407 (2011).

있는데, 이를 위해서는 "(1) 복잡한 사고와 소통을 통하여 외부 환경과 상호작용할 수 있는 능력; (2) 삶의 계획이나 목적을 성취하고자 하는 욕구를 가지고 자아를 인식하는 능력; (3) 상호 이기적 관점에 기반하는 사회에서 다른 사람들과 공존할 수 있는 능력"을 갖고 있어야 한다고 하였다.[68]

여기서 (2)의 능력은 자아의식으로서 인격의 핵심적 요소이며, 항상 자신을 특별한 독립체로 인식하고 상당한 기간에 걸쳐 자신만의 독특한 생활계획을 가져야 함을 의미하는데, 현재 존재하는 로봇이 목표를 가질 수는 있으나 목표를 충족시키고자 하는 욕구가 있는지에 대하여는 의문을 표시한다.[69] 또한, 그와 같은 요건을 충족시키기 위해서는 자신의 생존 욕구와 더불어 그 이상의 삶의 목적이나 이유가 있다고 느낄 수 있어야 한다고 한다.[70] (3) 요건과 관련하여 관계 대립 당사자들 모두에게 충분히 이익이 되는 사회 즉, '협정(타협, modus vivendi)' 사회를 전제로 한다.[71]

반대로, 위와 같은 요건을 충족하는 경우에도 인공지능에게 법인격을 부여하는 것에 반대하는 주장들도 존재하였다.[72] 예컨대, 인공지능을 노예로 취급하는 것이 더 유용하다거나, 인류에게 위협이 될 수 있다거나, 아프리카 노예의 해방과 다를 바 없다거나, 인류 역시 진화된 형태(transhuman cyborgs)를 가질 수 있으므로 그들과의 충돌이나 괴리에 대한 걱정은 불필요하다고 설명한다. 더 나아가, 인공지능에게 법인격을 부여함에는 다음과 같은 문제들이 존재하기 때

---

68) Id.
69) Id. at 420−21.
70) Id. at 422.
71) Id. at 424.
72) F. Patrick Hubbard, supra note 87, 429−455 및 John Chipman Gray, supra note 10, §§63−148 (1909) 및 Susan W. Brenner, supra note 10, 248−249 참조.

문에 타당하지 않다고 주장되기도 한다: "(1) 오직 자연인만이 법인격을 가질 수 있다; (2) 인공지능은 결정적인 인격의 요소가 결여되어 있다; (3) 인공지능은 인간의 피조물이므로 인간의 소유물 그 이상이 될 수 없다."[73]

2. 법인

인공지능에게 자연인과 동일한 법적 지위를 부여하는 것 이외에 자연인에 준하는 법적 지위나 제한적인 권리능력을 인정하는 것도 생각해 볼 수 있다. 다양한 사회적 필요를 충족시키기 위해 사람의 집단이나 재산에 대해서도 법인격을 부여하였으며, 이를 자연인과 구별하여 법인(Legal Person 또는 Juristic Person)이라 부른다. 법인제도는 사회적 필요에 의하여 법정책적으로 만들어졌으며, 인공지능에게 법인격을 부여해야 한다면 현재로서는 가장 유력한 개념이라 볼 수 있다.

법인은 법률의 규정에 좇아 정관으로 정한 목적의 범위 내에서 권리와 의무의 주체가 되며,[74] 사람의 집단으로서의 사단과 재산으로서의 재단이 있으나, 사단의 경우에는 이미 법인격이 존재하는 사람을 전제로 하기 때문에 인공지능에게는 재단만 고려될 수 있다. 법인의 본질과 관련해서는 종래 법인의제설, 법인 부인설 및 법인실재설 등이 존재하였는데, 가장 많은 지지를 받는 사회적 가치설(사회적 작용설)에 따라 독립한 사회적 적용을 담당하는 경우 자연인과 같이 사람으로서 인정될 수 있다. 재단법인의 활동은 또한 자연인인 이사나 대표자에 의하여 이루어지고 대외적 법률행위에 따른 법률효

---

73) Lawrence, supra note 60, at 1258.
74) 민법 제34조.

과는 법인에게 귀속된다.

인공지능의 소유자가 인공지능 관련 일체를 출연하고 재단법인을 설립하는 경우, 인공지능은 정관상의 설립 목적인 서비스의 수행과 관련해서 뿐만 아니라 그에 필요한 기타 사무의 처리에 있어서도 고도의 자율적 판단을 내릴 수 있도록 설계되어 있고, 정관의 규정에 따른 제한 역시 내장되어 있다고 할 때, 그 인공지능은 법인 그 자체로 파악될 수도 있다. 자연인인 이사에 의해 대외적인 법률행위를 하여도 이는 목적 수행에 필요한 사무일 뿐, 설립 목적 활동 그 자체는 인공지능에 의하여 수행되어지고, 대내적인 각종 사무처리도 형식상 자연인의 형식을 빌릴 수는 있지만 반드시 필요하지 않을 수 있다.

재단법인은 실체를 가지지 않는 추상적 존재로서 반드시 자연인이 전제되어야만 그 목적을 달성하고 존재의의를 갖지만, 위와 같은 인공지능은 법의 원래 모습과는 전혀 다른 상황이 전개되는 것이다. 다만, 이는 인공지능의 자율성이나 정보처리기술의 고도성과 무결함성을 전제로 한다. 또한, 그 운영에 따른 감시와 감독이 필요할 수 있기 때문에 자연인인 감사를 두는 방식도 가능하며, 유럽에서의 논의처럼 등록에 의한 방식 기타 국가의 감독을 강화하여 보완할 수 있다.

한편, 운동기능이 장착된 로봇의 경우를 포함하여 전산처리장치 기타 화체된 인공지능의 경우에 그 유체성으로 인해 재단법인 제도가 본래 상정하고 있는 추상적 존재와는 거리가 있다고 여겨질 수 있다. 하지만, 재단의 설립 목적이 학술 연구 기타 공익서비스에 있다고 보면, 이를 구현하는 추상적 시스템이 그 본질이지 그 외형체가 장애가 될 것은 아니다. 이것은 대부분의 재단법인이 사무실 기타의 물리적 공간을 통하여 이를 실현하는 현실과 그 본질상 다르지 않다고 여겨질 수 있다. 이와 같은 경우, 인공지능은 출연재산인 물건으로서의 성질을 갖지 않고, 그 자체로 법인격을 인정받을 수 있을 것이다. 또한 이렇게 함으로써 재단 설립 이후 그 공익적 성질과는 별개로 설립자가 여전히 재단을 자신의 소유물로 악용하는 현실도 시정할 수 있을 것으로 생각되어 새로운 사회적 효용성도 가져올 수 있다.

3. 제3의 사람 등

자연인과 법인 이외에 제3의 사람으로 인정하는 방법을 생각해 볼 수 있는데, 유럽 연합이 최근 초고도 로봇에 대하여 전자인(Electronic Person)으로서의 지위를 부여한 것이 가장 대표적인 예이다. 다만, 전자인의 지위를 부여하는데 있어 자연인과 동등한 권리능력이나 법적 지위를 부여하여야 하는지에 대해서는 명확히 해결되지 않았으며, 기술 개발이나 존재 그 자체에 대한 관리나 통제 방식을 포함하여 사회적 가치에 상응하는 제한적인 법적 지위가 무엇인지도 분명하지는 않다.

한편, 인공지능에 대하여 제한적인 법인격을 부여함에 있어 등록관리제도의 확립과 후견제도 등도 논의되고 있다. 등록관리제도는 인공지능의 존재와 상황을 정확히 파악하고 관리·감독하기 위하여 이루어지며, 후견은 친권에 의한 보호를 받지 못하는 미성년자 또는 장애·질병·노령 등으로 인해 사무처리 능력에 도움이 필요한 성인에게 폭넓은 보호와 지원을 제공하기 위한 제도로서, 미성년후견제도와 성년후견제도가 있다.

V. 인정 v. 부정

1. 법인격의 인정 – 전자인(Electronic Person)

인공지능에게 법인격을 부여할지는 각 나라의 법과 정책에 따라 다를 수 있다. 앞에서 살펴본 바와 같이 인공지능에게 자연인이나 법인으로서의 법인격을 부여할 수도 있고, 제3의 사람 또는 그 외의 다른 방법으로 법인격을 인정할 수도 있다. 이는 인공지능 기술개발의 정도나 향후 정책의 변화에 따라 결정될 것으로 보인다. 다만, 최근 유럽연합은 인공지능을 제3의 사람인 전자인으로 하여 법인격을 부여할 수 있음을 보여주었으며, 이하에서는 이에 대해 살펴보도록 한다.

유럽연합은 2012년부터 'RoboLaw Project'로 불리는 정책연구를 시작하여 2014년 로봇기술분야 규율에 관한 가이드라인(E. Palmerini et al., Guidelines on Regulating Robotics, 2014. 9)을 발표하였으며, 유럽의회 산하 법제사법위원회(Committee on Legal Affairs)는 2016년 5월 가이드라인을 토대로 로봇기술 분야에 있어 민사상의 법원칙에 관한 집행위원회 권고 보고서 초안(Draft Report with Recommendations to the Commission on Civil Law Rules on Robotics (2015/2103(INL)), 2016. 5)을 작성하여 유럽의회 본회의에 제출하였으며, 최종적으로 2017년 2월 16일 "로봇기술 분야에 적용될 민사상의 법원칙에 관한 집행위원회 권고 결의안(European Parliament resolution of 16 February 2017 with Recommendations to the Commission on Civil Law Rules on Robotics (2015/2103(INL))"을 채택하였다.[75]

---

75) 이도국, 인공지능(AI)의 민사법적 지위와 책임에 관한 소고, 법학논총 제34집 제4호, 2017, 329-332면; 박종보·김휘홍, 인공지능기술의 발전과 법적 대응방향, 법학논총 제34집 제2호, 2017, 47-52면.

유럽연합 의회는 결의안을 채택하면서 손해배상책임 등을 명확히 규율하기 위하여 초고도화된 자율 로봇(the most sophisticated autonomous robots)에 대하여는 장기적인 관점에서 '전자인'이라는 특별한 법적 지위를 창설할 가능성에 대하여도 고려되어야 한다고 하였다.76) 결의안 기본원칙(General Principle T.)에서는 로봇기술과 관련한 법적·윤리적 규범을 제정하기 위한 다양한 고려사항을 제시하고 있으며, 자기학습 장착된 로봇을 포함하여 로봇의 설계자, 생산자 그리고 이용자를 규율하는 방향으로 다루어져야 한다고 선언하고 있다.

결의안(Liability Z., AA., AC.)에서는 자율성, 인식 능력 그리고 위험성에 주목하고 있으며 로봇의 자율성을 "외부의 영향이나 통제로부터 독립하여 결정하고 이를 외부로 실행하는 능력"이라고 정의하면서, "이는 전적으로 기술적 속성에 관한 것이고 그 수준은 외부환경에 대한 로봇의 대응을 얼마나 고도화된 수준으로 설계하느냐에 달려있다고 설명하고 있는데, 이러한 로봇의 자율성은 현행 법체계상 로봇의 지위의 문제나 그 특성과 함의에 따라 새로운 유형을 창설하여야 하는지에 관한 문제를 불러일으킨다"고 지적하고 있다.

한편, 결의안(General principles concerning the development of robotics and artificial intelligence for civil use 1.)에서는 규율대상을 확정하기 위하여 다양한 형태의 로봇을 통일적으로 정의할 것을 제안하면서 지능로봇(smart robot)77) 특성을 제시하고 있는데, 로봇은 초

---

76) European Parliament, "Robots: Legal Affairs Committee calls for EU−wide rules", News, 12−01−2017. <http://www.europarl.europa.eu/news/en/press−room/20170110IPR57613/robots−legal−affairs−committee−calls−for−eu−wide−rules>.

77) 다만 동 결의안 부속서(ANNEX TO THE RESOLUTION: RECOMMENDATIONS AS TO THE CONTENT OF THE PROPOSAL REQUESTED)에서는 'smart robot'이라는 표현 대신에 'smart autonomous robot'의 통일적인 정의를 확립하여야 한다고 표현하고 있는데, 거의 동일한 의미로 사용하고 있는 것으

연결성을 갖추고 정보를 교환·분석할 수 있어야 하고 자율학습이 가능하며 물리적 형태를 갖추고 있어야 그의 행위를 환경에 적응시킬 수 있어야 하며, 생물학적인 관점에서 생명이 결여되어 있어야 한다고 제시하고 있다.

2. 법인격의 부정

반면, 인공지능에게 법인격을 부여하는 것과 달리 인공지능을 단순히 물건으로만 취급하여 법인격을 전면적으로 부정할 수도 있다. 이러한 견해들은 사실 인공지능에 대한 부정적인 면이 우려되었기 때문이라고 할 수 있다. 인공지능에게 법인격을 부정해야 하는 이유가 부정적인 면 때문만은 아니지만, 그러한 것들이 법정책적 입장에서 법인격 부여 여부의 판단 요소가 될 수는 있기 때문에 이를 검토할 필요가 있다.

인공지능 도입과 관련하여 다음의 우려 사항들이 제기된 바 있다.[78] 첫 번째, 우려 사항은 인공지능이 무례하거나 멍청하다는 것이었다. "홀로코스트(유대인 대학살) 부정, 소수자에 대한 부적절한 발언, 9·11 테러 음모론 등"을 언급했던 마이크로소프트의 테이(Tay) 챗봇 사고를 인용하면서, 인공지능이 나쁜 시스템으로 변질될 수 있고, 이는 브랜드의 이미지와 평판을 나쁘게 할 수 있다고 하였다. 또한, 구글의 인공지능 과학자인 스탠포드 대학 교수 페이-페이가 인공지능이 사람과 지각력 차이가 크다고 한 칼럼을 인용하면서 인공지능이 사람과 아주 다르다고 하였다.

로 보인다.

78) http://www.ciokorea.com/news/37886#csidxdbe7c29096ee186a88cf69f276182a9.

두 번째, 인공지능은 인종과 민족 그리고 사회경제적 편견을 갖고 있다는 우려가 제기되고 있다. 예로써, 인공지능 가상 비서인 알렉사, 시리, 코타나의 목소리는 모두 여자이다. 고객 서비스 소프트웨어 회사인 라이브퍼슨(LivePerson)의 CEO 로브 로카시오는 헬퍼 기술의 성별을 여성으로 지정하였다. 이것은 모두 사회에서 여성에 대하여, 헬퍼이고 수다쟁이이며 보조적인 임무를 수행하고 명령에 잘 복종한다는 편견을 갖고 있기 때문이라고 한다. 그리하여 많은 사람이 인공지능의 이러한 편견을 없애기 위해 여러 연구를 진행하고 있다고 전해진다.

세 번째, 인공지능은 해킹에 악용되거나 치명적인 공격의 가능성을 갖고 있다는 우려가 있다. 인공지능은 컴퓨터 소프트웨어로 이루어진 경우가 대부분이어서 이는 해킹의 직접적 대상이 될 수 있어 악의적인 의도를 가진 사용자에 의한 해킹 가능성이 매우 크다. 또한, 사람을 가장하여 가짜 정보를 유포·확산하거나 드론을 무기로 바꿔 표적화된 공격에 사용할 수도 있다. 옥스퍼드 인간 미래 연구소(FHI)의 펠로우 연구원 마일즈 브런디지는 로이터 인터뷰에서 인공지능이 악의적 용도로 사용되었을 때의 문제에 대한 연구와 문헌이 부족하다고 말했다. 뉴욕 타임스와 기즈모드도 '인공지능의 악의적 사용: 전망과 예방, 경감'이라는 보고서를 다룬 바 있다.

마지막으로 제기된 우려는 사람이 인공지능의 노예가 될 수 있다는 것이었다. 텔사와 스페이스엑스(SpaceX)의 일론 머스크는 사람이 인공지능의 '집고양이'로 전락할 위험이 있다고 경고하였다. 최근, 이스라엘의 역사학자인 노아 하라리는 모든 것을 자동화하는 인공지능이 글로벌 잉여 계층을 만들어낼 수 있다고 하였으며, 사람들이 기계처럼 스스로를 이해하지 못하게 되어 민주주의가 위협받을 수 있다고 하였다.

VI. 검토

인공지능은 기술의 발전에 따라 언젠가 인간과 동일한 지적 능력을 가지고 인간의 자유의지에 버금가는 자율성을 가질 수 있을지 모른다. 그렇다면, 법 정책적으로 인공지능을 독립적인 인격체로 받아들여야만 할 수 있다. 그리고 법인을 인정한 것과 유사하게 인공지능에게 법인격을 인정해야 할 필요성이 인정될 수도 있다. 하지만 윤리적 측면에서 자연인만이 사람으로서 존중받고 로봇과 명확하게 구별되어야 한다면, 인공지능은 단순한 권리의 객체인 물건으로서만 인정되어야 하지 법인격을 부여해서는 안 된다. 또한, 앞에서 살펴본 인공지능이 가져올 부작용도 법인격을 인정하는 데 있어 큰 걸림돌이 될 수도 있다. 생각건대, 인공지능이 법인격을 갖는 인간이 될 수 있는지는 지금이 아닌 향후 기술의 발전과 사회적 상황의 변화에 따라 그 여부가 결정될 수 있을 것으로 보인다.

참고문헌

계승균, "법규범에서 인공지능의 주체성 여부", 법조 2017. 8 (Vol. 724).

김영두, "인공지능과 자유의지", 연세법학회 제60회 학술대회 '인공지능시대
　　의 법적 과제' 자료집 (2017. 2. 18.).

박정기, 동물의 법적 지위에 관한 연구, 법학연구 제51권 부산대학교 법학연
　　구소(2010).

박종보·김휘홍, 인공지능기술의 발전과 법적 대응방향, 법학논총 제34집 제2
　　호, 2017.

양형우, 민법의 세계: 이론과 판례 (제8판), 피앤씨미디어, 2016.

이경규, 인(人) 이외의 존재에 대한 법인격 인정과 인공지능의 법적 지위에
　　관한 소고, 인하대학교 법학연구 제20집 제2호, 2019.

이성웅, "상법상 인공지능기업의 상사적격에 관한 소고"「법조」제728호, 법
　　조협회, 2018.

이도국, 인공지능(AI)의 민사법적 지위와 책임에 관한 소고, 법학논총 제34집
　　제4호, 2017.

이중기, "인공지능을 가진 로봇의 법적 취급: 자율주행자동차 사고의 법적 인
　　식과 책임을 중심으로", 홍익법학 제17권 제3호, 2016.

Anila Srivastava, "Mean, Dangerous, and Uncontrollable Beasts":
　　Mediaeval Animal Trials, 40 Mosaic 127 (2007).

Anna Pervukhin, Deodands: A Study in the Creation of Common Law
　　Rules, 47 Am. J. Legal Hist. 237 (2005).

Barbara Abatino, Giuseppe Dari－Mattiacci &Enrico C. Perotti,
　　Depersonalization of Business in Ancient Rome, 31 O. J. L. S. 365
　　(2011).

Calero－Toledo v. Pearson Yacht Leasing Co., 416 U.S. 663 (1974).

Douglas Lind, Pragmatism and Anthropomorphism: Reconceiving the
　　Doctrine of the Personality of the Ship, 22 U.S.F. Mar. L.J. 39 (2010).

E.P. Evans, The Criminal Prosecution and Capital Punishment of Animals 10 (1906).

F. Patrick Hubbard, "Do Androids Dream?": Personhood and Intelligent Artifacts, 83 Temp. L. Rev. 405 (2011).

Gregory L. Acquaviva & Kevin M. McDonough, How to Win a Krimstock Hearing: Litigating Vehicle Retention Proceedings before New York's Office of Administrative Trials and Hearings, 18 Widener L.J. 23 n.35 (2008).

Jen Girgen, The Historical and Contemporary Prosecution and Punishment of Animals, 9 Animal L. 97 (2003).

John Chipman Gray, The Nature and Sources of the Law §105 (1909).

Lawrence B. Solum, Legal Personhood for Artificial Intelligences, 70 N.C. L. Rev. 1231 (1992).

Oliver Wendell Holmes, Jr., The Common Law 25 (1923).

Susan W. Brenner, Humans and Humans+: Technological Enhancement and Criminal Responsibility, 19 B. U. Sci. & Tech. L. 215 (2013).

Vivian Grosswald Curran, Fear of Formalism: Indications from the Fascist Period in France and Germany of Judicial Methodology's Impact on Substantive Law, 35 Cornell Int'l L.J. 101 (2001−2002).

제7장

인공지능의 법적 권리 - 지식재산

I. 문제의 소재

1. 인공지능의 창작

화학 합성의 인공지능 프로그램은 화학계에 축적된 합성법과 화학 반응을 학습하여 스스로 화학적 합성 모델을 만들고 짧은 시간에 적절한 화합물 합성법을 만들어 신약이나 항생제 개발 등에 활용되었다. 특정 신약개발 인공지능은 에볼라 바이러스 신약 물질 후보를 하루 만에 발견하기도 하였다고 한다. 또한, 다른 인공지능 프로그램은 스스로 유전자 알고리즘을 이용해 새로운 기계제어 기술을 개발하거나 새로운 요리법을 창안하기도 하였다.[79]

인공지능은 위와 같이 기술을 개발하는 것 외에 저작물을 창작하기도 한다. 특정 인공지능은 안면인식과 3D 프린팅 기술을 결합하여 The Next Rembrandt 작품을 만들어냈으며,[80] 또 다른 인공지능은 빈센트 반 고흐 등 유명 화가의 화풍을 재현하기도 하였다. 인공

---

79) https://news.joins.com/article/20897541 참조.
80) http://www.itworld.co.kr/news/98720 참조.

지능은 제품 로고를 스스로 디자인하기도 하였다. 인공지능은 그림만이 아니라 음악도 만들어냈으며, 한 대학의 인공지능은 단독으로 또는 합작하여 작곡하거나 노래를 제작하기도 하였다. 더 나아가, 인공지능은 언론기사를 작성하거나 플래시 픽션(Flash Fiction)[81]을 작성하기도 하였다.

2. 인공지능의 지식재산

위와 같이 인공지능은 기술과 예술 작품을 만들어낸다. 인공지능은 학습을 통하여 지식을 습득하고 사람처럼 자율적으로 행동할 수 있기 때문에 위와 같은 기술이나 예술 작품을 스스로 만들 수 있다. 이와 같은 것들을 만드는 행위는 창작행위이고, 이는 사실행위에 해당한다. 법인은 사실행위를 할 수 없고 법률행위만을 할 수 있지만, 인공지능은 법률행위를 할 수 있는지는 앞에서 살펴본 것처럼 입법 정책적으로 결정될 수 있지만, 사실행위를 하는 데에는 별다른 문제가 없다.

지식재산법은 지식재산의 일종인 발명과 저작을 창작한 자에게 일정한 권리를 부여하도록 하고 있다. 그렇다면, 인공지능이 실질적으로 창작행위를 통해 발명품이나 저작물을 만들어내고 있는데 이에 대하여 특허권이나 저작권과 같은 지식재산권을 부여할 수 있을까? 인공지능이 컴퓨터나 악기와 같은 창작의 도구로서 또는 플랫폼으로서 이용되는 경우에는 지식재산권이 부여될 수 없을 것이다. 예로써, 사람이 직접적으로 가이드하거나 도움을 주거나 입력값을 지정하는 경우, 사람은 최종 버전을 정확하게 예측할 수 없으나 인간이 창작

---

81) 플래시 픽션은 극히 분량이 짧은 단편소설을 지칭한다.

에 직접적인 기여를 하였고 그 모습도 예측할 수 있으므로 그 사람이 결과물에 대한 법적 권리를 갖게 된다.

하지만, 인공지능이 스스로 그리고 단독으로 창작물을 만들어내는 경우, 즉 창작 과정에서 독립적 행위자인 인공지능에게는 사람이 관여하지 않기 때문에 그 결과물에 대한 권리를 누구에게 부여하는지가 문제 될 수 있다. 예로써, 알려진 형태 없이 섬유에 불규칙한 모양을 무작위로 생산하는 천을 짜는 공정은 인간의 창작이 아니다. 무작위성은 인공지능 기기의 인간 프로그래머를 보호할 수 없게 한다. 그렇다면, 이러한 경우 사람이 아닌 인공지능에 지식재산권을 부여하거나 지식재산권을 아예 인정하지 않을 수밖에 없다.

앞으로 인공지능 프로그램의 수준은 더욱 높아질 것이고, 인간의 개입은 그만큼 덜 요구될 것이다. 이는 순수한 인공지능 창작물의 증가를 의미하며, 이에 대한 권리의 부여 여부가 결정되어야 할 필요성을 말하고 있다.

II. 해외 사례

1. 미국

미국에서 인공지능과 관련된 기본적 방향은 규제보다는 산업의 진흥이다. 그리하여 강한 인공지능의 위험성보다는 현재의 약한 인공지능에 대한 이해를 바탕으로 하고 있으며, 이를 통하여 인공지능 기술 발전에 몰두하고 있다. 미국 정부와 의회는 인공지능을 다룬 일반 법률을 마련하거나 그를 위한 논의를 하고 있지는 않다. 다만, 드론, 자율주행차, 의료 소프트웨어 등 약한 인공지능의 상용화에 따른 특정 장치나 기기의 안전과 통제에 대한 규제 입법만이 이루어지고 있을 뿐이다.

　이러한 미국 정부의 소극적 입장은 인공지능 창작물에 대한 법적 보호에도 동일하게 적용되고 있다. 그리하여 인공지능이 창작해 낸 발명품이나 저작물에 대해서는 인간의 관여가 없는 경우 누구나 사용할 수 있는 공유재산(public domain)으로 할지언정 특허권이나 저작권을 부여하고 있지는 않다. 다만, 최근 인공지능에 의한 빅데이터(big data)가 타인의 저작물을 이용한 경우 저작권 침해가 되는지와 공정이용에 해당하는지를 검토한 바는 있다.

2. 영국

　영국의 저작권, 디자인권 그리고 특허법(CDPA, Copyright, Designs and patents act 1988) 제9조 제3항에 따르면 "컴퓨터에 의해 만들어지는 글, 드라마, 음악, 또는 예술 작품의 경우, 그 작가는 그 작품의 창작에 필요한 업무를 행한 사람이 된다"고 규정되어 있다.[82] 따라서 영국의 지식재산법은 아직 인공지능이 단독으로 만든 저작물을 인식하고 있지는 않으며, 그 창작의 권리는 사람에게 주어질 뿐이다. 컴퓨터에 의해 만들어진 저작물의 보호 기간은 일반적인 저작물과 달리 저작물이 창작된 해로부터 50년간 존속한다.[83]

---

82) CDPA §9(3) ("In the case of a literary, dramatic, musical or artistic work which is computer－generated, the author shall be taken to be the person by whom the arrangements necessary for the creation of the work are undertaken.").

83) CDPA §12(7) ("If the work is computer-generated the above provisions do not apply and copyright expires at the end of the period of 50 years from the end of the calendar year in which the work was made.").

3. 일본

일본은 인공지능에 대하여 많은 관심을 보이며, 이에 대한 보호의 논의가 10년 전부터 지속해서 이루어지고 있다. 지식재산전략본부는 인공지능 창작물의 저작권 보호에 관한 보고서를 발표하기도 하였으며, 보고서의 주요 내용은 인공지능 창작물에 대한 보호가 필요함을 천명하고 있고, 인공지능 이용 형태를 인간의 관여 양태에 따라 나누고 있고, 어느 범위에서 권리를 부여할지를 검토하고 있으며, 보호 기간은 인간의 저작물에 비해 단축되어야 한다고 보고 있으며, 인간에게 미칠 영향을 적게 하도록 등록제도를 정비하는 등의 조치를 제안하고 있다.

4. 중국

중국은 인터넷 플러스 추진을 위한 지도의견, 인터넷 플러스 인공지능 3년 행동실시방안, 차세대 인공지능 발전 계획에 관한 통지 등을 공포하였다. 본 통지는 3단계로 나누어져 있으며, 1단계는 2020년까지 인공지능의 전체적 기술과 응용기술 발전 측면에서 글로벌 수준으로의 도약을 목표로 하고 있고, 2단계는 2025년까지 인공지능의 부분 기술과 응용기술 분야에서 글로벌 선도수준의 도달을 목표로 하고 있으며, 3단계는 2030년까지 인공지능 이론, 기술, 응용 등 총체적 영역에서 글로벌 선도, 세계 인공지능 혁신 중심 국가 완성을 목표로 하고 있다.

Ⅲ. 인공지능의 특허권

1. 발명의 인정

(1) 발명의 성립요건

우리 특허법상 발명은 "자연법칙을 이용한 기술적 사상의 창작으로서 고도한 것"으로 정의된다.[84] 따라서 발명이 되기 위해서는 (1) 자연법칙의 이용, (2) 기술적 사상, (3) 창작성, (4) 고도성 4가지가 구비되어야 한다. 먼저, 발명이 되기 위해서는 자연법칙을 이용한 것이어야 한다. 자연법칙은 자연계에 존재하는 원리나 원칙을 말하며, 이에는 경제법칙, 수학공식, 게임의 규칙 등은 해당하지 않고, 만유인력의 법칙이나 열역학 제3법칙 등이 이에 해당하며, 자연법칙 그 자체나 자연법칙에 위배되는 것은 자연법칙을 이용한 것이 아니다. 다만, 발명자가 해당 자연법칙에 대하여 정확하고 완전한 지식을 가질 필요는 없다.

다음으로, 발명이 되기 위해서는 기술적 사상이어야 한다. 기술은 일정한 목적을 달성하기 위하여 구현되는 구체적 수단을 말한다. 여기서 기술은 객관적이어야 하며, 다른 사람에게 전달할 수 있고, 더 나아가 다른 사람이 그 발명을 실시할 수 있어야 한다. 따라서 발명의 목적을 달성할 수 없는 미완성발명인 경우에는 기술로서 인정될 수 없다. 사상은 아이디어를 의미하기 때문에, 일정한 목적을 달성하기 위한 구체적인 수단을 의미하는 기술에 관한 사상이라 할 수 있다. 발명이 되기 위해서는 또한 새롭게 만들어낸 것, 창작성이 있어야만 한다. 새롭게 만들어낸 것이기 때문에, 특정 물건을 만들 수 있는, 즉 실시 가능한 기술적 사상도 포함된다. 이러한 창작성은 또

---

84) 특허법 제2조 제1호.

한 고도하여야 하며, 고도성은 그 수준이 높다는 것을 의미한다.

(2) 발명 성립의 부정

인공지능이 특정한 물건이나 방법에 대한 아이디어를 만든 경우, 발명의 성립요건 4가지를 만족한다면 발명이 될 수 있다. 예로써, 인공지능이 신약을 만든 경우, 물질을 혼합하여 새로운 물질을 만드는 것은 자연법칙의 이용이 되고, 기술적 사상이 될 수도 있으며, 기존에 없었던 새로운 것을 만든 것인데 그 정도가 높은 것이라면 발명이 성립되는 데에는 아무런 문제가 없다. 따라서 인공지능이 만든 것은 충분히 발명이 될 수 있다. 하지만, 창작은 본래 사람의 지적 활동에 의한 것으로 이해되는 것이기 때문에, 인공지능이 만든 결과물이 창작 행위에 해당되고 이로 인해 발명이 될 수 있는지 여부가 검토될 필요가 있다.

발명의 창작행위는 법률요건을 구성하는 개개의 법률사실 중에서도 사실행위에 속한다. 사실행위는 행위자의 의사표시에 따라 법률이 그 의미를 부여하는 것이 아니라, 그 행위에 의하여 생긴 결과만이 법률에 의해 일정한 의무를 부여받는 행위이다. 사실행위는 의사의 표현을 요구하지 않기 때문에 행위자에게 행위능력이 있을 것을 요구하지 않으며, 미성년자는 피한정후견인 등 행위무능력자나 제한능력자도 사실행위는 할 수 있다. 발명자주의 원칙 하에서, 발명을 하면 특허법상 발명자가 되고, 발명자는 특허권을 원시적으로 취득할 수 있다. 그런데 여기서 발명자주의의 의미는 발명 행위가 정신적, 신체적 활동에 의해 발명 내지 창작물을 만들어 내는 사실행위이기 때문에 오로지 자연인만이 행할 수 있고, 자연인만이 특허권을 원시적으로 취득한다는 의미이다.[85]

발명 행위가 의사표시를 요구하지 않는 사실행위라고 하더라도 인간의 행위를 전제로 하고 있어서 자연인에 한하여 인정되고, 동물이나 법인 더 나아가 대리인에 대해서는 인정되지 않는다. 더욱이, 특허법이나 민법 등의 규정 및 취지를 엄격히 해석하면 인공지능이 행한 발명 행위는 특허를 받기 위한 발명의 요건으로서 창작에 해당한다고 보기 어렵다. 따라서 인공지능이 만들어낸 결과물은 발명으로 볼 수 없다.[86)]

(3) 발명 성립의 긍정

인공지능의 창작을 발명으로 인정할 수 있다는 견해도 또한 존재한다. 특허법은 발명의 정의에서 저작권법과 달리 인간이 창작하도록 요구하고 있지 않기 때문에, 그 주체를 문제 삼고 있지 않다는 것이다. 특허법상 발명의 정의규정에 따를 때, 자연법칙을 이용한 기술적 사상의 창작이면 발명이 성립하고 여기서의 창작은 인간의 직접적인 창작에 한정되지 않고, 인간의 행위에 기초한 인공지능의 창작행위로 확대될 수 있는 것으로 해석한다면 인공지능의 발명이 인정될 수 있다.

비록, 발명이 인간을 전제로 하여 만들어진 개념이기는 하지만, 창작이라는 사실행위는 그 결과에 방점을 두는 것이기 때문에 결과물이 가치가 있다면 그것을 누가 했는지는 중요하지 않다. 더욱이 인간과 유사하거나 동일한 능력을 갖는 것이 창작을 한 경우 발명이 아니라고 하기는 어려울 것이다. 또한, 특허제도의 본질을 발명에 대한 보상이 아니라 산업발전을 위한 것으로 보는 경우, 인공지능의 결과물이 산업발전에 도움이 된다면 발명으로 인정하지 않을 이유가 없을 것이다.

---

85) 특허청, 인공지능(AI) 분야 산업재산권 이슈 발굴 및 연구, 2016. 12, 48면.
86) 특허청, 위의 글, 48면.

다만, 인공지능의 발명을 인정하는 경우에도 인간의 창작행위를 전제로 하고 있기 때문에 그 적용에는 한계가 있다고 한다. 그리하여 일부에서는 특허법의 개정을 통해 발명의 범위에 포함시키거나 영국의 CDPA를 참고하여 기계발명이라는 개념을 도입하는 것도 검토할 만하다고 한다.[87]

2. 발명자 인정

특허법 제33조의 '특허를 받을 수 있는 자' 규정에 따르면, 특허를 받을 수 있는 자는 발명을 한 사람 또는 그 승계인이고, 이는 발명자를 발명을 한 사람으로 정의할 수 있게 한다. 또한, 발명진흥법은 직무발명을 정의하고 있는데 여기서 발명자들로서 종업원, 법인의 임원 또는 공무원을 제시하고 있다.[88] 이러한 법 규정을 볼 때, 발명자는 사람으로서 자연인만을 인정하는 것이라 볼 수 있다.

법인에 대해서는 발명자가 될 수 없다고 보고 있으며, 이는 법인이 사실행위를 할 수 없음에 비추어 어찌 보면 당연하다 할 것이다. 특허법원은 발명을 한 자에 법인이 해당하는지에 대하여 다음과 같이 판단한 바 있다: "특허법 제2조 제1호에서는 '발명이라 함은 자연법칙을 이용한 기술적 사상의 창작으로서 고도한 것을 말한다'고 정의하고 있고, 같은 법 제39조 제1, 2항에서는 종업원등의 직무발명에 관하여 규정함에 있어서 종업원등을 발명자로 보면서 사용자등

---

87) 특허청, 앞의 글(주 82), 54면.
88) 발명진흥법 제2조 제2호 ("직무발명"이란 종업원, 법인의 임원 또는 공무원 (이하 "종업원등"이라 한다)이 그 직무에 관하여 발명한 것이 성질상 사용자·법인 또는 국가나 지방자치단체(이하 "사용자등"이라 한다)의 업무 범위에 속하고 그 발명을 하게 된 행위가 종업원등의 현재 또는 과거의 직무에 속하는 발명을 말한다.).

을 발명자로 인정하지 않고 있는바, 위와 같은 발명의 정의와 직무발명에 관한 규정 취지에 비추어 볼 때, 특허법 제33조 제1항에서 규정하고 있는 '발명을 한 자'는 창작행위에 현실로 가담한 자연인만을 가리킨다고 할 것"이다.[89]

그렇다면, 인공지능은 발명자로 인정될 수 있는가? 물론 이 문제는 발명자에게 원시적으로 특허 받을 수 있는 권리를 부여하는 발명자주의 원칙상 인공지능이 법인격을 가질 수 있는지 그리고 인공지능의 창작이 발명이 될 수 있는지 여부에 따라 결정될 수도 있다. 반면, 현행법을 문자 그대로 해석하면 인공지능을 발명자로 인정할 수 없기 때문에 명시적인 보완이 없는 한 현행법 하에서는 인공지능이 발명자로 될 수 없다는 견해도 있다.

3. 침해 책임과 그 구제

(1) 침해 책임

특허의 침해는 권원 없이 유효하게 존속하고 있는 타인의 특허를 실시하는 것을 말한다. 오늘날 특허는 대부분 완전히 새롭다기보다는 기존의 발명을 이용하기 때문에, 기존의 특허를 침해할 수 있는 위험성이 항상 존재한다. 특허가 침해되는 경우 이에 대한 민사적 구제조치로 침해금지청구와 손해배상청구를 할 수 있으며, 형사적 구제조치로서 침해죄로 고소할 수 있다. 특히, 특허침해에 대한 구제의 핵심은 손해배상청구이며, 손해배상을 청구할 수 있으려면 행위자의 유책행위, 즉 고의나 과실이 필요하다.

인공지능에 의해서도 타인의 특허권이 침해될 수 있으며, 이 경

---

89) 특허법원 2003. 7. 11. 선고 2002허4811 판결.

우 특허침해에 대한 책임의 문제가 제기될 수 있다. 인공지능이 사람에 의해 만들어지거나 작용되어 특허침해가 발생한 경우에는 사람에 의한 침해 책임이 문제될 수 있기 때문에 인공지능의 책임 문제가 발생하지 않을 것이다. 이 경우에는 그 사람을 상대로 하여 민사상 손해배상청구나 형사상 침해죄에 의한 고소가 가능할 것이고, 특허법 제126조 제2항에 의해 인공지능은 침해행위를 조성한 물건에 해당하는 경우 폐기될 수 있다.

실질적인 문제는 사람의 관여가 없이 인공지능이 특허를 침해했을 경우이다. 즉, 인공지능이 스스로 타인의 특허를 이용하여 새로운 창작을 하거나 제품을 생산 또는 판매하는 경우이다. 이 경우 인공지능의 제작자에게 책임을 묻기는 어려울 것이며, 운영자도 없는 경우에는 인공지능에게 그 책임을 물을 수밖에 없다. 사실, 사람의 행위에 의한 침해를 전제로 하여 규정된 현행법의 구제수단이 인공지능에 의한 침해에 대해 동일하게 적용될 수 있을까? 즉 인공지능 자체가 책임의 주체가 될 수 있을까?

(2) 민사적 구제

가. 침해금지청구

특허권자 또는 전용실시권자는 자기의 권리를 침해한 자 또는 침해할 우려가 있는 자에 대하여 그 침해의 금지 또는 예방을 청구할 수 있다.[90] 따라서 특허법상 침해금지청구 또는 예방청구는 특허를 침해한 자 또는 침해할 우려가 있는 자에게 청구할 수 있는데, 그렇다면 인공지능이 침해하거나 침해할 우려가 있는 경우 침해금지나 예방을 청구할 수 있을까? 만일, 침해금지를 청구한다면 누구를 상대

---

90) 특허법 제126조 제1항.

로 해야 하는지도 문제가 될 수 있다.

침해금지 청구는 다른 민사적 구제인 손해배상청구와 달리 행위자의 고의나 과실과 같은 유책성이 요구되지 않고, 침해 행위 자체가 존재하는 지만을 묻는다. 또한, 이는 그 침해에 대한 책임을 묻기 보다는 그 침해를 중지시키는데 그 의의가 있다 할 것이다. 따라서 인공지능에 의한 침해도 역시 그 금지에 대한 실익이 있는 것이어서 침해금지청구를 인정해야 할 것이다. 다만, 그 상대방은 법인격이 인정되거나 실질적으로 인간과 동일하게 행위한다고 인정되지 않는 한, 인공지능을 직접 상대방으로 하기는 어려울 것으로 보이고, 그 침해행위로 인해 이익을 얻는 자가 되어야 할 것이다.

나. 손해배상청구

인공지능이 타인의 특허권을 침해하는 경우 특허권자는 민사적 구제수단으로서 손해배상을 청구할 수 있다. 특허의 침해는 불법행위에 해당하며, 민법 제750조의 불법행위에 해당하여 이에 대한 손해를 청구할 수 있다. 특허 침해에 대한 손해배상을 청구하는 경우 침해자의 유책성이 존재하여야만 하며, 이에는 고의 또는 과실이 있다. 다만, 특허법은 과실추정 조항을 두고 있어 특허권자의 이익을 두텁게 보호하고 있다.[91] 또한, 민법에서는 인간이 아닌 동물이나 물건들에 의해 불법행위가 이루어지는 경우 발생한 손해에 대해 어떻게 다루어져야 하는지를 결정하고 있다.

인공지능이 타인의 특허를 침해한 경우 손해가 발생하고 이에 대한 책임을 인공지능이 직접 책임을 지는 것은 아직까지 어렵기 때문에, 민법상의 공작물 점유자 또는 소유자의 책임, 동물점유자의 책임 등에 의해 손해배상 책임 문제를 다룰 수 있을 것이다. 인공물이

---

91) 특허법 제130조.

나 공작물인 경우 공작물의 하자와 그에 대한 감독·관리 책임을 지울 수 있다. 또한, 소프트웨어 인공지능의 결함으로 인해 발생한 사고로 인해 손해가 발생한 경우 인공지능을 제조물로 보아 제조물책임법을 적용할 수도 있다. 최근, 인공지능의 특허침해에 대한 손해배상청구에 무과실책임과 법정손해배상 규정의 도입을 검토해야 한다는 의견이 많이 나오고 있다.

(3) 형사적 구제

특허를 침해한 자에 대하여 특허권자는 고소할 수 있으며, 그 침해자는 7년 이하의 징역 또는 1억원 이하의 벌금을 내야 한다.[92] 특허 침해죄가 성립하기 위해서는 민사적 구제와는 달리 침해 행위자의 고의가 요구된다. 침해죄는 죄형법정주의에 따라 확장해석이나 유추해석 등이 금지된다. 인공지능에 의한 특허침해가 발생한 경우 인공지능의 고의가 있는지를 현재 상황에서 인정하기는 어려울 것으로 보이며, 그 제작자나 소유자의 의도를 파악하여 이를 결정하는 것이 타당할 것이다. 최근, 특허침해에 대한 형사적 구제에 대한 회의적인 태도를 볼 때, 형사적 구제에 대한 논의의 실익은 크지 않을 것으로 보인다.

4. 직무발명

발명진흥법에 따르면 "직무발명"은 종업원, 법인의 임원 또는 공무원(이하 "종업원등"이라 한다)이 그 직무에 관하여 발명한 것이 성질상 사용자·법인 또는 국가나 지방자치단체(이하 "사용자등"이라 한

---

92) 특허법 제225조 제1항.

다)의 업무 범위에 속하고 그 발명을 하게 된 행위가 종업원등의 현재 또는 과거의 직무에 속하는 발명을 말한다고 규정하고 있다.[93] 인공지능의 제작자나 운영자가 지시를 하고 인공지능이 결과물을 만드는 형태는 직무발명과 유사한 구조라 할 수 있다. 사용자 등이 존재하고 인공지능을 통해 구체적인 결과물이 만들어지는 경우 발명진흥법에 따른 직무발명이 성립할 수 있을지 더 나아가, 그 법적 효력이 인공지능에도 그대로 적용될 수 있을지가 문제될 수 있다.

먼저, 직무발명에 해당할 수 있는지를 검토해 보면, 인공지능이 종업원 등에 해당하여야 하는데, 법문을 그대로 해석하면 종업원, 임원 또는 공무원인 사람으로 한정하고 있어 종업원 등에 해당한다고 보기는 어려울 것이다. 직무발명에서 요구하는 사용자와 종업원의 관계, 즉 고용관계에 대해서도 사람을 전제로 하는 것이어서 다소 무리가 있다. 하지만, 직무에 속하느냐의 문제에 대해서는 인공지능의 능력을 고려해볼 때 그 범위가 넓어 많은 경우 문제가 되지 않을 것이다. 따라서 인공지능의 발명이 직무발명에 해당할 수 있느냐의 문제는 다소 부정적일 것으로 보인다. 다만, 이들은 인공지능의 법인격 문제 등 법 정책적인 문제가 해결된다면 그 결과는 충분히 달라질 수 있을 것이다.

다음으로, 인공지능의 발명에 직무발명의 효과들이 적용될 수 있는지의 문제인데, 주로 권리의 귀속 주체와 보상금에 대한 문제가 될 것이다. 권리귀속의 주체는 인공지능이 스스로 발명을 한 경우 직무발명인 경우에도 인공지능에게 원시적으로 귀속하기 때문에 인공지능이 되고, 이를 인공지능의 소유자나 운영자 등이 양수받을 수 있게 할 수 있을 것이다. 그리고 보상금청구권에 대해서는 인공지능의 법적 권리가 인정되는 경우에 이를 인정할 수 있을 것이다.

---

93) 발명진흥법 제2조 제2호.

Ⅳ. 인공지능의 저작권

1. 인공지능과 저작권

(1) 인공지능의 저작물

기술의 혁신들은 사회의 모습을 급격하게 변화시키고 있으며, 이는 저작권 분야에도 그대로 영향을 미치고 있어 저작권 환경의 모습이 많이 변화되었다. 그러한 변화는 저작권 분야에 수많은 분쟁과 갈등을 발생시켰다. 예로써, 음악 기기의 변화는 곧 저작권 분쟁의 역사인데, 카세트 테이프, CD, MP3, 스트리밍이 만들어져 사회에 나왔을 때마다 크고 작은 소송들이 끊이질 않았다. 이러한 문제들을 해결하기 위해 각 나라는 저작권법을 현실에 맞게 개정하거나 새로운 정책들을 수립해왔다.

특히, 현대 컴퓨터의 속도와 능력의 빠른 성장은 혁신에서 중요한 위치를 차지하고 그 영향 또한 대단히 넓다고 할 수 있다. 그중에서 대표적인 것이 인공지능이며, 자동운행 자동차, 창작 기기, 학습 알고리즘들은 인공지능의 혜택과 필요성을 알게 하였고, 점차 확대될 것이 예상되고 있다. 스페인 말라가 대학의 작곡하는 인공지능 라무스나 구글의 그림 그리는 인공지능 딥드림 등 스스로 창작물을 생성하는 인공지능이 대표적인 예이다. 그런데, 이러한 인공지능의 창작물과 관련하여 저작권 문제들, 즉 누가 저작자이고 누구에게 권리가 귀속되어야 하는지의 문제들 또한 제기되고 있다.

인공지능은 크게 인간 저자의 도구로서 그 역할을 할 수도 있고, 창작 과정의 독립적 행위자가 될 수도 있다. 먼저, 인간 저자의 도구인 인공지능은 유형의 형태로 아이디어를 표현하기 위해 작가에 의해 채용된 도구라고 할 수 있으며, 인간의 직접적 가이드, 도움 또는 입력이 있는 경우를 말한다. 예로써, 그림의 색깔, 브러쉬 크기, 스트로크 크기 등을 인간이 직접 정하는 것이다. 이 경우에는 작가가 최종 버전을 정확하게 예측할 수 없으나 인간이 창작에 직접적인 기여를 하였고, 그 모습도 예측할 수 있어, 인간은 결과물에 대하여 법적 권리를 주장할 수 있다.

다음으로, 창작과정에서 독립적 행위자인 인공지능은 작품을 그 자신에 의해 자동적으로 생산하는 경우를 말한다. 예로써, 알려진 형태 없이 섬유에 불규칙한 모양을 무작위로 생산하는 천을 짜는 공정이 있으며, 무작위성은 인공지능 기기의 인간 프로그래머를 보호할 수 없다고 한다. 미국의 경우 자동으로 작품을 생산할 수 있게 하는 컴퓨터 프로그램은 인간의 결과이기 때문에, 소스코드가 어문저작물로서 보호되지만, 그러한 컴퓨터 프로그램에 의해 만들어진 작품은 인간의 직접적인 관여가 없기 때문에 저작권으로 보호될 수 없다고 한다.

(2) 인공지능 저작권의 인정

우리 저작권법에 따르면, "저작물"은 "인간의 사상과 감정을 표현한 창작물"이라고 정의되어 있다.[94] 미국 저작권청 개요서에 따르면 인간의 창작적 입력이나 개입 없이 무작위로 또는 자동적으로 작동하는 기기나 단순한 기기적 공정에 의해 만들어진 작품이나 독립적 행위자로서 인공지능이 만든 창작물은 저작권법에 의해 보호 되지 않고, 공공의 재산(public domain)이 된다고 한다.

인공지능 프로그램의 수준은 앞으로 더욱 높아질 것이고, 이에 따라 인간의 개입은 점차 덜 요구될 것이지만, 위의 입장에 따르면

---

94) 저작권법 제2조.

저작권 보호가 되지 않는 저작물이 점차 증가될 것은 뻔한 일이다. 이러한 현상은 인공지능이 더 개발될수록 더 그러할 것이다. 그렇다면, 인공지능을 개발하는 프로그래머들은 그 창작에 상당한 양의 돈과 시간을 투자하였음에도 불구하고 저작권 보호나 경제적 혜택을 향유할 수 없게 된다. 이것은 곧 인공지능 연구에 대해 투자를 하지 않고, 그로 인해 혁신을 제한하여 인공지능의 감소와 관련 분야의 혁신을 저해할 것이다.

인공지능의 저작권을 거부하는 것은 새로운 인공지능 프로그램들을 만드는 인센티브를 감소시키는 것일 뿐만 아니라, 인공지능에 의한 저작물의 수를 감소시키고, 그만큼 공공의 재산도 많아질 수 없음을 의미한다. 이는 공정이용 하에서 사용할 수 있는 저작물도 감소하는 것을 의미하는 것이어서 저작권 산업의 전체적 분야에 악영향을 끼칠 수 있다. 따라서 저작권자의 법적 상태와 인공지능 개발자들의 인센티브에 대한 필요 둘 다를 고려하여 인공지능의 저작권 부여 여부를 검토해야 할 필요가 있다.

(3) 해결 방향

최근 우리나라를 포함한 미국과 일본 등 세계 각국은 인공지능의 저작권 부여에 대한 문제를 논의하고 있다. 우선 미국에서는 업무상 저작물(works made for hire)로서 그 해결을 도모하고 있다. 업무상 저작물은 앞에서 살펴본 특허의 직무발명과 유사한 것으로 고용의 범위 내에서 종업원에 의해 준비되고 당사자들이 업무상 저작물임을 분명히 한 경우 구체적으로 명령되거나 주문된 작품의 저작권은 고용주가 갖게 된다. 인공지능의 프로그래머, 소유자 또는 최종 사용자가 저작권 귀속 과정에 대한 전체적인 사회적 혜택을 고려함으로써 고용주로서 저작권을 갖는 것으로 한다. 저작권 양도의 궁극적 목적과 어떠한 당사자가 가장 많은 기여를 하였는지에 따라 저작권을 누가 갖는지가 결정되어야 한다. 저작권의 보호 기간은 공표 후 95년 또는 창작일로부터 120년으로 하여 자연인에 대한 저작권의 보호 기간보다 짧다.

다음으로, 일본의 경우에는 인공지능에 저작권을 인정하는 정책을 선택하였다. 일본의 지식재산전략본부는 2016년 5월 9일 그동안의 검토를 바탕으로 2016년 지식재산추진계획을 결정하였다. 여기서 지식재산전략본부는 인공지능 창작에 대한 투자나 이용을 촉진하기 위해 투자 회수 등 관여자에 대한 인센티브를 보장하여야 한다고 하였으며, 이를 위해 인공지능 창작물의 경우에도 저작권을 인정할 필요가 있다고 하였다. 인공지능 저작물이 인간의 창작물과 외견상 구분하기 어려운 수준에 도달할 경우, 인간의 창작물과 동일하게 취급되어야 하는지의 문제가 발생할 수 있는데, 일본은 보호 기간 등을 보다 제한적으로 부여하는 등 차별을 두는 것으로 결정하였다.

우리나라는 일본의 경우처럼 제한적인 저작권을 부여하는 의견이 많은 것으로 보인다. 인공지능은 다양한 창작물을 인간보다 훨씬 빠른 속도로 제작할 수 있어 사람과 동일한 수준의 보호를 하는 것은 타당하지 않기 때문에 약한 저작권 보호(thin copyright protection)를 기준으로 해야 한다고 한다. 그렇지 않으면 인간 창작자의 자리가 너무 좁아질 것을 우려하고 있는 것 같다. 그리하여, 침해의 판단은 '실질적 유사성'에서 '현저한 유사성'으로 좀 더 낮추고, 인공지능 작품을 거의 그대로 베끼는 경우에만 침해를 물을 수 있다고 본다. 인공지능 저작권 침해 시 처벌은 없이 보상금만 가능하도록 하고 일정 대가 지급 시 누구나 이용할 수 있도록 한다. 인공지능의 보호 기간을 데이터베이스 제작자의 보호 기간인 5년으로 하자는 견해도 존재한다.95)

2. 개정사항의 검토

(1) 저작물의 개념

인공지능에게 저작권을 부여하기 위해서는 저작물의 정의 규정이 검토되어야 한다. 저작물이 인간의 사상과 감정을 표현한 창작물이라고 정의하고 있는 한,[96] 인공지능이 만든 작품은 저작물이 될 수 없다. 따라서 인공지능의 창작물이 저작물에 포함될 수 있도록 해야 하는데, 창작물의 주체를 인간을 넘어 더 넓게 할 수도 있고, 인공지능만을 그 주체로 별도로 넣어 인공지능 저작물을 인정할 수도 있다. 이 경우 인공지능 저작물의 정의 규정을 별도로 도입하여 별도의 저작권을 인정할 수 있을 것이다.

(2) 권리발생 요건

저작권의 발생은 베른 협약상의 무방식주의에 따라 저작물의 창작이 완료되는 경우 어떠한 절차나 형식을 필요로 하지 않는다. 그런데, 인공지능에 의하여 창작물이 만들어지는 경우 인간이 만든 창작물과는 달리 그 창작의 양이나 속도면에서 차이가 나고 인간의 창작물과 동일시 할 수는 없기 때문에 별도의 관리가 필요하다. 그러한 이유로 최근 인공지능에 대해서는 무방식주의가 아닌 방식주의가 도입되어야 한다는 의견들이 제시되고 있다. 다른 지식재산과 같이 심사를 통해 그 등록여부를 판단하여 권리를 부여하는 것이다. 예로써, 방송 포맷은 저작권법상 보호될 수 없는데, 네덜란드에서는 방송 포맷을 등록하도록 하여 저작권 보호를 부여하고 있다.

---

95) 손승우, 인공지능 창작물의 저작권 보호, 정보법학 Vol. 20, No. 3 (2017), 105면.
96) 저작권법 제2조 제1호.

(3) 권리 주체

권리의 주체로서 인공지능을 인정하느냐 여부도 저작권법 개정의 검토 대상이 될 수 있다. 약한 인공지능의 경우에는 인공지능이 아닌 그 제작자, 소유자, 운영자가 저작자가 될 수 있으므로 문제가 없으나, 강한 인공지능의 경우에는 더는 공유재산으로만 인정할 수는 없기 때문에, 이에 관한 법 정책적 결단이 필요하다. 이와 더불어 인공지능과 인간이 함께 창작물을 만드는 경우 공동저작물의 문제나 업무상 저작물의 문제도 발생할 수 있다. 특히, 업무상 저작물은 미국의 경우에서처럼 인공지능과 인간의 근로관계를 인정할 수 있느냐 여부가 핵심적인 문제가 될 것이다.

(4) 권리 범위

저작자는 원시적으로 저작인격권과 저작재산권을 갖는다. 따라서 저작자는 저작인격권으로서 공표권, 성명표시권, 동일성유지권을 가지며, 저작재산권으로서 복제권, 공연권, 공중송신권, 전시권, 배포권, 대여권, 2차적저작물작성권을 갖는다. 특히, 인격권은 재산권과 달리 저작자가 저작물을 통해서 가지고 있는 인격적인 이익을 보호하기 위한 권리이고, 인격적 이익의 보호이기 때문에 이를 양도나 상속 등의 이전을 할 수 없다. 그렇다면, 인공지능이 창작물을 만든 경우 저작인격권과 저작재산권 모두를 가질 수 있을지가 문제된다. 법인도 저작인격권을 가질 수 있는 것을 고려할 때 인공지능의 저작물에 대해서도 양자 모두 인정될 수 있을 것으로 보인다. 다만, 그 범위에 대해서는 인간에 대하여 부여된 권리들의 것에 비해 제한적일 수 있을 것이다.

(5) 보호 기간

원칙적으로 저작권은 저작자가 생존하는 동안과 사망한 후 70년간 존속한다.[97] 인공지능은 사망할 수 없는 존재이기 때문에 이러한 원칙에 따라 존속기간을 정할 수 없고, 인간과 같은 보호기간을 인정하는 것에 반대하는 견해가 많기 때문에 인공지능에 대해선 특별한 규정이 필요할 것으로 보인다. 이에 대한 대응으로서 무명저작물이나 업무상저작물의 공표시 기산주의를 적용할 수 있을 것으로 보인다. 또한, 보호의 기간에 대해서도 70년의 장기간 보다 짧은 기간이 보다 타당해 보인다.

(6) 침해 판단 기준

저작권의 침해가 성립하기 위해서는 원고가 저작권을 갖고 있고, 피고가 이를 도용하였어야 한다. 복제하는 것을 목격하는 것과 같이 도용에 대한 직접증거가 있는 경우 침해의 판단은 어렵지 않다. 하지만, 대부분의 경우에는 도용의 직접증거가 존재하지 않기 때문에 침해를 추정할 수 있는 간접사실로서 저작권의 침해 여부를 판단해야 한다. 간접사실에는 피고가 원고저작물을 도용할 수 있는 상당한 기회를 가졌다는 의미에서의 접근과 원고와 피고의 저작물간의 실질적 유사성이 있다. 인공지능의 창작물에 대해서도 이와 유사하게 침해의 판단이 적용될 수도 있을 것이다. 하지만, 인간의 저작물에 대하여 더 두터운 보호를 하기 위해서는 실질적 유사성 보다는 현저한 유사성을 인공지능의 저작권 침해 판단의 기준으로 할 수 있다. 현저한 유사성은 실질적 유사성 보다 더 유사해야만 침해가 인정되기 때문에 인공지능의 저작물에는 권리 범위가 좁아지는 것과 같다.

---

97) 저작권법 제39조.

(7) 공정이용의 문제

저작권법은 저작권자의 이익 보호와 이용자의 이익 보호에 대한 균형을 이루기 위해 저작권자의 허락 없이 저작물을 이용할 수 있는 경우들을 마련해 두고 있다. 이것을 저작권의 공정이용이라 하며, 저작권법은 공정이용의 경우를 구체적으로 한정하여 열거하고 있으며, 여기에 더하여 일반조항으로서 저작물의 공정한 이용 여부를 판단하는 기준도 함께 마련해 두고 있다. 이러한 공정이용은 저작물의 이용 활성화라고 하는 저작권법의 양대 목적 중 하나라고 할 수 있다. 인공지능이 저작물을 만든 경우에도 공정이용이 필요하며, 인간의 저작물에 대한 공정이용의 범위보다 다소 넓은 범위가 인정될 것으로 보인다. 특히, 최근 인공지능은 데이터를 수집하는 과정에서 중간복제가 이루어지고 있는데 이것이 공정이용에 해당하는지 여부 그리고 데이터마이닝이 공정이용에 해당하는지 여부 등이 영리와 비영리에 따라 어떻게 판단되어야 하는지가 논의 중에 있다.

(8) 표시 및 등록 제도

앞에서 살펴본 바와 같이, 인공지능 저작물은 인간의 저작물과 동일하게 취급하는 것을 다소 꺼리는 것이 대부분 견해이다. 그리하여 대부분 견해는 인공지능이 만든 저작물에 대해서는 그 표시를 하여 인간의 저작물과 구별할 수 있도록 하자고 한다. 콘텐츠산업진흥법의 표시제도를 참고로 하여 이용자들의 인식을 위해 표시제도가 필요하다고 한다. 또한, 인공지능의 저작물에 대해서는 등록 제도를 도입하여 등록을 할 수 있도록 하고, 허위로 등록을 한 경우에는 처벌을 할 수 있는 규정을 마련하고자 한다.

3. 입법 방안

(1) 목표

   인공지능 저작물에 대한 법 개정의 목표나 방향은 인공지능 창작물과 인간의 권익 보호에 대한 균형이다. 인공지능 기술 개발의 장려를 통해 일반 공중이 이용할 수 있는 저작물이 많아지는 것이 필요하지만, 그것이 인간의 이익을 침해해서는 안 되고 인간의 권위에 도전해서도 안 된다. 앞으로, 인공지능 창작물의 생산은 많아질 수밖에 없기 때문에, 이에 대한 보호를 하지 않을 수 없다. 하지만, 인간의 이익과 권위에 대한 보호를 위해 인간의 저작물과는 다른 보다 제한적인 권리를 부여할 수 있는 적정점을 찾아야 할 것이고, 이를 통해 양자의 이익에 대한 균형을 이루어야 할 것이다.

(2) 방식

   저작권법이 인공지능 저작물을 보호할 수 있는 방법은 크게 저작권법상 특례 조항을 신설하거나, 별도의 특별법을 제정하는 방법 2가지가 있을 수 있다. 먼저, 저작권법상 특례 조항은 컴퓨터 프로그램 특례나 데이터베이스 특례 규정과 같이 인공지능에 대한 특례 조항을 도입하는 것이다. 컴퓨터 프로그램 특례는 보호의 대상, 프로그램 저작재산권의 제한, 프로그램코드 역분석, 정당한 이용자에 의한 보존을 위한 복제, 프로그램의 임치 규정이 마련되어 있다. 인공지능의 특례들은 앞에서 살펴본 바와 같이 인간의 것과 다른 것들이 될 수 있을 것이다.

   다음 방법은 별도의 특별법을 제정하는 것이다. 큰 변경과 그에 따른 혼란이 있을 수 있지만, 콘텐츠 분야와 반도체 분야에서의 선례가 있으며, 현행법 체계를 유지하면서 새로운 권리의 특성에 맞

는 보호기준 등을 비교적 자유롭게 정할 수 있다는 장점도 존재한
다. 예로써, 콘텐츠산업진흥법은 콘텐츠를 5년간 보호하고, 반도체
집적회로의 배치설계에 관한 법률은 반도체칩의 배치설계를 보호하
고 있다.

V. 검토

인공지능이 창작물을 만든 경우, 인간의 개입이 있다면 그 인간
을 발명자나 저작자로 할 수 있다. 이 경우, 인공지능에 의한 지식재
산권의 귀속은 인공지능의 프로그래머, 소유자, 최종 소비자 중에 사
회적 혜택을 고려하여 즉, 사회적 혜택을 가져다준 자를 지식재산권
자로 결정할 수 있다. 하지만 인공지능이 인간의 개입 없이 독자적
으로 창작을 한 경우에는 현행법상 인공지능이 발명자나 저작자로
되기는 어렵다. 그럼에도 불구하고 인공지능의 창작물은 우리 사회
에 많은 혜택을 가져다주기 때문에 이를 보호할 필요가 있다. 다만,
이러한 경우에도 많은 이들은 인간의 창작적 활동과 동일하게 취급
될 수는 없어, 인공지능의 지식재산권은 적정한 보호와 제한이 필요
하다. 생각건대, 인공지능의 법적 권리는 앞의 법적 지위보다는 더욱
넓게 인정하여도 큰 문제는 발생하지 않으리라고 생각되어, 별도의
보호제도를 마련하는 것이 필요하다. 다만, 이 경우 인간의 지식재산
권 보호와 차별화하는 방안이 함께 고려되어야 할 것이다.

참고문헌

특허청, 인공지능(AI) 분야 산업재산권 이슈 발굴 및 연구, 2016. 12.
손승우, 인공지능 창작물의 저작권 보호, 정보법학 Vol. 20, No. 3 (2017).

제8장

인공지능의 법적 책임 - 자율주행차

Ⅰ. 문제의 소재

1. 자율주행차의 정의

자동차관리법은 '자율주행차'를 "운전자 또는 승객의 조작 없이 자동차 스스로 운행이 가능한 자동차"라고 정의하고 있다.[98] 여기서 "조작 없이"를 인간의 개입이 전혀 없는 것으로만 한정하는지 아니면 일부가 없는 경우에도 포함하는지가 문제 될 수 있다. 그런데 인간의 개입 정도에 따라 자율주행차의 인공지능 책임이 결정될 수 있어, 자율주행차는 일부 자율주행 기능을 가진 자동차부터 인간의 개입이 전혀 없는 완전 자율주행 기능을 가진 자동차까지 모두를 포함하는 것으로 해석하는 것이 타당해 보인다.[99]

---

98) 제2조 제1의3호.
99) 김진우, "자율주행에서의 민사책임에 관한 연구", 「강원법학」, 제51권 (2017), 35면.

2. 자율주행차의 구조 및 분류

자율주행차는 센서, 프로세서, 알고리즘, 액추에이터 등으로 구성되어 있다.[100] 센서는 환경에 대한 데이터를 수집하며, 프로세서는 데이터를 처리하며, 알고리즘은 결과를 해석하여 주행에 관한 의사결정을 하며, 액추에이터는 시스템을 움직이거나 제어하는데 사용되는 기계장치로 알고리즘의 분석결과에 따라 자동차를 통제한다.[101]

자율주행차에 대한 법의 적용은 자율주행차의 자율성에 따라 결정될 수 있다. 따라서 자율성의 정도에 대한 기준이 필요하였고, 그에 따라 많은 기관은 그 기준들을 정하여 발표해왔다. 미국 교통연구회의 용어 정의, 미국 도로교통안전청의 기술 수준에 따른 5단계 정의, 유럽 스마트 64 프로젝트에 의한 정의, ISO/TC204에서의 WG14에 의한 자동화 수준의 분류 등이 있었다.

이러한 분류에서도 가장 대표적인 것은 최근 SAE International (교통수단의 기술에 관한 표준화기구)이 마련한 6단계 구분이다. 우리나라 자동차관리법의 자율주행차는 레벨 2의 분류에 해당하였고, 테슬라 S의 자동차 사고는 레벨 2 상태에서 사고가 발생하였고, 구글카는 레벨 3에 해당하였다.

---

100) 정진명, 인공지능 사회를 대비한 민사법적 과제 연구, 2017년도 법무부 연구용역 과제 보고서, 113면.
101) 정진명, 앞의 글(각주 109), 113면.

▼ 표 8-1 SAE International의 6단계 구분

레벨	기능	구체적 내용
0	자율 운전 기능 없음	자율주행기능이 없는 일반적인 자동차
1	운전 지원	핸들 조작과 가속이나 감속 등 운전 중 하나를 자동차가 지원해 줌, 어댑티브 크루즈 컨트롤(ACC)
2	부분 운전 자율화	ACC가 진화한 것, 운전자의 상황 인식이 요구됨
3	조건부 자율주행	본격적인 자율주행, 주위의 상황을 확인하면서 운전, 운전자가 필요하며, 교통량, 날씨, 시야 등 운전이 용이한 조건 필요
4	고도 자율주행	운전자 불요, 교통량과 날씨, 시야 등 운전이 용이한 조건 필요, 주행 환경에 따라 운전할 수 없는 것이 됨
5	완전 자율주행	어떤 조건에서도 자율적으로 자율 주행을 할 수 있음

3. 자율주행차의 책임

현재 자율주행차는 레벨 2의 수준에 있기 때문에 현행법이 적용되는 데에는 아무런 문제가 없다. 하지만 자율주행차의 기술이 레벨 3을 넘어가게 되면 새로운 법적 문제들이 발생할 수 있다.[102] 이에는 자동차의 운행과 관리, 운전자의 면허와 안전운전 등의 규제법제의 문제, 자동차 사고에 대한 민형사상 책임이나 보험 등의 책임법제의 문제, 운행정보의 수집, 분석, 저장, 교환 등 정보법제의 문제 등이 있을 수 있다.[103]

레벨 3 이상의 자율주행차가 상용화되기 시작하면 현재의 법률로서는 앞으로 발생 될 수 있는 상황들을 모두 다룰 수 없다. 특히,

---

102) 권영준·이소은, 자율주행자동차 사고와 민사책임, 민사법학 제75권(2016), 451면.
103) 정진명, 앞의 글(각주 109), 114면.

인간의 개입이 적어지는 높은 레벨의 자율주행차가 사고를 일으켰을 때 책임의 문제는 규제법제의 문제나 정보법제 문제와는 달리 매우 복잡하다. 우리 사회는 운전자와 자율주행차 중 누가 책임을 져야 하는지, 자율주행차가 책임을 질 때 어떻게 져야 하는지 등의 문제에 대해 답을 주어야 한다.

다음의 무인차 딜레마는 자율주행차와 관련된 입법·정책적 결정이 얼마나 어려운지를 잘 보여주는 예라 할 것이다. 자율주행차가 시속 80킬로에서 갑작스럽게 사람 10명을 마주쳤고, 핸들을 돌리면 벽에 부딪히게 되어 운전자가 다치고, 그대로 진행하면 앞의 사람들이 다친다. 이 경우 인공지능은 차에 탄 운전자를 보호해야 할까 아니면 앞의 사람들을 보호해야 할까? 이러한 결정을 사전에 제조사가 한다면 제조사의 설계는 어떻게 이루어져야 하는 것이 타당할까?

II. 자율주행차의 국내외 상황

1. 제네바 도로교통협약의 개정 논의

우리나라, 미국, 일본 등의 국가들은 도로교통에 관한 제네바협약을 비준하고 있으며, 유럽에는 동일한 내용들이 규정되어 있는 비엔나협약의 비준들이 많이 존재하고 있다. 제네바협약 제8조 제1항은 "차량에는 운전자가 있어야 한다"라고 규정하고 있고, 동조 제5항은 "운전자는 항상 차량을 적정하게 조종하여야 한다"고 규정하고 있다. 이는 운전자의 직접 운전을 전제로 하고 있어 우리나라의 도로교통법과 같은 취지라 할 것이다.

제네바협약상 운전자에 의한 제어가 가장 중요한 요소이지만, 이러한 제어와 관련하여 현행 제네바협약의 조문만으로도 해석상 자율주행차를 공도에서 주행하는 것이 가능하다는 견해가 있기도 하다. 그 견해에 따르면 제어는 인간이 어떠한 방법으로든 긴급 시 자율주행에 개입할 수 있도록 설계되어 있으면 비록 운전자가 차량 밖에 존재한다고 하더라도 제어가 가능한 것으로 할 수 있다고 한다. 운전자는 법인이라도 좋고, 자율주행차의 설계, 제조, 조작에 책임을 진 기업이 운전자로 될 수 있다는 논의도 이루어지고 있다. 이러한 해석에 의할 때 자연인인 운전자는 차량 내에 물리적으로 존재하고 있지 않아도 운전자로 인정될 수 있다.

최근에는 레벨 3 이상 기술의 발전에 대한 사회적 이용 가능성을 고려한 협약의 개정이 검토되고 있다. 그 개정의 제안은 제네바협약과 차량에 관한 기술적 규제와의 사이에서 조화를 도모하기 위하여 제네바협약 제8조에 제6항을 추가하는 것이다. 제1문에는 "차량의 운행상태에 영향을 주는 시스템이 차륜을 가진 차량에 적합 가능하고 이용 가능한 부품에 관한 국제적 법 준칙에 따른 설계, 장착 및 이용 조건과 합치하고 있는 경우에는 당해 시스템은 본조 제5항 및 제10조에 합치하는 것으로 본다"라고 되어 있다. 제2문에는 "차량의 운행상태에 영향을 주는 시스템이 국제적 법 준칙에 따른 설계, 장착 및 이용 조건과 합치하고 있지 않지만, 당해 시스템이 운전자에 의해 제어되거나 전원을 단절시킬 수 있는 경우에는 당해 시스템은 본조 제5항 및 제10조에 합치하는 것으로 간주한다"라고 되어 있다.

제1문은 레벨 4 수준까지 도로교통이 허용되는 것과 같은 파격적인 규정이지만, 제2문과 함께 고려해볼 때 현재 자율주행 시스템이 발전되었어도 운전자의 판단을 매개로 하지 않고도 안전하게 운행이 이루어지기는 시기상조라는 인식, 즉 레벨 4의 완전성은 인정되지 않는다는 전제가 내포되어 있다. 따라서 종래의 법제도를 유지하는 것이 필요해 보인다. 비엔나협약도 동일한 논의가 진행되고 있다. 현재 국제법은 레벨 3 이상의 자율주행은 원칙적으로 금지하고 있다고 보아야 하지만, 조만간 허용될 가능성이 크다고 할 수 있다.

2. 미국의 입법적 대응

미국에서는 시험 주행의 임시 면허 부여가 아니라 일반 운전면허를 보유한 자에게도 자율주행차의 운행이 허용되고 있다. 미국에서 자동차의 안전성에 관한 기준을 제정하거나 리콜을 시행하는 것 등은 본래 도로교통안전청(NHTSA)의 권한이나, 운전면허의 부여나 개별 자동차의 등록, 도로교통법규의 제정 등은 각 주의 관할에 속한다. 네바다주는 2011년에, 플로리다와 캘리포니아는 2012년에 자율자율주행차에 관한 법률을 제정하였다. 주 제정법들은 자율주행차의 시험을 포함한 운용도 규정하고 있고, 개발 촉진과 개인 소유의 내용도 포함하고 있다. 또한, 시판차를 개조한 자율주행차의 경우 원래 시판차의 제조업자에 대한 책임을 면책하는 규정을 두고도 있다.

자동운전은 자동화에 대한 과신이나 불신이 존재할 수 있고, 집중력이 부족한 경우 상황인식을 잘 할 수 없어 위험을 발생시킬 수 있다. 그리하여 운전자에 대한 교육이 필요하고 면허제도가 중요한 의미를 갖는다. 네바다주는 자율주행차에 대하여 제조업자 또는 허가를 받은 자율주행기술 인증기관으로부터 부여되는 적합증명서가 있어야만 하고, 운전자는 통상의 운전면허에 특별한 보증 기재를 받아야만 하며, 자율주행차에는 그 취지를 나타내는 표지가 붙어있어야 한다. 또한, 네바다주는 법정 안전조치를 갖추었을 때 테스트의 경우를 제외하고 운전조작자가 물리적으로 차량 내에 존재하지 않아도 된다고 하여 레벨 4의 자율주행차 운행도 예상하여 규정하고 있다.

3. 일본의 입법적 대응

일본은 자율주행차의 사고 책임을 차량의 운전자나 탑승자에게 묻기로 하였다. 이로써 일본의 제조사는 그 책임을 지지 않게 되었다. 일본 정부는 2018년에 '자율주행 관련 제도정비 개요'를 마련하였고, 2019년에 법 개정안을 제출하기로 하였다. 개정안 초안에 따르면, 레벨 3까지의 자율주행차에 대해서는 차량 운전자가 배상 책임을 지게 하여 일반 자동차 사고와 동일하게 적용하도록 하고 있다. 제조사는 시스템에 명백한 결함이 있는 경우에만 책임을 지고, 외부 해킹은 정부가 보상하기로 하였다. 레벨 4나 레벨 5인 경우의 사고는 향후 검토하기로 하였다.[104]

이와 같은 정책은 자율주행차의 제조에 대한 부담을 덜어 관련 산업의 발전을 도모하기로 한 것이다. 하지만, 자율주행차의 운전자에 대한 부담은 많이 증가하게 되었다. 일본 정부는 자율주행차에 대해 책임보험을 의무적으로 가입하도록 하고, 블랙박스 등의 장치 설치를 의무화하기도 하였다. 여기에 전국 주요 도로를 자율주행 난이도에 따라 5단계로 등급화하여 자율주행 환경의 난이도를 구분하기도 하였다.

---

104) 주용석, "자율주행車 사고 땐 운전자 책임… 제조사 손 들어준 日", 한국경제, 2018. 4. 1.일자 <http://news.hankyung.com/article/2018040123831 참조.>.

방침 마련 어려운 항목	
사고 배상 책임	원칙적으로 차량 운전자 책임
차량 주차 시 사고 배상	도난차량과 같은 기준으로 정부가 구제
차량 소유자 의무	운행기록장치 설치, 시스템 업데이트
향후 검토 항목	
사고 형사책임	운전자와 제조사 중 누구 책임인가?
주행조건	저속 운전 한정 도로, 낮 주행 한정 여부
운전자 가능 사항	자율주행 중 스마트폰 사용 가능 여부 등

4. 유럽의 입법적 대응

　　독일은 2017년 5월 법을 개정하여 자율주행차에 블랙박스를 의무적으로 설치하도록 하였고, 사고가 발생할 때 자율주행시스템의 오류가 발견되면 제조사가 책임을 지도록 하였다. 이에 더해, 자율주행 수준과 상관없이 운전자가 주의를 소홀히 한 경우에는 운전자가 책임을 지도록 하였다. 독일은 자동차산업의 발전에 좀 더 무게를 두고 있으나, 자율주행차의 책임은 결국 운전자가 부담하도록 하고 있다.

　　영국은 사고에 따라 제조사와 운전자의 과실 비율을 다르게 정할 수 있도록 하는 방안을 검토하고 있으며, 2021년까지 자율주행차의 상용화를 목표로 하고 있다. 유럽 연합(EU)은 전자 인간의 지위를 부여하였기 때문에, 자율주행차의 사고에 대해서는 제조사가 책임질 가능성이 크다 할 수 있다.

---

105) 니혼게이자이신문, 주용석 앞의 글에서 재인용.

5. 우리나라의 입법적 대응

현행 도로교통법은 레벨 2에서 3 이상의 자율주행차가 도로를 주행할 수 있는지에 대한 명확한 규정을 두고 있지 않지만, 제48조 제1항에서 운전자가 조작해야만 한다고 규정하고 있다.106) 반면, 자동차관리법 제27조는 "자율주행차를 시험·연구 목적으로 운행하려는 자는 허가대상, 고장감지 및 경고장치, 기능해제장치, 운행구역, 운전자 준수 사항 등과 관련하여 국토교통부령으로 정하는 안전운행 요건을 갖추어 국토교통부장관의 임시운행허가를 받아야 한다"라고 규정하면서 임시운행 허가를 받아 운행할 수 있음을 규정하고 있다. 따라서 현행법상 레벨 2에서 3 이상의 자율주행차는 도로 주행이 불가능하다. 또한, 자동차관리법 시행규칙 제26조의2에서는 자율주행차의 안전운행요건으로서 운전자에게 경고하는 장치를 갖추고 운전자가 언제든지 자율주행 기능을 해제할 수 있도록 규정하고 있다.107) 이는 운전자의 탑승을 전제로 하는 것으로 볼 수 있어 도로

---

106) 도로교통법 제48조 제1항 "모든 차 또는 노면전차의 운전자는 차 또는 노면전차의 조향장치와 제동장치, 그 밖의 장치를 정확하게 조작하여야 하며, 도로의 교통상황과 차 또는 노면전차의 구조 및 성능에 따라 다른 사람에게 위험과 장해를 주는 속도나 방법으로 운전하여서는 아니 된다."
107) 자동차관리법 시행규칙 제26조의2(자율주행자동차의 안전운행요건) ① 법 제27조 제1항 단서에서 "국토교통부령으로 정하는 안전운행요건"이란 다음 각 호의 요건을 말한다.
 1. 자율주행기능(운전자 또는 승객의 조작 없이 자동차 스스로 운행하는 기능을 말한다. 이하 이 조에서 같다)을 수행하는 장치에 고장이 발생한 경우 이를 감지하여 운전자에게 경고하는 장치를 갖출 것
 2. 운행 중 언제든지 운전자가 자율주행기능을 해제할 수 있는 장치를 갖출 것
 3. 어린이, 노인 및 장애인 등 교통약자의 보행 안전성 확보를 위하여 자율주행자동차의 운행을 제한할 필요가 있다고 국토교통부장관이 인정하여 고시한 구역에서는 자율주행기능을 사용하여 운행하지 아니할 것
 4. 운행정보를 저장하고 저장된 정보를 확인할 수 있는 장치를 갖출 것

교통법은 레벨 4 이상의 자율주행차는 시험용으로도 허용되지 않는
다고 보아야 한다.

III. 자율주행차의 규제

1. 자율주행차와 운전자

레벨 3은 그 기능이 한계에 이른 경우 운전자가 운전 권한을 복
구해야 한다. 이를 오버라이드(override)라고 하며, 레벨 3의 자율주
행차 시스템은 오버라이드 전에는 레벨 4의 상태일 수 있지만, 오버
라이드 후에는 레벨 1 내지 2의 상태가 될 수 있다. 미국 네바다주
와 개정이 논의되고 있는 제네바협약의 새로운 규정체계는 사람에
의한 오버라이드가 가능하고, 교통안전이 유지되는 한 레벨 3에서의
주행도 적법하다고 보고 있다.

시스템 등 사람 이외의 존재가 차량을 컨트롤하는 상태를 레벨
4 이상의 운전으로 볼 수 있어, 이를 완전자율주행이라고 할 수 있
으며, 그 이하 즉 레벨 3 이하는 일부가 자동화된 지원기술에 의해
이루어진 운전이라 할 수 있다. 레벨 4의 실용화까지 시간이 필요한
현시점에서 레벨 3을 목표로 하는 기술을 이용하면서 관련 기술을
개발할 필요가 있다. 도로, 통신, 자동차 분야와 이를 통합해 성과를
검증하는 테스트 베드를 구축 및 운영하는 스마트 하이웨이 사업이

---

5. 자율주행자동차임을 확인할 수 있는 표지(標識)를 자동차 외부에 부착
   할 것
6. 자율주행기능을 수행하는 장치에 원격으로 접근·침입하는 행위를 방지
   하거나 대응하기 위한 기술이 적용되어 있을 것
7. 그 밖에 자율주행자동차의 안전운행을 위하여 필요한 사항으로서 국토
   교통부장관이 정하여 고시하는 사항

이에 해당하며, 여기에는 차량에 장착된 단말기를 통해 다른 차량 또는 도로에 설치된 인프라와 사고, 지정체 등 도로 상황 정보를 주고받아 교통사고를 예방하는 시스템인 차세대 ITS(C-ITS, Cooperative ITS)도 포함된다.

악천후로 인해 도로의 차선이 자동차의 레이더에 의해 인식 불가능하게 된 경우 운전자에 의한 오버라이드가 필요하게 된다. 이 경우 오버라이드까지 필요한 시간에 대하여 국제적 논의가 계속 중이다. 운전자는 충돌까지의 시간이 4초로 된 시점에서 브레이크 조작을 비로소 시작한다는 조사결과가 나왔기 때문에, 4초 이내에 승객이 운전자가 되어 당해 차량의 안전주행을 계속하는 것을 이론적으로나 기술적으로 상정할 수 있다.

레벨 3 시스템 차량의 공도 주행을 고려하면, 사고는 갑작스럽게 일어나는데 차량에 관한 사고가 임박한 단계에서 주행속도가 매우 낮거나 운전자가 빠른 순발력으로 그에 대응해야만 한다. 따라서 레벨 3의 자율주행차는 특정 지역에서만 이용가치가 높을 수 있다. 고령화 도시, 시골이 적정하지만, 일반 도로에서 일반 차량의 경우 레벨 3의 효용성이 상당히 떨어지게 된다. 또한, 사고 발생 시 그 과실이 운전자에게 있는지 아니면 차량에게 있는지에 대한 다툼도 크게 대두될 것이다.

2. 자율주행차의 운전면허제도

(1) 컴퓨터가 운전자가 될 수 있는가?

미국의 도로교통안전청은 구글사에 대하여 충분한 정보와 근거를 제공하는 것을 전제로 자율주행 소프트웨어를 운전자로 볼 가능성이 있다는 견해를 제시한 바 있다. 이 의견은 도로 주행의 범위 내에서 컴퓨터와 인간을 구별할 필요가 없다는 의견이며, 자율주행차가 사고를 낸 경우의 책임에 대하여 언급한 것이 아니고, 제조사의 배상 책임을 경감시키는 의견을 제시한 것도 아니라는 것에 주의해야 한다.

우리 법에서의 운전자는 교통사고 시의 구호 의무를 비롯하여 컴퓨터는 실행할 수 없는 의무들을 운전자에게 지우기 때문에, 운전자에 컴퓨터를 포함하는 것은 어려워 보인다. 레벨 3 이상의 자율주행차는 사고를 방지하고 안전하게 운전하는 것뿐만 아니라 도로교통법을 준수하고 원활한 교통을 유지할 수 있는 능력이 요구된다. 자율주행차가 도로교통법을 준수하고 안전하게 운행하는 능력에 대해서는 국제법 및 국내법에 따라 일정한 기준이 정해지는 것이며, 그 기준을 충족하지 않는 한 도로 주행은 허용되지 않을 것이다.

(2) 레벨 3의 자율주행차가 상용화될 경우 운전의 허용 범위

자율주행으로 적합한 자동차인지 여부에 대한 허가와는 별도로 운전자는 아무나 가능한지, 즉 운전자가 될 수 있는 자가 누구인지도 문제가 된다. 고령자, 운전이 미숙한 자, 만취자 등이 이익을 볼 수 있는데, 레벨 3은 레벨 4와 달리 긴급 시 운전을 사람이 할 수 있도록 하고 있어 운전면허가 필요하다. 레벨 3의 효용성을 고려하여 자율주행차를 허락하기 위한 법의 정비가 필요하다.

다음으로 운전자의 탑승 여부가 문제된다. 최근 발레파킹처럼 운전자의 간섭 없이 차량이 스스로 알아서 주차하는 것이 보도된 적 있으며, 이와 같은 주차 시에는 자율주행이 허용되는 상황이 발생하게 된다. 레벨 3단계에서는 허용할 수 없지만, 저속 진행이고 차량 가까운 곳에 사람이 있어서 허용될 수도 있다. 제네바협약 취지에 반하지 않는다는 해석도 최근 나오고 있다.

사람이 차량 외의 원격지로부터 디스플레이 화면 등을 통해 모니터링하고 적절한 조작이 가능한 경우라면 레벨 3의 자율주행 형태가 허용될 수 있는지를 논의하고 있는데, 적절한 사고 회피 조치를 할 수 있는 기술이 실현된다면 허용될 수 있는 것으로 보고 있다. 다만, 그러한 조치들이 완벽하게 담보될 수 없다는 문제는 여전히 존재하는 것으로 보인다.

Ⅳ. 자율주행차의 책임

1. 테슬라 자동차(레벨 2)

2016년 5월 7일 플로리다주에서, 오토파일럿 모드로 고속도로를 주행하던 테슬라사 모델 S는 트레일러 적재함에 충돌하였고, 해당 차가 트럭 아래쪽으로 깔려 모델 S의 운전자가 사망하는 사고가 발생하였다. 이는 테슬라 자동차가 2억km의 주행거리를 달성한 후의 첫 사고였다고 한다.

미국 도로교통안전청은 2017년 1월 19일 사고 원인은 사망한 운전자의 전방 주시 의무 위반에 있다고 하면서, 테슬라 자동차 시스템의 결함은 확인되지 않았다고 보고한 후 조사를 중단하였다. 다만 본 보고서는 미국법상의 기준을 위반하지 않은 것을 인정하는 것이고 자율주행기술의 신뢰성을 보장하는 것은 아니었으며, 자율주행차는 인간이 일으키지 않는 사고를 일으킬 수 있다는 문제가 지적되기도 하였다.

사고는 맑은 날 오후 4시 40분에 전망 좋은 직선 도로에서 일어났다. 운전자는 적어도 7초 전에는 트레일러를 알 수 있었기 때문에,

운전자가 전방을 주시하고 있었다면 사고가 발생할 수 없었다. 인간이 피할 수 있는 사고를 테슬라 자동차는 피할 수 없었다. 인간이 일으키는 사고를 감소시키기 위해 자율주행차가 만들어진 것인데, 인간이라면 피할 수 있었던 사고를 자율주행차가 일으킨 것이다.

테슬라 자동차는 전방 감시용 광학카메라와 밀리파 레이더 장치를 장착하고 있었다. 카메라가 작동하지 않은 이유는 강한 햇볕이 트레일러의 하얀 컨테이너에 반사된 것이라고 한다. 하지만 5월 오후 4시 40분 석양 정도에서 앞에 있는 트럭이 눈에 보이지 않는다면 안전상 심각한 문제이고, 눈이 먼 상태이면 즉시 서행 또는 정지해야 하는데 그대로 주행했다는 것은 완전자율주행에 맡길 수 있는 수준이 아님을 의미한다.

또한 인간이라면 경험상 컨테이너 자체를 인식할 수 없다고 하더라도 타이어를 보고 컨테이너를 추정할 수 있었을 것이다. 즉, 보이는 부분으로부터 보이지 않는 부분을 추정할 수 있었다는 것이다. 밀리파 레이더 장치는 화물칸을 표지판으로 오인했을 가능성이 있다고 하였지만, 인간이라면 이동하는 도로 표지판이 없다는 것을 알고 있기 때문에 아래를 뚫고 가려고 판단하지도 않았을 것이고 이러한 상황에서는 일단 감속 또는 정지하고 상황을 확인하도록 판단하는 것이 일반적이다.

인간이라면 보통으로 행하는 행태를 테슬라의 기술은 실현하지 못한 것이며, 학습에 의해 대응능력을 더 갖추어야만 한다. 운전자의 7초 전방 주시 의무 위반과 테슬라 사측의 책임은 별개의 문제이다. 테슬라와 운전자는 다음과 같은 면책에 동의하였다: "오토파일럿 모드로 주행 중 운전자는 항상 안전에 주의하고 위험이 있으면 즉시 운전에 개입할 의무가 있다. 이 의무를 위반한 결과 발생한 사고에 대하여 테슬라는 일체의 책임을 지지 않는다." 이 의무는 다소 모순

이 있으며, 적어도 결함이 있는 경우 업체가 책임을 완전히 면하기는 어려울 것으로 보인다.

2. 구글 자동차(레벨 4 이상)

2016년 2월 14일 구글의 자동 운전 차량은 처음으로 인공지능의 과실에 의한 사고를 냈다. 교차로에서 우회전하기 위해 가장 우측 차선에 들어갔지만 전방에 흙부대가 놓여 길이 막혀 있었기 때문에 정차했고 이것을 피하기 위해 왼쪽으로 방향 전환 할 때 왼쪽 후방에서 직진해 온 버스의 오른쪽 면과 충돌하였다. 여기서 구글의 인공지능은 왼쪽 후방에 대한 주의를 게을리 한 과실이 있었다.

버스회사는 누구에게 버스 수리대금을 청구할 수 있는가? 또한, 만일 무인이었다고 하면 어떻게 해야 할까?

민법에 따르면, "동물의 점유자는 그 동물이 타인에게 가한 손해를 배상할 책임이 있다. 그러나 동물의 종류와 성질에 따라 그 보관에 상당한 주의를 해태하지 아니한 때에는 그러하지 아니하다"라고 규정하고 있다.[108] 이러한 법리에 따를 때, 자율주행차의 센서가 고장임을 알면서 운행을 시킨 소유자는 자동차 소유자의 책임으로 손해배상책임을 질 수 있다. 그러나 사고의 원인이 인공지능 자체에 있는 경우 소유자가 손해배상 책임을 질 가능성은 작아질 수밖에 없을 것이다.

제조사는 과실에 의한 불법행위책임이나 제조물책임을 질 수 있다. 기업이 과실에 의한 불법행위 책임을 지기 위해서는 제조사에게 예견 가능하고 피할 수 있었다는 것을 피해자가 입증해야 한다.

---

108) 민법 제759조 제1항.

그러나 딥러닝으로 경험을 축적한 인공지능의 경우 제조사라고 해도 모든 것을 예견할 수는 없기 때문에, 인공지능이 운전면허 시험에 합격하고 도로 주행 인증을 받은 인공지능인 한, 제조사에게 과실이 인정되기는 쉽지 않을 것이다. 다만, 인공지능이 특정 상황에서 잘못된 판단을 할 것을 알고 기간 내에 리콜이나 프로그램 교체를 하지 않은 경우에는 손해배상 책임을 질 수도 있다.

제조물책임법은 제조물의 결함으로 인하여 발생한 손해에 대하여 제조업자 등이 손해배상책임을 지는 것이다. 소프트웨어 자체가 제조물에 해당되는가는 견해가 나뉘어져 있으며, 자동 운전 차량에 탑재될 정도로 고급 인공지능의 과실이 제조물의 결함이라고 할 수 있을까에 대해서는 앞으로 논의될 여지가 있을 것이다. 실제로 일어난 사고 상황을 재현할 때, 인공지능이 동일하게 잘못된 판단을 하는 경우에는 결함이 있다고 인정해도 좋을 것이다. 제조물책임법은 "제조업자가 해당 제조물을 공급한 당시의 과학, 기술 수준으로는 결함의 존재를 발견할 수 없었다는 사실"을 입증한 경우에는 면책되는 개발 위험의 항변을 인정하고 있다.

3. 운행자 책임과 제조물 책임

레벨 3의 자율주행차가 운행 중 긴급 시 운전자가 제어하지 못하여 사고가 발생한 경우 그 책임을 운전자의 운행상 주의 의무위반으로 발생한 것으로 볼 수 있는가? 자동차 손해배상보장법 제3조는 "자기를 위하여 자동차를 운행하는 자는 그 운행으로 다른 사람을 사망하게 하거나 부상하게 한 경우에는 그 손해를 배상할 책임이 있다"라고 규정하고 있다. 이러한 자동차 운행자의 책임은 과실이 없어도 책임을 지는 무과실책임으로 평가받고 있다.

자동차 자체의 결함으로 인한 사고 발생의 경우에는 제조물책임법에 따라 자동차 제조자가 책임을 져야 하며, 제조자에게도 무과실책임이 인정된다. 자동차 손해배상보장법과 제조물책임법 두 법 규정을 종합적으로 해석하면, 자동차 운행상 발생한 책임에 대하여 자동차 운행자가 무과실 책임을 지고, 자동차 자체적 결함에 따른 책임에 대하여는 자동차 제조자가 무과실 책임을 져야한다. 물론, 우리나라에서 급발진과 같은 기계적 결함으로 인해 발생한 사고에 대해 제조물 책임법에 따라 자동차 제조사가 책임을 진 사례는 거의 없다는 점을 생각할 필요는 있다.

Roberts v. Rich Foods, Inc. 사건[109]은 시스템이 관여된 자동차가 사고를 냈을 때 제조물책임이 문제 될 수 있는가를 다루었다. 원고 로버츠는 소프트웨어의 결함을 주장하며 설계상의 결함을 이유로 교통사고에 대한 손해배상책임을 구하였다. 트레일러 트럭과 충돌하여 손해를 입은 원고는 컴퓨터 제조업자인 Cadec을 상대로 제조물책임을 물었다. 트럭 운전자가 주행 중 컴퓨터에 데이터를 입력하고 있었기 때문에 일어났는데, 데이터의 입력은 트럭 운전자가 세금 신고를 위해 도로의 사용에 대한 기록을 남기기 위해 행한 것이다, 여기에서 설계상의 결함이 문제 된 이유는 만약 위 데이터 입력이 자동적으로 기록되거나 달리는 중에는 입력할 수 없고 정지하고 있을 때만 입력할 수 있도록 컴퓨터를 제조하였다면 이러한 사고가 일어나지 않았다는 점 때문이었다.

1심 법원은 컴퓨터에 결함이 있다는 것이 원고에 의해 증명되어야 하고 컴퓨터에는 결함이 없다고 판단하였다. 항소심은 정지하고 있을 때 입력하도록 제조자가 설계를 변경하는 것이 가능했기 때문에 제조자가 적극적 항변을 주장할 수 없다고 하였다. 대법원도

---

109) 654 A.2d 1365 (N.J. 1995).

정지 중에만 조작할 수 있도록 한다고 하여 컴퓨터의 유용성이 훼손되지 않는다고 한 배심원의 판단은 정당하다고 하였다. 자율주행차는 돌발 상황에서도 사고가 나지 않도록 설계되어야 하고, 사고가발생한 때 제어를 하지 못한 운전자에게 책임을 일방적으로 돌리는것은 타당하지 않다.

4. 책임 귀속의 방향성

레벨 3의 자율주행차가 상용화된 경우 자율주행 중 사고에 대해서는 누가 책임을 져야 하는가? 해킹으로 인한 사고에 대해서는제조사가 책임을 져야 하는가? 일반적인 사고 시에는 운행자가 책임을 진다고 보면서도 구체적인 책임귀속에 대해서는 조금씩 견해가다르다.

이용하는 자가 책임진다는 견해, 원칙적으로 운행자책임을 지지만 향후 자율주행차의 운행이 일반화되면 공동소유 형태가 되고 운행지배력이 약화될 경우 공동운행자의 타인성이 높아진다고 보는 견해, 해당 위험이 발생할 수 있는 개연성과 자율주행차를 이용함으로써 얻게 되는 편익을 형량하여 결정하여야 한다고 보지만 운전자가손해를 배상할 범위는 아주 제한적으로 축소된다고 보는 견해, 승객으로 탑승한 자라면 운행자가 아니지만 운행책임의식을 가지고 탑승한 자는 자동차손해배상보장법상 운행자에 해당한다고 보는 견해 등이 있다.

대리운전의 사례에서 보듯이, 자동차의 소유자 또는 보유자가운행이익을 가지고 있다고 판시하여 운전에 개입하지 않은 자동차의소유자 또는 보유자에게 제도 운행자로서의 책임을 인정하고 있으며, 대리운전과 철저히 시스템에 맡겨진 자율운행차는 다르기 때문에 운전자에게 책임을 지게 하는 것은 문제가 될 수 있다.

자율주행차의 사고를 차량의 제조물책임으로 하지 않고 주의의무 위반을 이유로 운전자의 책임으로 돌린다면 자율주행 모드에서 눈을 떼면 안 된다. 자율주행차라도 운전만 않을 뿐 실제 운전과 동일하고 훨씬 더 긴장 상태에 놓이게 되는 것이다. 자율주행차의 개발에 앞장서는 제조사도 수동 제어하도록 개발되는 것이 낫다고 주장하는 것을 보면 사고에 대하여 운전자가 책임을 져야 한다는 의식이 깔린 것이 사실이다.

레벨 3의 자율주행차가 일반 도로에서 상용화되는 단계에서는 운전자가 고의나 중대한 과실로 낸 사고가 아니라면 제조물책임이 적용될 수 있는 방안을 고려해봐야 할 것이다. 또한, 자율주행차가 일반화된 단계에서 사고가 발생하였다면 그것은 개발 당시 미처 인지하지 못한 사고라 하더라도 설계상의 결함에 더 큰 비중을 둘 수 있는 방안도 함께 고려해보아야 할 것이다.

V. 검토

인간의 개입이 큰 하위 레벨 자율주행차는 현행법에서 모든 것을 규율할 수 있으므로 별다른 문제가 없다. 또한, 인간이 개입할 수 있는 중위 레벨 자율주행차도 인간의 오버라이드 시간에 따라 그 책임이 결정될 수 있지만, 인간의 관여가 일정 수준 이상이기 때문에 그에 대한 법적 문제도 어느 정도 해결할 수 있다. 일례로, 미국은 자율주행차의 주행이 인정되는 경우에도 1. 시스템 장애 등 긴급 시에 운전을 대신할 운전면허를 보유하는 자의 동승 의무, 2. 제3의 기관에 의한 차량의 안전시험과 인증, 3. 성능, 안전성, 이용 상황의 정기적 보고의무, 4. 개인정보의 보호, 5. 해킹 대책을 마련할 것을 요구하고 있다.

하지만 인간의 개입이 작아지는 고위 레벨 자율주행차는 현행법이 규율할 수 없는 여러 법적 문제들이 발생할 수 있어 이에 대한 대책 마련이 필요하다. 그중에서도 가장 핵심적인 문제들은 인공지능이 독립적인 운전자가 될 수 있는지와 그에 따른 책임의 분담이다. 현재로서는 자율주행차의 기술이 아직 완전하지 못하여 고위 레벨의 자율주행차가 많지 않지만, 앞으로 그렇게 될 가능성은 매우 크고, 그렇다면 이러한 법적 책임의 문제에 관하여 선제적 연구가 필요할 것이다. 완전 자율주행차가 사고를 낸 경우, 사람이 아닌 인공지능이 책임을 질 수 있는지, 책임을 진다면 어떻게 져야 하는지, 그리고 무인차 딜레마에서와 같은 갈등에서 어느 쪽으로 설계가 되도록 해야 하는지 등의 문제에 대한 정리가 필요하다. 다만, 이것들은 사회적 합의가 쉽지 않은 부분들이 많아 험난한 결정의 과정을 거칠 것으로 보인다.

참고문헌

김진우, "자율주행에서의 민사책임에 관한 연구",「강원법학」, 제51권 (2017).
정진명, 인공지능 사회를 대비한 민사법적 과제 연구, 2017년도 법무부 연구
　　용역 과제 보고서.
권영준·이소은, 자율주행자동차 사고와 민사책임, 민사법학 제75권 (2016).

제4부
인공지능과
마케팅윤리

제9장

마케팅의 뉴노멀-윤리와
AI(인공지능)

Ⅰ. 마케팅 환경과 소비자의 변화

1. 마케팅 개념정립과 마케팅 관리철학의 변화

　　AI를 이용한 마케팅에 있어서 우리가 강조하고자 하는 윤리적 접근의 방향성을 이해하기 위해서 먼저 마케팅 개념, 마케팅 관리철학의 변화, 소비자의 변화 크게 이 세 가지에 대한 이해가 선행되어야 한다. 그 중 첫 번째로, 먼저 마케팅이라는 것이 무엇인지에 대한 것부터 간략하게나마 정립하는 것이 무엇보다 중요하다. 그 이유는 우리가 제대로 마케팅을 이해하기 위해서는 전통적으로 판매 및 영업 혹은 광고가 곧 마케팅이라고 생각하는 오래된 개념의 틀에서 벗어나야 되기 때문이다. 더욱이 AI를 이용한 다소 생소한 마케팅을 이해하기 위해서는 마케팅에 대한 개념을 제대로 정립하는 것이 더욱 필요하다. 요즘은 쉽고 흥미로운 마케팅 서적과 온라인 강의　콘텐츠들이 많이 생겨 이러한 오해가 많이 해소되고는 있지만, 아직도 여전히 주변에서 마케팅의 개념에 대해 잘 못 알고 있는 사람들을 만나게 된다. 그러므로 AI를 이용한 마케팅의 윤리적 논의에 앞서 마케팅을 제대로 이해해보자.

오늘날 우리들은 TV홈쇼핑의 판촉활동, 온라인 쇼핑몰들의 가격경쟁, 쏟아져 나오는 인터넷 광고들 속에서 기업의 마케팅 활동을 접하면서, 마케팅하면 판촉이나 광고를 떠올리게 되었다. 하지만 우리가 마케팅이라고 생각하는 판매와 판촉 및 광고는 마케팅의 한부분일 뿐이지 전체는 아니다. 마케팅의 아버지라 불리는 필립코틀러(Philip Kotler)는 마케팅은 기업이 고객을 위해 가치를 창출하고 강력한 고객관계를 구축함으로써 고객들로부터 그 대가로 상응한 보상을 얻는 과정이라고 정의하였다. 즉, 마케팅은 고객욕구를 충족시켜 만족시키는 과정인 것이다. 그 과정에서 기업의 생존과 직결된 수익이 창출되는 것이다. 그러므로 고객을 만족시키기 위한 모든 활동이 마케팅이라는 것을 알게 된다면, 이제부터 사람들이 흔히 떠올리는 고객설문, TV광고, 홍보, 판촉, 이벤트, 판매 등 우리가 떠올리는 모든 기업의 활동이 고객을 만족시키기 위한 마케팅활동의 일환이었구나라고 비로소 마케팅에 대해 이해가 될 것이다. 그리고 동시에 마케팅의 궁극적인 목적 또한 고객을 만족시키는 것이었다는 것을 알게 될 것이다. 정리해보면, 고객을 만족시키기 위해서 마케팅 리서치를 시작하여 고객이 원하는 것을 바탕으로 제품 컨셉을 개발하고, 그 제품의 생산부터 판매 후 고객 A/S까지 모두가 결국 마케팅인 것이다.

마케팅이 무엇인지 어렴풋이 알았다면, AI를 이용한 마케팅에 있어서 윤리적 접근의 중요성을 본격적으로 이야기하기 전에 이제 두 번째로 이해해야 할 것에 대해 이야기 해보자. 바로 그것은 기업의 마케팅 철학의 변화를 이해하는 것이다. 쉽게 말하자면 기업의 마케팅 철학이 변화되어온 흐름을 살펴보고 현재는 어떠한 마케팅 관리 철학이 중요하고 주요한지를 살펴보는 것이다. 마케팅 관리철학은 엄밀하게 말하면 기업이 제품이나 서비스에 대한 소비자의 선택 기준 변화와 시장 경쟁에 대응하고 생존하기 위해 집중해야 할 마케팅 구심점의 변화로 보는 것이 맞을 것이다. 즉, 기업은 소비자와 시장의 변화에서 살아남기 위해 그들의 마케팅을 지배하는 철학을 '생산 콘셉트'에서 '제품 콘셉트', '판매 콘셉트', '마케팅 콘셉트'를 거쳐 '사회지향적 마케팅 콘셉트'로 진화시켜 온 것이다. 혹자는 이것을 기업이 마케팅전략을 설계하고 실행하는데 있어서 기본이 되는 마케팅관리 철학으로 설명하기도 하고, 마케팅 개념의 변화라고 설명하기도 한다. 쉽게 설명하자면 기업이 생존하기 위해 집중해야할 것이 변화된 것이고, 이를 이끈 동인이 소비자의 변화라고 보는 것이 지금부터 설명할 다섯 가지 개념을 이해하는 데 쉬운 방법일 것이다.

그림 9-1 마케팅 관리 철학의 변화

가장 먼저 생산개념(production concept)은 소비자들은 저렴하고 쉽게 구입할 수 있는 제품을 선호하기 때문에 이러한 소비자의 니즈와 욕구를 충족시키기 위해 기업은 생산 및 유통의 효율성을 향상시키는 데 집중해야 한다는 개념이다. 하지만 기업이 모든 마케팅활동을 효율성에만 집중하게 된다면, 변화하는 고객욕구를 충족시켜 장기적인 고객관계를 구축하려는 마케팅 핵심을 간과하는 한계점이 있을 수 있다. 예를 들어, 오늘날처럼 심화된 경쟁 속에서 비슷한 제품과 서비스로 인해 시장의 공급은 넘쳐나고, 다양한 채널들을 통해 예전에 비해 고객들이 제품과 서비스의 구입이 쉬워지게 되었다. 또한 소비자들이 저렴한 가격뿐만 아니라 가성비 및 가심비를 추구한다면 생산 및 유통의 효율성만을 강조해서는 그들을 만족시킬 수 없을 것이 분명하다.

둘째로, 제품개념(product concept)은 소비자들이 최고의 품질과 성능을 가진 제품을 선호하기 때문에 기업은 지속적인 제품개선에 마케팅의 초점을 맞추어야 한다는 마케팅 관리 철학이다. 제품품질과 이의 개선은 마케팅전략에서 역시 중요하지만, 오늘날 경쟁기업들 대부분이 품질과 성능 경쟁을 하다 보니 대부분의 기술이나 품질이 상향평준화되어 어떠한 경우에는 이들의 기술과 품질경쟁이 소비자가 인식할 수 없는 수준까지 도달하여 소비자 입장에서는 의미 없는 싸움이 되기도 하였다.

세 번째는 판매개념(selling concept)으로, 만약 기업이 충분한 판매 및 촉진 노력을 기울이지 않는다면, 소비자들은 충분한 양의 제품을 구매하지 않을 것이라는 개념이다. 이 개념은 장기적인 고객관계구축 보다는 단편적인 거래에 초점을 맞추기 때문에 자칫 과잉 가격경쟁을 불러온다는 위험성이 있다. 또한 서로의 판매와 촉진전략이 경쟁사에게 쉽게 모방되거나 따라잡힐 수 있기 때문에 궁극적으로 기업의 경쟁우위를 가져다주지는 않는다는 단점이 있다.

이처럼 앞선 개념들이 궁극적인 고객만족과 고객관계의 장기적 구축에 한계점을 보이게 되면서 기업은 마케팅개념(marketing concept)에 초점을 맞추기 시작했다. 이 개념은 목표시장의 욕구를 파악하고 경쟁사보다 더 큰 가치를 제공하기 위해 고객의 욕구충족에 집중할 것을 강조하고 있다. 즉, 이 마케팅개념은 기업이 고객의 요구와 고객가치에 집중하면 자동적으로 기업의 매출과 이익이 높아진다는 고객중심적 철학인 것이다.

이처럼 마케팅에 대한 기업의 관심과 고객중심의 경영철학이 적극적으로 수용되면서 이제는 고객중심의 마케팅개념을 잘 실현하고 있는 기업들이 늘어나고 있다. 요즘 기업의 마케팅활동과 브랜딩을 보면 예전에 비해 많은 기업들이 고객중심의 마케팅에 얼마나 많은 관심을 갖게 되었고, 이를 고객들에게 잘 전달하고 있다는 것을 느낄 수 있다.

하지만 이렇게 고객욕구를 충족시켜 가치를 전달하는 마케팅개념만이 궁극적인 경쟁우위를 가진 생존전략일까? 일련의 사건들을 통해 요즘은 그것만으로는 부족하다는 것을 많이 느끼게 된다. 기업중에서는 경쟁업체들 보다 마케팅은 훌륭했지만, 실제로 비윤리적인 경영으로 인해 사회적 물의를 일으켜 사업에 어려움을 겪게 된 사례들이 있다. 2013년 남양유업은 일부 대리점주들에게 감당하기 어려울 정도의 물품을 강매한 '밀어내기'로 사람들의 공분을 샀던 사건이 있었다. 이와 함께 남양유업 영업사원이 대리점주에게 막무가내로 물건을 받으라며 욕설과 폭언을 하는 상황의 녹취가 온라인에 퍼지면서 갑질 논란이 더욱 커졌다. '밀어내기' 영업과 이 과정에서 벌어진 영업직원의 욕설 파문으로 남양유업에 대한 불매운동이 벌어졌고 이로 인해 동종업계에서 굳건히 2위를 지키고 있었던 남양유업은 경쟁업체인 매일유업에 추격을 당하게 되었다. 그러나 2020년 최근 또 한차례 남양유업이 경쟁사 비방논란으로 궁지에 몰리게 되었고 소비자 불매운동이 재점화되었다.

이러한 사례는 국내에서만 찾아볼 수 있는 것이 아니라, 해외에도 종종 찾아볼 수 있다. 훌륭한 마케팅전략을 구사하지만 비윤리적인 경영으로 인한 기업경영의 어려움을 겪은 비슷한 사례가 있다. 미국 유명 패션기업 아베크롬비&피치(Abercrombie & Fitch)는 10~20대 대상 캐주얼 브랜드로 젊은 타겟층을 대상으로 한 브랜드 이미지와 매장의 분위기와 향기를 이용한 공간 연출 등 공격적인 마케팅을 통해 젊은 층에게 어필해왔다. 그러나 2013년 당시 마이클 제프리스 CEO의 "뚱뚱한 소비자들이 들어오면 물을 흐리기 때문에 엑스라지(XL) 이상의 여성 옷은 안 팝니다."라는 막말로 인해 불매운동과 함께 소비자에게 호된 뭇매를 맞았다. 또한 인종차별적 발언도 서슴지 않는 등 이러한 외모차별 발언 때문에 실제로 그해 1분기 7,200만달러(약 800억원)의 적자를 봤으며, 사과문을 내고 서둘러 진화에 나섰지만 사태를 진정시키기는 쉽지 않았다.

위 사례들에서 알 수 있듯이 기업이 소비자의 욕구를 잘 파악해서 화려한 마케팅기법을 통해 잘 충족시켜주어도 부도덕한 경영방식이나 비윤리적인 마케팅으로 인해 오랫동안 쌓아온 이미지가 한번에 무너지고 급기야는 이것이 기업의 존폐를 위협할 수도 있을 만큼 중요한 문제가 되었다. 또한 소비자들의 불매운동을 통해 알 수 있듯이, 소비자들이 원하는 즉, 소비자의 요구도 이제는 제품의 품질, 우수한 마케팅, 저렴한 가격 이외에도 사회적 기여 및 윤리적 경영이 된 것을 알 수 있다.

반대로 사회적 문제를 일으킨 기업의 윤리적 처리와 마케팅 활동을 통해 긍정적인 평가를 받게 되는 사례도 있다. 페리에(Perrier)

생수를 공급하는 소스 페리에(Source Perrier S.A.)는 1990년 13개의 병에서 독성 화학물질의 흔적이 발생되었을 때 120개국에서 1억 6,000만 병을 전량 리콜하였다. 비록 해당 화학물질의 수준이 인체에 해로운 수준이 아니었지만, 해당 기업이 일으킨 치명적인 문제에 대해 빠르게 윤리적 책임을 다하였다. 소스 페리에는 전량 리콜하는 데 있어서 3,500만 달러의 비용을 사용하였으며, 이로 인해 4,000만 달러에 달하는 손실을 보았다.[1] 소스 페리에는 큰 단기적 손실을 보았지만, 페리에의 순수한 이미지와 우수한 품질 이미지를 지키고 신뢰를 유지하는 최선의 행동을 선택한 것이다. 비록 1992년에 네슬레가 페리에 회사를 인수하였지만 이러한 윤리적 행동이 지금까지 페리에라는 브랜드를 유지시키고 탄산생수로 100년 넘게 오랫동안 사랑받고 있는 이유가 될 것이다.

앞선 사례들에서 살펴보았듯이, 기업의 사회적 책임과 윤리적 마케팅활동을 중요시하는 시장의 추세를 반영하여 사회적 마케팅 개념이 마케팅 관리 철학으로 제시되고 있다. 사회적 마케팅개념(societal marketing concept)은 소비자 욕구, 기업의 목표, 소비자와 사회의 복리 간에 균형을 맞춰 마케팅을 관리해야 한다는 철학이다. 즉, 마케팅의 목표가 기업의 이윤이나 고객의 만족을 통한 가치실현 이외에도 사회의 복리와 발전까지 생각해야 하는 사회적 가치까지 고려해야 한다는 것이다.

이러한 사회적 마케팅개념을 실천하여 소비자들에게 사랑받는 신발 브랜드가 탐스 슈즈(TOMS Shoes)일 것이다.

---

1) 김성영, 임채운, 이진용 옮김. 2013. 「핵심마케팅」.

◇ 그림 9-2 탐스 슈즈의 'ONE FOR ONE' 마케팅

탐스(TOMS)는 신발 및 아이웨어를 제작·판매하는 기업으로, 아르헨티나를 여행하던 CEO가 많은 아이들이 맨발로 수 킬로미터를 걸어다니는 안타까운 현실을 목격하고 이들에게 도움을 줄 수 있는 방법으로 탐스슈즈를 탄생시켰다. 탐스슈즈는 한 켤레가 팔릴 때마다 한 켤레를 도움이 필요한 아이들에게 기부하는 'ONE FOR ONE'이라는 캠페인을 통해 사회적 마케팅 컨셉트를 실천하는 윤리적인 마케팅으로 유명하다.

초창기의 탐스 슈즈는 기부 목표량이 200켤레였을 정도의 소규모 사업장에 인체공학적 설계와 비싼 소재의 제품은 아니었지만, 윤리적인 사회적 마케팅으로 많은 사람들에게 관심을 받으면서 로스앤젤레스 타임즈(Los Angeles Times)에 탐스가 소개되었고, 스칼렛 요한슨(Scarlett Johansson)과 같은 할리우드 스타들이 탐스 슈즈를 신은 모습이 공개되면서 인기는 높아졌다. 일대일 기부공식을 현실화 시킨 탐스의 브랜드 철학에 사람들은 열광했으며, 런칭 6개월만에 10,000 켤레의 신발이 판매되었다. 이러한 성공을 바탕으로 신발뿐 만이 아니라 생존에 필요한 다양한 문제에 관심을 가졌고, 탐스는 아이웨어를 론칭하였고 탐스 안경 하나를 구입하면 제3세계 어린이들에게 시력 교정용 안경을 처방하거나 시력 보존을 위한 수술 등의 의학적 서비스를 제공하고 있다.[2]

이처럼 탐스는 사회적 책임과 윤리적 마케팅활동을 통한 사회적 마케팅을 마케팅 관리 철학으로 정하고 실천하여, 소비자들의 신뢰와 지지를 얻어 성공적인 경영성과를 얻을 수 있었다. 탐스의 사례를 통해 알 수 있듯이 사회적 책임과 윤리적 마케팅활동을 위한 노력이 오늘날 기업경영환경에서는 경쟁우위와 성공적인 경영성과를 가져올 수 있는 핵심 열쇠가 될 것이다. 필립코틀러는 이러한 추세를 '마케팅 3.0'이라고 부르고 인간 중심적인 마케팅이라고 설명하였다. 그는 마케팅 조직은 단순히 기업의 가치만을 지향하는 것이 아니라 다수의 가치를 추구해야 한다고 주장하였다. 마케팅 2.0이 고객들의 가치에 집중했다면, 마케팅 3.0시대의 기업과 마케팅 담당자들은 기업, 소비자, 사회의 복수의 가치를 추구하여 더 나은 세상이 되도록 노력해야 한다는 것이다.

2. 소비자의 변화

이제 마지막으로 AI를 이용한 마케팅에 있어서 우리가 윤리적 접근의 중요성을 공감하기 위해서 마지막으로 알아야하는 것은 '소

---

[2] https://terms.naver.com/entry.nhn?docId=2084628&cid=43168&categoryId =43168.

비자의 변화'다. 오래전부터 마케팅 담당자들은 소비자의 심리를 파악하고 그들의 행동 속에 숨겨진 욕구와 욕망을 찾기 위해 노력해왔다. 소비자들의 인지과정, 기억의 메커니즘, 태도형성과 의사결정과정 등을 연구해왔지만 외부환경에 민감하고 변화무쌍한 소비자들을 100% 이해하기는 쉽지 않은 일이다. 하지만 소비자들을 만족시켜 성공적인 마케팅 성과를 거두기 위해서는 무엇보다도 소비자들을 이해하는 것이 필요하며, 변화하는 소비자들의 마음을 파악하는데 집중해야 할 것이다.

필립코틀러는 이러한 소비자들의 변화에 효과적으로 대응하기 위해 마케팅 담당자들에게 다음과 같이 제안하였다. 인간중심의 마케팅을 강조하는 마케팅 3.0은 제품중심의 마케팅 1.0에서 고객중심의 마케팅 2.0을 거쳐 자연스럽게 성장해온 개념이라고 소개했다. 그는 인간중심의 마케팅 3.0에서 마케팅 담당자는 고객을 생각, 감정, 영혼이 있는 온전한 인간으로 확장하여 그들을 대해야 한다고 주장하였다. 그러므로 마케팅 담당자는 예전처럼 소비자들의 기능적·감정적 욕구만을 채우는 것에 그치는 것이 아니라 인간으로서 잠재되어 있는 그들의 걱정과 바램까지 해결해주어야 한다는 것이다.

이와 더불어 최근 기업들이 주목해야할 소비자들의 또 다른 변화를 크게 두 가지로 정리해보면 다음과 같다.

1) 사회적으로 바람직한 가치를 중요하게 생각하는 소비자

소비자들은 이제 자신들의 가치와 함께 사회적 가치도 중요하게 생각한다. 즉, 요즘 소비자들은 자신에게 가치가 있는 제품과 서비스를 구매하고 소비하는 데에서만 만족을 느끼는 것이 아니라, 자신의 구매가 사회적으로도 바람직한 결과를 낳기 바라는 '선한 영향력'에 관심을 가지고 만족감을 느끼게 되었다. 그러므로 소비자들은 구매하는 제품의 품질과 가치뿐만 아니라 해당 기업과 브랜드의 사회적 기여 및 책임 활동에도 관심을 갖는다. 즉, 쏟아지는 마케팅 생산물의 홍수 속에서 소비자들은 도덕적이고 윤리적인 경영을 하는 기업과 그들의 브랜드를 선호하게 되었다.

특히 요즘 MZ세대[3])는 '진라면'과 '오뚜기카레'로 대표되는 오뚜기를 '갓뚜기'로 부르며 브랜드 평판이 좋은 '착한 기업'으로 손꼽고 있다. 최근에 오뚜기 회장의 딸이 운영하는 유튜브 채널에 회장이 출연한 유튜브 영상의 댓글에 그동안 오뚜기로부터 크고 작은 도움을 받았던 사람들이 감사한 마음을 담아 댓글을 남긴 것이 화제가 되었다. 실제로 오뚜기는 지난 28년 동안 선천성 심장병 어린이의 수술비를 지원해왔고, 비정규직 없는 기업으로도 유명해졌다. 특히 12년째 진라면의 가격을 올리지 않았다는 것이 MZ세대에게 좋은 평가를 받고 있다.[4])

2) 투명성을 선호하고 강조하는 Z세대

전 세계적으로 중요한 소비층으로 부상하고 있는 Z세대에 대해 관심이 높아지고 있다. 이들은 1995년에서 2010년 사이에 태어난 세대를 의미하며, 태어나면서부터 인터넷, 소셜 네트워크, 모바일 시스템에 노출되어 왔다. 그러한 이유로 기존세대에 비해 정보를 수집하고 서로 공유하며 온라인과 오프라인 경험을 통합하는 데 전혀 어려움이 없는 특징을 보인다.

맥캔지는 Z세대에 대한 보고서[5])에서 기업들은 소비자로서 Z세

---

3) 1980년대 초~2000년대 초 출생한 밀레니얼 세대와 1990년대 중반~2000년대 초반 출생한 Z세대를 통칭하는 말이다.

4) http://www.ceopartners.co.kr/news/articleView.html?idxno=10559.

5) https://www.mckinsey.com/industries/consumer−packaged−goods/our−insights/true−gen−generation−z−and−its−implications−for−companies.

대를 이해하기 위해서, 세 가지를 유념해야 한다고 제안했다. 첫째, 소유보다는 접근으로서의 소비, 둘째, 개인의 정체성의 표현으로서의 소비, 셋째, 윤리적 관심의 문제로서의 소비를 지향한다는 것이다. 그 중 특히 Z세대의 두드러진 특징 중 하나가 윤리적 소비이다. 투명성과 윤리적 소비를 추구하는 이 새로운 세대는 윤리적이라고 생각하는 회사로부터 제품을 구매하려고 하고 스캔들에 연루된 회사들로부터 물건을 사는 것을 거부하려는 경향이 있다. 또한 제품이 어디서 만들어지는지, 무엇으로 만들어지는지, 그리고 어떻게 만들어지는지에 대해 알기를 원한다.

물론 기존 세대들도 이해할 수 없는 가격의 비싼 값을 주고 물건을 구입하는 데 거부감을 가지고 있었으며, 기업들의 횡포로 인해 피해를 받는다고 생각되면 이에 대해 저항하며 불매운동을 강하게 해왔다. 하지만 새로운 Z세대는 불매운동을 떠들썩하게 벌이지는 않지만 그들의 행동은 비윤리적인 기업에게는 더 치명적이다. 스스로가 기업으로부터 부당한 대우를 받는다고 생각하면 말없이 해당 기업의 제품과 서비스와 단절하고 다른 브랜드로 이동한다.[6] 즉, Z세대는 기업에게 잘못을 고칠 수 있는 기회조차 주지 않는다는 것이다.

그렇다면 이제 앞서 설명한 마케팅의 개념, 마케팅관리 철학, 소비자의 변화를 합쳐서 정리해보자. 마케팅은 고객이 원하는 것을 충족시켜 고객을 만족시키는 모든 활동이다. 그러기 위해서는 소비자의 변화를 파악하고 그것을 충족시키는 것이 중요하다. 기업의 마케팅은 변화된 소비자의 변화를 파악하고 사회적 가치를 중요하게 생각하게 되었고, 이에 맞춰 기업의 마케팅 철학도 사회적 마케팅 콘셉트까지 진화해왔다. 즉, 소비자의 변화에 대응하기 위한 새로운 마케팅의 뉴노멀이 필요하고, 그것이 사회적 마케팅 콘셉트에서 중

---

6) 임홍택(2018). 「90년생이 온다」.

요하게 강조하는 사회적 가치, 윤리적 경영인 것이다. 그러므로 기업 경영에 있어서 중요한 하나의 기능인 마케팅을 수행하는데 있어서 윤리적 접근이 필요한 이유는 궁극적인 사회 지향적 마케팅 콘셉트 구현을 통해 변화된 소비자에게 궁극적인 가치를 제공하기 위함이라고 할 수 있다.

3. 마케팅 수행에 있어서 윤리적 접근의 중요성

윤리적인 마케팅은 모든 마케팅활동을 윤리적으로 수행하려 하는 기업의 노력을 알리는 철학이 되어야 한다. 그것은 기업이 모든 마케팅 커뮤니케이션을 통해 정직, 공정성, 책임감을 증진시키기 위해 노력해야 된다는 것이다. 그러나 사회구성원 모두가 무엇이 옳고 그른지에 대한 주관적인 판단을 가지고 있기 때문에 이러한 노력이 때로는 즉각적으로 기업에 대한 긍정적인 평가로 돌아오지는 않는다. 하지만 기업은 장기적인 관점에서 윤리적인 기준을 세우고 기업의 새로운 마케팅 전략을 평가하는 데 이용해야 한다. 즉, 모든 마케팅 활동을 수행하는데 있어서 이러한 윤리적 가이드라인이 필요하다는 것이다.

실제로 기업의 윤리적이지 못한 마케팅활동으로 인한 소비자의 피해사례가 종종 발생한다. 일부 다이어트 약 회사들이 소비자들의 관심과 선택을 받기 위해 과장된 광고를 진행할 경우가 있다. 단순히 눈앞의 이익이나 단기간의 경쟁우위를 위해 허위나 과장광고를 하는 등의 비윤리적 마케팅활동을 하는 경우가 종종 등장한다.

2000년대 초반 허위 과장광고를 통해 비윤리적인 마케팅으로 이슈가 되었던 지오모나코라는 시계회사가 있었다. 지오모나코는 출시당시 가격대가 최소 300만원~1,800만원 상당의 가격대를 자랑하는 명품시계브랜드로 런칭하여 유명 연예인들에게도 협찬과 영화 PPL 등의 마케팅을 통해 180년 전통을 가진 스위스 명품 시계로 브랜딩했다. 하지만 지오모나코는 5년 남짓한 신생브랜드로 그들의 마케팅은 모두 허위 과장이었고, 이를 통해 수십억원의 부당이득을 챙긴 혐의로 기소되었다.[7]

또한 우리가 너무 잘 알고 있는 라면브랜드인 신라면 블랙도 허위 과장 광고의 소지가 높다고 판단되어 과징금을 받은 적이 있었다. 농심은 기존 신라면을 리뉴얼한 '신라면블랙'을 출시하면서 '설렁탕 한 그릇의 영양이 그대로 담겨있다'고 광고했고, 공정거래위원회는 라면의 영양수준 등 품질에 관한 여러 가지 표시와 광고 중 일부는 허위이거나 과장됐을 개연성이 있다고 판단하여 1억원 이상의 과징금을 부과했던 것이다.

이처럼 마케팅에 있어서 눈앞에 드러나는 그간의 윤리적 이슈는 소비자의 구매라는 의사결정과 깊이 관련된 광고에 관련된 것들이 많았다. 광고가 윤리적인 문제로 많이 언급되는 이유는 다른 마케팅의 커뮤니케이션 방법에 비해 불특정 다수의 나이와 성별이 구별되지 않는 소비자들에게 정보를 전달하는 파급효과가 크기 때문이다. 특히 허위·과장광고는 소비자의 올바른 판단을 흐리고 공정한 시장경쟁을 훼손하는 비윤리적인 마케팅 중 대표적인 사례이다. 이 외에도 광고에 사회적 편견을 담고 있거나 혹은 검증되지 않은 주장을 이용하는 등 여러 가지 윤리적 문제점들이 있을 수 있다. 다음은 비윤리적 광고 유형[8]을 정리해 보여주고 있다.

---

7) https://n.news.naver.com/article/014/0002001335.
8) https://www.marketing-schools.org/types-of-marketing/ethical-marketing.html.

- 대리 광고(Surrogate Advertising) – 담배나 술과 같은 제품을 광고하는 것을 금지하는 지역이 있다. 대리광고는 이러한 제품을 직접 언급하지 않고 소비자들에게 상기시킬 수 있는 방법을 찾아내는 비윤리적인 방법이다.
- 과장 광고(Exaggeration) – 일부 광고주들은 제품의 품질이나 인기에 대해 과장된 주장을 한다. 예를 들어, "지구상의 모든 곳에서 보장을 받을 수 있다."와 같은 슬로건은 현실과 다르게 과장된 광고이다.
- 거품(Puffery) – 광고주가 객관적 사실이 아닌 주관적 주장에 의존하여, 해당 제품의 품질 및 명성을 부풀리는 경우가 이에 해당된다. 예를 들어, '최고의 맛의 커피'와 같은 광고 문구는 객관적으로 확인할 수 없다.
- 검증되지 않은 주장(Unverified Claims) – 많은 제품들이 과학적 근거 없이 결과를 제공할 것을 약속한다. 예를 들어, 더 강하고 더 빛나는 머리를 약속하는 샴푸 광고는 소비자들에게 그 이유나 방법을 말하지 않고 그렇게 한다.
- 여성에 대한 편견(Stereotyping Women) – 광고에 나오는 여성은 종종 성적인 대상이나 가정주부로 묘사되는 경우가 있었다. 이런 종류의 광고는 부정적인 고정관념을 만들고 성차별적인 문화를 생산할 위험성이 있다.
- 허위 브랜드 비교(False brand comparisons) – 기업이 경쟁업체에 대해 허위 또는 오해의 소지가 있는 주장을 하면서 잘못된 정보를 광고로 퍼뜨리는 경우이다.
- 광고 속 어린이(Children in advertising) – 어린이들은 객관적으로 제품을 평가할 수 없는 상태임에도 불구하고 엄청난 양의 광고에 등장한다. 아이들의 순수함을 이용하는 것은 가장 흔

한 비윤리적인 마케팅 관행 중 하나이다.

앞서 제시한 비윤리적 광고 유형에서도 알 수 있듯이 광고는 소비자에게 전달하는 파급력이 크기 때문에 윤리적인 부분을 사소하게 여기거나 비윤리적인 방법을 오용한다면 그 유해성이 크다는 것을 알 수 있다. 비윤리적인 광고는 당장은 자극적이고 소비자를 현혹시켜 구매로 연결시킬 수 있을지는 모르지만 브랜드 이미지를 개선하고 고객과의 장기적 관계를 발전시키려는 기업들에게는 이런 비윤리적인 행동이 더 큰 실패로 이어질 수 있다는 것을 명심해야 할 것이다. 특히 초 연결된 사회 환경과 정보의 취득이 쉬워진 요즘 더 스마트해진 소비자들에게는 기업의 비윤리적 마케팅 방법은 금방 한계점을 드러내고 만다. 그러므로 앞으로의 마케팅은 소비자들에게 신뢰를 쌓기 위해 더욱 윤리적 접근법에 관심을 가지고 투자해야 할 것이다.

그렇다면 최근 화두가 되는 AI 마케팅에서는 기업의 마케팅은 어때야 할까? 지금과는 다른 윤리적인 이슈들이 존재할까? 이러한 질문에 대한 해답을 본격적으로 논의해보기 전에 우선 변화된 마케팅환경과 AI 마케팅에 대해 이야기 해보자.

II. 변화된 마케팅 환경과 AI 마케팅

1. AI 마케팅

'인공지능' 또는 AI라는 용어는 사람들에게 어떤 의미일까 생각해보게 된다. 앞서 언급했듯이, 어떤 사람들은 AI가 그들의 직업을 빼앗을 것이라고 생각할 수도 있고, 또한 SF영화 속에서 등장하는 것처럼 인류를 파멸로 몰아넣고 세상을 지배하려는 로봇 및 초인공지능을 떠올리기도 할 것이다. 하지만 실제로 마케팅 상황에서 사용되고 있는 AI 기반 알고리즘은 마케팅 담당자들의 일상적인 마케팅 업무를 도와주는 장치로 보는 것이 더 적합하다. 예를 들어, 실시간으로 방대한 데이터를 수집·분석하고 고객을 모니터링하고 응대하는 등 AI를 마케팅에 이용하면서, 마케팅 담당자들은 고객의 인간적인 측면에 집중하고 그들의 진정한 마음을 공감하도록 노력하며 브랜드와 고객을 소통시키는 등 창의적인 측면으로 다시 집중할 수 있게 되었다.

AI 마케팅이라는 표현은 아직 학술적, 실무적 합의를 이루고 있는 표현은 아니지만, 일반적으로 AI를 사용한 마케팅을 의미하는 것이다. 앞으로 본문에서는 AI 마케팅이라는 표현을 사용하게 된다. 그렇다면, 마케팅에 도입되는 AI란 무엇일까? 결론부터 이야기하자면, 마케팅에 도입된 AI는 소비자의 마음이 실시간으로 반영된 데이터를 학습한 AI로 정의할 수 있다. 앞서 제시한 것처럼 마케팅은 고객을 만족시키는 모든 활동으로 간략하게 정의해보면, 마케팅 담당자들은 고객이 원하는 것을 파악하고 그에게 가장 적합한 제품 및 서비스를 제시하여 고객에게 가치를 창출해야 하는 것이다. 그렇다면 마케팅에 도입되는 AI의 역할은 소비자의 마음이 실시간으로 반영된 방대한 데이터를 학습하여 고객이 진정으로 원하는 것을 파악하는 것이다. 그리고 고객가치를 창출해야 하는 마케팅 담당자의 궁극적 목표를 달성할 수 있도록 도와주는 것이다.

결과적으로, AI는 마케팅 담당자들이 기존의 광고나 캠페인보다 훨씬 적은 비용으로 고도로 개인화된 소비자 경험을 만들 수 있게 해준다. 또한 잠재 고객이나 소비자가 제품이나 서비스와 가지는 모든 상호작용을 최적화시켜 준다.

그러므로 오늘날 발 빠른 마케팅 담당자들은 디지털 세계의 최신 마케팅 방법이라고 할 수 있는 AI 마케팅에 관심을 갖고 현업에 적용하려 노력하고 있으며, 이미 다양한 전자상거래에서 AI가 활용되고 있다. 아마 지금 이 시간에도 마케팅의 더욱 다양한 영역과 활동으로 AI의 활용이 확대되고 있을 것이며, AI적용에 있어서 어디까지가 그 한계인지 정확하게 가늠하기 어려울 정도이다. 하지만 현재까지 AI의 효과적인 마케팅 활용을 다음과 같이 정리해볼 수 있다.

1) 제품 및 콘텐츠 추천

온라인 플랫폼에서 고객 추천서비스와 같은 기능들이 전형적인 AI의 마케팅 활용사례이다. 즉, 웹상에서 고객의 로그데이터와 프로파일 등을 바탕으로 고객의 선호도와 구매의도가 높은 제품 및 서비스를 추천하는 것이다. 이미 우리에게 친숙해진 아마존(Amazon), 넷플릭스(Netflix) 등이 이러한 AI를 활용하여 개인화된 제품이나 콘텐츠를 추천하는 1:1 개인맞춤 마케팅을 수행하고 있다. 소비자의 니즈와 욕구가 다양해진 요즘 같은 시장상황에서는 1:1로 소비자의 요구사항을 충족시켜주는 것은 다양한 모든 소비자들을 만족시켜 훌륭한 마케팅 성과를 얻어낼 수 있는 효과적인 방법일 것이다. 하지만 전통적인 마케팅 방법으로는 다양한 소비자들의 니즈와 욕구를 모두 반영하기는 물리적으로 어려운 과제이다. 하지만 아마존과 넷플릭스 등은 이 모든 것이 AI 기반 클러스터링과 고객의 프로필 정보 및 구매정보 등을 반영한 소비자 데이터의 해석에서 가능하게 되었다. 즉, AI 기반 시스템은 지속적으로 개별화된 소비자의 니즈와 욕구를 학습하고 적응하여 실시간으로 맞춤화된 새로운 제품과 서비스를 추천하게 되는 것이다.

이러한 개인 추천 AI 알고리즘에 가장 대표적인 사례는 앞서 언급한 넷플릭스다. 넷플릭스는 세계 최대 온라인 스트리밍 서비스업체로, 매달 요금을 내고 영화와 TV 프로그램과 같은 영상 콘텐츠를 다양한 디바이스를 통해 맘껏 볼 수 있는 온라인 동영상 스트리밍 서비스를 제공한다. 넷플릭스의 특징은 처음 가입하면 몇 가지 콘텐츠 취향을 묻는 질문을 하고, 내 취향에 어울릴만한 콘텐츠를 추천한다. 그후 지속적으로 사용자가 이용하는 콘텐츠를 바탕으로 개인화된 데이터가 생성되고, 분석된 내용을 이용하여 사용자가 넷플릭스를 이용하는 동안 수정, 보완, 추천하는 과정을 반복한다. 이러한 AI 알고리즘을 통해 사용자에게 딱 맞는 추천 콘텐츠를 제공하게 되는 것이다.

그림 9-3 NETPLIX의 개인화 추천 콘텐츠

넷플릭스는 요즘처럼 다양한 콘텐츠들이 쏟아지는 상황에서 보고 싶은 콘텐츠를 고르는데 어려움을 겪거나 많은 시간만 낭비해본 경험이 있는 소비자 입장에서는 굉장히 편리하며 취향에도 맞아 그 만족도가 높은 서비스제품이다. AI를 이용한 추천서비스를 통해 고객이 원하는 편리함과 번거로움을 없애주는 동시에 원하는 콘텐츠를 제공해주면서 넷플릭스는 마케팅의 핵심이자 목적인 고객만족과 가치제공을 잘 수행하고 있다고 볼 수 있다.

2) 수요예측

마케팅 담당자들은 고객의 수요를 정확히 예측하기 위해 AI를 이용하고 있다. 특히 유통기업들은 심화된 경쟁에서 살아남기 위해 오래전부터 유통 및 물류비용과 재고관리에 집중하고 있기 때문에 정확한 수요예측에 상대적으로 더욱 관심이 많다. 여기에 더해서 요즘은 관련기업들이 차별화된 경쟁우위를 위해 치열한 배송전쟁에 돌입하고 있다.

'깜빡한 우리아이의 등교준비물을 전날 밤 10시에 주문하고 다음날 아침에 배송 받았다.' 예전에는 상상할 수 없었던 일이 최근 유통분야에서도 AI가 응용되면서 가능한 이야기가 되었다. 언택트 (untact)시대에 최근 고객들에게 온라인 쇼핑이 인기를 끌면서 온라인 쇼핑몰들은 고객을 만족시키고 경쟁 속에서 살아남기 위해 다양한 제품구색 못지않게 배송경쟁에 돌입하고 있다. 고객들에게는 이제 취급하는 제품의 품질 못지않게 배송기간 및 대기시간이 쇼핑몰의 선택에 중요한 기준이 된 것이다. 이와 동시에 유통업계에서는 운송자원의 부족이나 재고확보에 문제가 생기는 경우 고객의 만족을 얻기 힘들어져 업계의 경쟁에서 도태될 수 있다는 우려가 생기고 있다.

그럼 어떻게 몇 시간 만에 배송이 가능한 것일까? 답부터 이야기하자면, 유통기업이 소비자들의 판매를 사전에 예측할 수 있는 AI 알고리즘을 이용하기 때문이다. 구체적으로 AI는 이 과정에서 사용자의 동향을 파악하고 언제 어디서 어떤 제품이 판매될지 사전 예측에 이용된다. 그 예측을 바탕으로 수요가 높아지는 지역에 미리 해당 제품을 운송하여 운송비용 및 시간을 단축시켜 운송효율성을 높이는 동시에 고객의 만족도도 높일 수 있게 되는 것이다. 이러한 판매예측 AI 알고리즘을 이용하는 가장 대표적인 사례는 아마존과 마켓컬리와 같은 소매업체들의 배송시스템들이다.

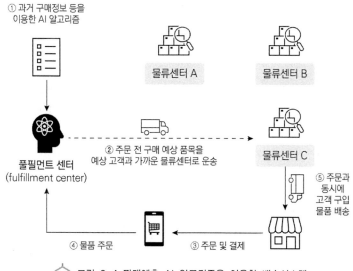

① 과거 구매정보 등을
이용한 AI 알고리즘

물류센터 A

물류센터 B

물류센터 C

풀필먼트 센터
(fulfillment center)

② 주문 전 구매 예상 품목을
예상 고객과 가까운 물류센터로 운송

⑤ 주문과
동시에
고객 구입
물품 배송

④ 물품 주문

③ 주문 및 결제

그림 9-4 판매예측 AI 알고리즘을 이용한 배송시스템

마켓컬리는 2015년 국내 최초 '새벽배송' 서비스를 도입한 유통업체로 오후 11시까지 주문받은 신선식품을 다음날 오전 7시까지 문앞에 배송해준다. 소비자들의 호응으로 인해 동종업계 경쟁자들도 속속들이 이러한 배송형태를 채택하고 있다. 이처럼 마켓컬리가 빠른 배송으로 소비자들에게 사랑을 받을 수 있는 이유 중 하나는 인공지능(AI) 시스템으로 정식 명칭은 '데이터 물어다주는 멍멍이' 때문이다. 이 인공지능 시스템은 24시간 운영체제로 움직이며 실시간 매출과 고객들의 주문 건수, 물류센터 내 재고량 등을 30분 단위로

분석하고 담당자들에게 전송한다. 이러한 실시간의 정보를 통해 공급사에 무엇을 얼마만큼 주문할지, 오늘 언제 제품 할인 이벤트를 할지, 물류센터에 추가 인력이 몇 명 필요할지, 배송기사를 어디에 배치할지 등의 마케팅 의사결정에 이용하게 된다.[9]

특히 새벽배송 서비스로 고객들은 물론 물류업계에도 새로운 기준을 제시할 수 있었던 이유는 AI 알고리즘을 통해 수요를 예측하고 미리 발송하는 시스템을 운용하기 때문일 것이다. 예를 들어, 기존의 빅데이터를 바탕으로 AI 알고리즘이 수요를 예측해 오늘 특정 지역에 주문량이 많이 나올 것 같다고 판단되면 배송차량을 미리 계약하거나 물류창고 공간을 확보하는 등 운영 계획과 인력 할당을 동시에 진행하여 빠른 의사결정을 내리게 된다.[10]

3) 신제품개발

흔히 과거의 제조업체들의 신제품 출시과정을 살펴보면, 신제품을 내놓기 전에 대부분 여러 가지 형태의 시제품을 개발하여 다양한 표적 집단을 선정해 그 고객군의 구매의도가 높은 제품을 출시하기 위해 테스트를 한다. 개별 고객 집단의 신제품에 대한 구매의도를 파악하기 위해 전통적으로 사용했던 마케팅 리서치는 시음과 같은 실험조사와 설문조사였다. 이러한 실험이나 설문을 통해 출시될 신제품에 대한 소비자의 태도와 구매의도를 파악하고 이를 기반으로 최종 출시될 제품의 구체적인 사양과 가격대를 결정한다. 이러한 절차는 마케팅 리서치를 통해 고객이 원하는 것을 제품개발에 반영한다는 긍정적인 측면이 있다.

하지만 이런 기법은 그 자체로 한계가 존재한다. 일단 실험조사

---

9) https://www.hankyung.com/economy/article/2019022416091.
10) http://www.inews24.com/view/1195424.

와 설문조사를 아무리 정교하게 설계한다고 하더라도 실제구매상황을 재현하기 어렵다. 그러므로 소비자가 무엇을 원하는지 정확하게 파악하기 어렵다. 또한 무엇보다도 소비자의 태도와 구매 의도는 실제 구매행동 사이에 큰 차이가 있다는 게 문제다. 소비자들은 의식적으로 답하지 않은 무의식적 니즈 및 습관이 실제 구매에 크게 작용하기 때문이다. 마지막으로 조사시점과 구매시점이 멀어질수록 그 사이 소비자의 구매의향이 여러 요인에 의해 변할 우려가 커진다. 혹은 어떤 경우에는 소비자가 자신이 뭘 원하는지 확실하게 모르는 경우도 있다. 이러한 여러 가지 이유 때문에 전통적인 실험조사나 설문조사로는 소비자의 마음을 확실하게 파악하기 어렵고, 실제 구매로 이어질지도 무리수이다. 이로 인해 수많은 신제품이 출시 후 단기간에 실패로 전락하는 일이 종종 발생한다.[11]

앞서 언급한 실험 및 설문조사의 한계점을 극복하고 신제품 출시 후 실패율을 줄이기 위해 AI를 마케팅에 적용해 고객 맞춤형 신제품을 개발하는데 이용하고 있다. 2016년 롯데제과는 IBM과 업무협약을 맺고 AI를 활용해 소비자가 원하는 제과의 맛, 소재, 식감 등을 파악하기 위한 분석 시스템을 개발하였다. AI 트렌드 예측 시스템 '엘시아'(LCIA)를 도입하여 수천만 건의 소셜 데이터와 판매 데이터, 날씨, 연령, 지역별 소비 패턴 등 다양한 내·외부의 빅데이터를 분석하여 식품산업에서의 향후 트렌드를 예측하고 신제품을 추천해 주는 데 이용하고 있다. 신제품 출시 후에도 AI를 이용한 소셜 데이터 분석을 통해 신제품에 대한 소비자 반응도 실시간으로 파악해 마케팅 담당자들이 고객만족을 달성할 수 있는데 도움을 주고 있다. 실제로 엘시아는 혼자 맥주를 먹는 사람들이 증가하고 있다는 것을 파악하고 이에 따라 안주로 먹을 수 있는 스넥을 추천하여 롯데제과

---

11) https://dbr.donga.com/article/view/1202/article_no/6980.

는 '꼬깔콘 버팔로윙맛'을 신제품으로 내놨고, 이 제품은 두 달 만에 100만개가 팔려나가는 우수한 마케팅 성과를 기록했다.[12]

4) 소비자에 대한 깊은 이해를 바탕으로 한 광고 캠페인 최적화

AI 마케팅을 통해 마케팅 담당자들은 소비자가 브랜드에 대해 생각하고 말하고 느끼는 바를 실시간으로 정확히 파악할 수 있게 되었다. 기존의 정형화된 데이터뿐만 아니라 소셜 미디어의 비정형 데이터를 통해 마케팅 담당자들은 소비자들이 느끼는 것을 더 정확하게 이해할 수 있다. 능숙한 마케팅 담당자들은 AI를 이용하여 데이터를 실시간으로 이용하고, 최대의 효과를 위해 메시지나 브랜드를 빠르게 수정할 수 있게 되었다.

AI는 키워드 검색, 소셜 프로필 및 기타 온라인 데이터에 숨겨진 풍부한 소비자 데이터를 활용하여 보다 스마트하고 효과적인 디지털 광고를 제안할 수 있다. 이를 통해 마케팅 담당자들은 소비자와 잠재 고객에 대한 더 깊은 지식을 바탕으로 적시에 올바른 표적 고객에게 올바른 메시지를 전달할 수 있도록 해준다. 즉, 마케팅 담당자들은 AI를 사용하여 소비자들에 대한 깊은 이해를 통해 소비자들의 프로파일을 한 단계 더 발전시키고, 마케팅 캠페인을 개선하며, 고도로 개인화된 콘텐츠를 만들 수 있다.

얼마 전 세계 최초 AI가 만든 나이키 광고 영상이 유튜브에 공개됐다. 영상 제작자는 나이키 광고가 세계적으로 우수한 광고 중 하나이며, 수많은 나이키 광고 데이터가 AI가 기계학습을 하는데 최적의 조건을 가지고 있기 때문에 선택하게 되었다고 밝혔다. 기존 나이키 광고들의 마지막 장면과 같이 AI의 기계학습을 통해 만들어진

---

12) http://www.sisaon.co.kr.

광고는 검은색 바탕화면에 강렬한 하얀색 문구가 등장하는 형식을 따르고 있다. 광고 문구 내용은 다소 어색하지만 나이키를 대표하거나 나이키의 이미지를 나타낼 수 있는 여러 문구들을 포함하고 있어 광고를 제작하는데 있어서 AI와 마케팅 담당자들의 협업가능성을 보여주는 좋은 기회가 될 것이다. 특히 'LEGEND THAT THING'은 오랫동안 나이키의 브랜드 컨셉인 'JUST DO IT'에 버금가는 스포츠 브랜드로서의 전설이라는 브랜드 정체성을 보여주는 문구라고 판단될 정도로 나이키에 어울린다.13)

지금까지 AI 마케팅의 가장 대표적인 활동을 사례와 함께 간략하게 정리해보았다. 하지만 이밖에도 무수히 많은 마케팅 활동에 AI가 적용되고 있으며, 또한 지금 현재도 새로운 시도가 일어나고 있는 AI 마케팅에 대해 관심을 가지고 지켜봐야 할 것이다. 무엇보다도 AI는 마케팅 담당자들에게 고객이 원하는 것을 더욱 정확히 파악하고 실시간으로 변화하는 그들의 반응을 분석하는 새로운 지원군이 될 것이라는 것은 분명하다. 하지만 아직까지는 AI가 분석한 것에 불안정성과 함께 고객입장에서 AI에 대한 거부감과 불신이 있을 수 있다는 한계점은 인정해야 한다.

무엇보다도 이러한 불신은 AI가 내놓는 결과물의 분석 과정이나 추천 이유에 대해서 인간이 알 수 없는 '블랙박스'에 가깝다는 것에서 시작된다. 즉, AI는 사용자에게 결과에 대한 구체적인 이유를 제대로 설명하지 못하기 때문에 우리에게 여러 가지 신뢰할 수 없거나 우려되는 상황들을 남기게 되는 것이다. 이러한 한계점과 우려 중 가장 심각한 것이 앞서 설명된 윤리적 문제들이다. 전통적인 마케팅 활동에서도 앞으로 중요하게 다뤄져야할 윤리적 이슈들이 AI 마케팅에서도 역시 가장 주목해야할 부분으로 대두되고 있는 것이

---

13) http://www.aitimes.com/news/articleView.html?idxno=122659.

다. 다음 장에서 AI 마케팅에 있어서 재기될 수 있는 윤리적 이슈에 대해 자세히 살펴보도록 하자.

참고문헌

Armstrong, G., Adam, S., Denize, S., & Kotler, P. (2014). Principles of marketing. Pearson Australia.

Kotler, P., Kartajaya, H., & Setiawan, I. (2016). Marketing 4.0: Moving from traditional to digital. John Wiley & Sons.

김성영, 임채운, 이진용 옮김 (2013). 「핵심마케팅」, 서울: 생능출판사. (Kerin, R. A., Hartley, S. W., & Rudelius, W., 2007, Marketing: the core. Irwin, OH: McGraw Hill).

김현정 옮김 (2018). 「인공지능 마케팅」, 서울: 한빛미디어. (Sterne, J., 2017, Artificial intelligence for marketing: practical applications. John Wiley & Sons).

이지연 옮김 (2017). 「인문학 이펙트」, 서울: 마일스톤. (Hartley, S., 2018, The fuzzy and the techie: Why the liberal arts will rule the digital world. Penguin Random House India Private Limited).

임홍택 (2018). 「90년생이 온다」, 서울: 웨일북. (whalebooks).

최윤희 옮김 (2018). 「히트 리프레시」, 서울: 흐름출판. (Nadella, S., 2018, Hit refresh. Bentang Pustaka).

제10장

AI 마케팅과 윤리

I. AI를 이용한 마케팅과 윤리적 이슈

앞서 살펴보았듯이 소비자의 변화와 사회적 마케팅 콘셉트가 중요한 마케팅 관리 철학으로 대두되면서 마케팅 활동에 있어서 윤리적 접근이 중요해졌다는 것을 알 수 있다. 최근 사회적으로 관심이 높아지고 있으며 또한 가장 최신의 마케팅 방법이라 할 수 있는 AI를 이용한 마케팅활동에서도 다양한 윤리적 이슈가 제기되고 있다.

그렇다면 왜 우리는 AI를 마케팅에 이용하는 데 있어서 윤리에 관심을 가져야 하며, 마케팅 담당자들은 마케팅 윤리를 강조해야 하는가? 우리 생활 속에 새로운 기술들이 깊숙이 들어오면서 많은 변화가 진행되고 있다. 전 세계 유저들과 실시간으로 게임을 하고, 자신의 생활을 SNS로 공유하며, 글로벌화 된 세상에서 비슷한 생각을 가진 전 세계인들과 소통하고 협력하며 많은 다양한 결과물을 만들어내고 있다. 하지만 이처럼 넓어진 생활환경과 많은 기회들 안에 다른 사람들을 공격하고, 괴롭히기도 하고 정보를 몰래 해킹하는 등 기술을 부당하게 이용하려는 사람들 또한 존재한다. 4차 산업혁명과 함께 이러한 초 연결된 시대에 오히려 우리는 더 많은 위험에 노출될 수 있기 때문에 신뢰와 윤리가 더욱 우리 삶에 중요하게 다가 오게 된다. 그러므로 AI 마케팅 담당자들에게도 소비자와의 신뢰가 더욱 중요해지면서 소비자와의 신뢰를 만드는 기본인 윤리가 강조 되는 것이다. 하지만 이러한 윤리가 영리라는 이름아래 혹은 개인의 이기적인 생각으로 인해 무력화되는 경우를 비일비재하게 보게 된다.

앞서 소개했던 필립코틀러는 최근 인간 중심의 마케팅 3.0이 더욱 확장된 마케팅 4.0이라는 개념을 소개했고, 초연결된 마케팅 4.0 시대에서 중요한 것은 투명성이라고 강조했다. 마케팅 4.0의 투명성 이라는 것이 지금 우리가 강조하고 있는 AI의 윤리적 이용과 맥락을 같이하고 있으며, 이러한 투명하고 윤리적인 기업이 소비자들에게 사랑받게 되는 것이다. 그러므로 기업들은 지금 소비자들의 신뢰와 사랑을 위해 무엇보다도 AI 마케팅의 윤리적 사용 방법을 고민해야 할 때다.

오늘날 주변에서 AI 스피커를 사용해본 경험이 있거나 광고를 통해 인지하고 있는 사람들을 쉽게 접할 수 있게 되었다. AI 스피커 는 스피커에 내장 돼 있는 AI가 대화의 의도와 패턴을 지속적으로 학습하여 음성인식을 통해 소비자가 원하는 정보를 찾고, 음식을 주 문하고 심지어 간단한 대화를 나눌 수도 있다. AI 스피커가 이러한 편리한 서비스를 제공하기 위해서는 학습할 데이터가 필요하기 때문 에 실시간으로 방대한 우리의 빅데이터를 수집하게 된다. 예를 들어, 아마존의 에코닷, 네이버의 클로바, 구글 홈, KT 기가지니 등과 같은 AI 스피커들은 우리 가족의 목소리, 얼굴, 검색 이력, 나의 습관, 나 의 친구들, 그리고 심지어는 나의 다른 사적인 자료들을 수집한다. 여기서 가장 생각해봐야 할 문제는 기업이 이렇게 수집한 방대한 데 이터를 가지고 무엇을 하는가이다. 우리가 의식적으로 SNS를 통해서 내 개인 생활을 노출시키지 않더라도, 인식하고 있지 않은 지금 현재도 내가 했던 정보이용 동의나 쿠키들을 통해 여전히 내가 검색했던 모든 키워드, 휴대전화와 컴퓨터의 내용, 그리고 이메일 데이터뿐만 아니라 내가 방문했던 곳 등의 위치정보가 기업 및 데이터 마이닝 회사에서 이용되고 있다.

즉, 우리가 윤리적으로 접근 해봐야하는 것은 정보의 수집과 함께 우리의 정보가 어떻게 활용되는지도 함께 포함해봐야 한다. 즉, 우리가 두려워해야 할 것은 AI 자체가 아니라 수집한 데이터를 기반으로 한 그 활용이다. 결과적으로 우리는 이러한 AI에 의해 수집된 우리의 정보가 무분별하게 상업적으로 마케팅에 이용되는데 있어서 경각심을 가져야 할 것이다. 이를 위해 AI를 이용한 마케팅에서 가장 대표적으로 발생할 수 있는 윤리적 이슈를 먼저 살펴보도록 하자. 대표적인 이슈는 AI에 의한 잘못된 추천, 개인정보 유출, 사생활 노출 등을 들 수 있겠다.

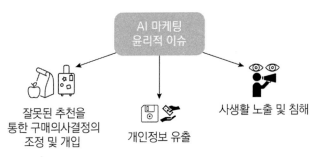

그림 10-1 AI를 이용한 마케팅의 대표적 윤리적 이슈

1. 의도적인 추천을 통한 의사결정의 조정 및 개입

　　2014년 8월 페이스북에서는 '아이스 버킷 챌린지'가 많은 관심을 끌고 있었다. '아이스 버킷 챌린지'는 루게릭병 환자를 돕기 위해 얼음물을 뒤집어쓴 동영상을 게시한 뒤 세 사람을 지목하면, 똑같이 얼음물을 쓰거나 100달러를 기부하게 되는 챌린지 운동이다. 공익과 기부라는 긍정적인 의도가 전 세계 많은 사람들의 참여를 끌어내는 긍정적인 효과를 보였다.

　　그러나 '아이스 버킷 챌린지'가 SNS를 통해 확산되고 있을 당시, 2014년 8월에 미국 미주리주 퍼거슨시에서 10대 흑인 청년이 경찰에 의해 피살되는 사건이 일어났으며 이로 인한 소요 사태가 확산된 '퍼거슨 사건'이 발생했다. 하지만 페이스북에서는 '퍼거슨 사건'보다 '아이스 버킷 챌린지'가 더 많이 회자되고 추천영상 및 기사로 등장했다.

그림 10-2 아이스버킷 챌린지

SNS 분석 업체인 '심플리치(SimpleReach)'의 분석에 따르면, '퍼거슨'이나 '마이클 브라운(퍼거슨에서 백인 경찰관의 총에 맞아 숨진 18세 흑인 소년)'에 관한 기사는 페이스북에서 기사 건당 평균 257회 언급됐으며, '아이스 버킷 챌린지'에 관한 기사는 건당 평균 2천107회 언급되었다.[14] 즉, 페이스북 사용자들은 '아이스 버킷 챌린지'에 대해 '좋아요'의 긍정적인 관심을 보였고, 이를 기반으로 페이스북의 알고리즘이 사용자들의 타임라인에도 이에 관한 게시물이 자주 나타나게 한 것이다. 반대로 '퍼거슨 사건'에 대한 노출이 줄어들고, 줄어든 노출만큼 사람들의 관심도 줄어든 것이라 해석할 수 있다.

결과적으로 알고리즘을 이용한 콘텐츠의 선별이 사용자들에게 노출되는 콘텐츠를 얼마나 한쪽 방향으로 몰아갈 수 있는지가 고스란히 드러났다. 이처럼 흥미로운 것만 보여주려는 인터넷 플랫폼들은 현실을 왜곡시키거나 현실보다 훨씬 작은 일부만을 우리에게 보여줄 수도 있는 것이다. 페이스북에 올라오는 뉴스는 개인에 따라, 그리고 그들의 반응에 따라 알고리즘이 분석하여 관련된 뉴스 및 의견을 추천해준다. 이럴 경우, 사람들은 자기 관점만 강화시키고 자기 생각에만 빠져 남의 시각을 받아들이지 못하게 될 가능성이 높아지는 것이다.

AI는 알고리즘을 이용하여 고객의 마음에 들 만한 상품을 찾아낸다. 즉, 인터넷에서 우리가 보고 듣는 것들을 분석해서 우리의 취향과 활동을 바탕으로 카테고리를 정하고, 해당 카테고리에 해당하는 프로필과 유사한 고객들에게 비슷한 취향의 노래와 콘텐츠 등을 추천해주는 것이다. 하지만, 이렇게 고객들에게 맞춤 추천제품 및 정보를 제공함으로써 구매라는 의사결정에 있어서 편리함을 제공하지만 이러한 과정에서 몇 가지 윤리적인 문제점들이 생기게 된다.

---

14) https://digiday.com/media/facbeook-twitter-ferguson/.

첫째, 어떤 기업들은 고객들을 화나게 하는 정보로 경쟁기업 및 경쟁제품을 비난받게 만들거나 본인들에게 유리한 정보만을 보여주어 꼭 알아야 될 사건에 대해 은폐하거나 고객의 시선을 끌기위한 비윤리적인 의도의 홍보수단으로 사용할 수도 있다.

둘째, 검색창에서 어떤 페이지를 보여주고 어떤 순서로 보여주느냐에 따라 고객들은 자신들의 구매의사결정에 있어서 많은 영향을 받는다. 그래서 인터넷 쇼핑몰들은 검색사이트에서 좋은 순위에 들어가기 위해 많은 비용을 지불하고, 간혹 어떤 업체들은 자극적인 광고문구 및 과장광고를 서슴지 않고 사용하기도 한다. AI를 이용하여 마케팅 담당자들은 의도적인 추천을 통해 소비자들이 좋아할만한 그리고 더 현혹시킬 수 있는 마케팅 도구를 찾아내게 되었다. 이러한 도구를 통해 소비자들을 유혹하고 그들의 구매의사결정에 깊게 개입하면서 이러한 기술의 발전이 인간의 욕구를 충족시키는 것을 넘어 궁극적으로 해를 끼칠 수 있는 과소비로 이어질 수 있게 되는 것이다.

셋째, AI 알고리즘이 제시해준 결과 때문에 소비자의 의사결정에 있어서 편견이 개입될 수 있다. 미국마케팅협회는 AI에 의해 제시한 편향된 정보의 몇 가지 사례를 지적했다. 협회 관계자들은 이러한 편견을 AI 알고리즘에 이용된 데이터에서 비롯된 편견으로 꼽고 있다. 예를 들면, 구글의 이미지 검색에서 'Gymnast' 혹은 'Nurse'를 검색하면 상위 결과에 대부분 여성들을 보여주고 '부모'를 검색하면 이성애 커플을 주로 보여준다.[15]

---

15) https://www.cmswire.com/digital-marketing/establishing-ai-ethics-in-marketing/.

2. 개인정보 유출

우리는 디지털기기를 이용해서 웹 여기저기에 우리의 흔적을 남긴다. 그 결과로 기업은 우리가 누구인지를 우리의 남긴 흔적들을 조합하여 알아내곤 한다. 마트를 가보면 장바구니를 들여다보는 주변사람들의 시선을 느껴 본 적이 있을 것이다. 혹은 우리 자신이 지나가는 다른 사람의 카트 안을 쳐다본 적이 있을 것이다. 왜 주위 사람들의 카트 안을 들여다보게 된 것일까? 우리가 다른 불특정 다수들에게 관심이 많은 것일까? 그렇지는 않을 것이다. 단지 다른 사람들은 뭘 샀나? 라는 단순한 호기심 때문일 것이다. 그런데 재미있는 것은 만약 우리들이 다른 사람의 카트 안을 들여다본다면, 그 사람이 어떤 사람인지 알 수 있을까? 어느 정도는 가능한 얘기다. 만약 카트 안에 아기 분유와 기저귀가 있다면 우리는 당장 그 집에 아기가 있구나 라고 추측할 수 있다.

여러분은 작년 가을, 비오는 일요일 오후에 편의점에서 무엇을 샀는지 기억할 수 있을까? 우리는 기억하기 힘들어도 관련 기업들은 가능할 것이다. 고객의 구매내역이나 그들의 프로파일이 있다면, 우리에 대해 더 많은 것들을 알 수 있고, 급기야 우리보다 우리 자신에 대해 더 잘 알고 있을 수도 있다. 이런 일이 가능하려면 먼저 마케팅담당자들에게 가장 필요한 것은 고객이 원하는 것이 무엇인지 고객의 마음이 반영된 데이터일 것이다. 마케팅담당자들은 이렇게 고객들의 데이터를 통해서 고객이 원하는 것을 원하는 시점에 제공할 수 있게 되는 것이다. 그러다보니 마케팅 담당자들은 더 많고 다양한 고객의 데이터를 수집하여 이용하고자 한다. 또한 제3의 데이터마이닝 회사들은 고객들의 정보를 수집하여 기업에 판매하기도 한다. 요즘은 개인정보 이외에도 웹 데이터, GPS위치정보 등을 수집하여 분석하는 빅데이터 처리기술이 발전하면서 데이터를 유통하는 경우가 더욱 빈번해지고 있다.

지금 현재 우리가 논의하고 있는 마케팅에 도입되는 AI에게도 가장 필요한 것은 고객의 마음이 반영된 데이터 즉, 빅데이터가 필요하다. 이처럼 AI 마케팅의 핵심은 개인화된 빅데이터를 모으는 것에서부터 시작된다고 해도 과언이 아닐 것이다. 그러므로 빅데이터 기술의 발전과 이를 통한 시장 확대로 기업들과 마케팅 담당자들의 관심이 증대되면서 그들은 다양한 빅데이터를 통해 소비자들의 데이터를 수집하고 보유하려 하고 있다. 이로 인해 기업이 수집하고 보유한 데이터의 활용에 대한 윤리적 문제와 데이터 관리 및 보안에 대한 논의 등 다양한 윤리적 이슈가 제기되고 있다. 여러분은 온라인 쇼핑몰에 회원가입하거나 어플리케이션을 다운로드 할 때 혹은 경품추첨 등을 구실로 기업으로부터 여러 가지 개인 정보를 요구 당했던 경험이 있을 것이다. 이처럼 마케팅을 위해 쉽게 개인정보 수집동의 약관이 남발되고 있다.

무엇보다도 두려운 것은 고객으로부터 수집된 개인정보를 포함한 빅데이터가 기업들에 의해 무책임하게 사용될 수 있다는 것이다. 특히 기업의 고객 데이터가 다른 용도로 불법 판매가 되는 경우에 더 큰 문제가 발생하게 된다. 이처럼 마케팅에 있어 데이터의 가치가 높아지면서 이 과정에 고객들의 개인정보가 유출되거나 불법적으로 판매되는 경우도 종종 발생하고 있다. 2014년 1월 KB국민카드(5,300만건), NH농협카드(2,500만건), 롯데카드(2,600만건) 등 3곳의 카드사에서 개인정보 유출사건이 발생했다. 유출된 개인정보의 내용은 고객이름, 주민번호, 휴대전화번호, 카드번호, 주거상황, 카드신용한도금액, 카드신용등급, 카드결제일 등으로 민감하고 중요한 개인정보였고[16], 이러한 개인정보가 해외 온라인에서 불법으로 거래·유통된 것이었다. 이렇게 거래된 개인정보는 개인의 동의 없이 거짓으로 온라인 상품평과 홍보활동 등의 마케팅활동에 사용되고, 혹은 온라인 순위 조작과 심지어 불법 도박 등에도 사용되고 있다.

상황이 이렇다보니, 개인정보의 유출 및 불법매매는 사생활이 공개되거나 개인의 삶을 파괴할 수 있는 매우 위험한 윤리적 이슈 및 존엄성의 문제를 발생시키게 되었다. 만약 유출된 정보가 환자들의 민감 정보라고 한다면, 그 피해는 어마어마할 것이다. 현재 많은 의학 데이터를 분석하여 어떤 약이 특정 증상에 효능이 있는지를 알아내고, 수천, 수백만 개의 빅데이터를 분석하는 방법으로 IBM이 개발한 인공지능 왓슨(Watson)은 암전문가가 되었다. 이와 같이 AI의 알고리즘은 환자의 나이, 혈액형, 혈압, 이전에 병을 앓았던 경험 등과 같은 많은 변수를 고려하여 환자의 병을 가장 잘 낫게 할 수 있는 치료법을 결정하는 것이다.

3. 사생활 노출

요즘 소비자들은 매일 네이버, 구글, 아마존, 페이스북, 카카오톡 등과 같은 플렛폼에서 셀 수 없이 많은 클릭과 메시지를 남긴다. 이렇게 소비자들이 다양한 경로로 많은 흔적을 남기는 사이에 소비자들의 사생활이 노출되고, 기업들은 이러한 사소하고 민감한 데이터들을 포함한 방대한 데이터를 최대한 활용하여 더 정밀한 타겟팅을 통해 경쟁우위를 점하려 하고 있다.

고도화된 알고리즘을 통해 고객의 다양한 빅데이터를 수집하고 분석하여 AI가 제안하는 마케팅은 고객이 원하는 것을 파악하는데

---

16) http://view.asiae.co.kr/news/view.htm?idxno=2014123010020097999.

있어서 기존의 방법보다 정밀하고 실시간으로 고객이 원하는 것을 반영하는데 있어서 우월할 수 있다. 하지만 빅데이터에 포함된 다양하다못해 사소한 것까지 모두 반영된 개인정보가 사생활 노출이라는 또 하나의 윤리적 이슈를 가져오게 된다.

심심하다는 아이에게 자신이 쓰는 아이패드를 빌려주면 어떤 일이 생길까? 아이가 쓰고 난 후 아이패드를 가지고 유튜브를 열어보면 유아용 콘텐츠들로 깜짝 놀라게 될 것이다. 동요 및 장난감을 가지고 노는 장면이 가득한 유튜브 채널들이 가득 화면을 채우고 있다. 우리 아이의 관심사를 볼 수 있고 그 귀여움에 아빠미소를 짓다가 갑자기 불안함이 엄습해온다. 그것은 바로 나의 사소한 정보까지 이용하여 나의 패턴을 분석하고 이것을 마케팅에 사용하고 있다는 것이다. 조금 과장해보면 앞으로 나는 단순히 유튜브를 통해 영상을 보는데 있어서도 누군가의 감시를 느끼며 마음대로 내가 원하는 영상을 보기가 두려워지는 것이다. 인간은 다양한 사고와 가치관을 가지고 있기 때문에 '나는 아닌데' 혹은 '뭘 별걸 다 무서워해'라고 사생활 노출에 대한 우려를 무시하지 말아야 한다는 것이다. 이것은 AI와 빅데이터를 이용하는 마케팅 담당자뿐만 아니라 오늘을 살아가는 우리가 꼭 한번 이러한 사생활 노출에 대해 심도 있게 고민하고 공감해야 할 중요한 윤리적 문제인 것이다.

앞서 설명했듯이 AI의 알고리즘을 통해 마케팅 담당자들은 센서, GPS, 온라인 콘텐츠 및 서비스를 이용하면서 고객이 남긴 흔적으로부터 대량의 데이터를 수집하고 분석할 수 있다. 수집된 정보를 분석하여 아이디어를 연결 지으면, 누가 누구인지, 누가 무엇을 하는지를 알 수 있다. 예를 들어, 이해를 돕기 위해 조금 과장하자면 특정 나이에 특정 옷을 구입하고, 특정 휴대전화를 사용하여 특정 앱을 통해, 특정 드라마를 시청하고, 특정 검색엔진을 통해 드라마에 나온 옷을 검색한다면, 이러한 사람은 우리 국산차와 외제차 중 어떤 것을 선호할 것이다 라는 결과가 나올 수도 있는 것이다.

오늘날 우리는 자신에 관한 정보들이 마케팅의 재료로 이용되지 않길 원하지만, 동시에 더 편리하고 풍요롭게 소셜 관계를 누리며 여러 서비스를 사용하고 싶어 한다. 이제는 우리 생활에 없어선 안 될 정도로 깊이 자리잡고 있는 소셜 미디어를 무료로 이용하고 있는 대신 기업들은 우리의 정보를 원하고 이것을 마케팅에 이용하여 수익을 창출하고 있는 것이다. 물론 페이스북이나 구글, 트위터 등 소셜 미디어 기업들은 모두 영리 기업이므로 영리적 목적으로 데이터를 수집하는 것은 그들의 입장에서 보면 어쩌면 당연한 일이고 중요한 일일 것이다. 하지만 자신들이 제공하고 있는 소셜 미디어 서비스를 이용하려면 모든 정보를 공유해야 한다고 강요하는 것은 잘못된 것이다.

특히 사생활의 무분별한 사용은 마케팅에서 고객들의 위치정보를 이용하면서 발생한다. 누군가의 위치정보는 다른 수많은 정보로 이어질 수 있다. 무엇을 했는지, 어떤 생각을 했는지를 반영하는가 하면 때로는 신념이나 직업이 무엇인지도 금방 드러나게 된다. 우리의 모바일 기기들을 통해 AI의 알고리즘이 수집가능한 개인의 위치정보는 특히 중요한 민감 정보를 포함하고 있다. 위치정보를 시간대별로 쪼개어 분석할 경우, 개인의 신원정보를 거주지는 물론 정치 성향, 입맛, 종교, 성생활, 쇼핑 성향, 건강, 직업, 가족, 친구 등 대인관계까지 파악하는 등 자세하고 속속들이 개인의 사생활에 대해 묘사해 조합해낼 수 있기 때문이다.

타겟(Target)[17]은 임산부들과 함께 임산부들과 비슷한 쇼핑행동을 하는 여성고객들에게 출산용품의 쿠폰과 함께 DM(direct mail) 전단지를 발송했다. 하지만 잔뜩 화가 난 어느 아버지가 매장 관리자

---

17) https://corporate.target.com/about/purpose – history.

에게 전화를 걸어 열여섯 살 난 딸이 임신부용 전단지를 받았다며 기분이 좋지 않다고 항의하는 일이 생겼다. 매장 관리자는 화난 아버지에게 사과를 하고 진정시킨 다음에 진상을 파악해 본 결과, 그 여자 아이가 정말로 임신 중이었던 것을 확인할 수 있었다.[18] 이 에피소드를 들은 여러분은 어떤 생각이 드는가? 혹시 역시 빅데이터를 기반으로 하는 분석 알고리즘이 정확한 타겟팅을 통한 높은 마케팅 성과를 가져오겠구나 라고 감탄하고 있지는 않은가. 그럴 수 있다. 하지만 그 이면에 빅 브라더가 여러분에 대해 너무 많은 것을 알고 있어 두렵지는 않은지 묻고 싶다.

이후 타겟은 이 사건을 교훈삼아 업무방식을 바꿨다고 한다. 출산용품 같은 경우에는 일부 여성들이 불쾌한 반응을 보인다는 것을 알고, 기저귀 옆에 와인잔 쿠폰을 넣는 식으로 임산부들이 사지 않을 것 같은 품목과 함께 육아용품을 배치한 DM을 발송하여, 우리가 당신을 염탐하고 있다는 불쾌함은 줄이고, 여러 품목 중에 자신이 필요한 출산 및 육아용품을 쉽게 발견하도록 했다.

II. AI 마케팅의 윤리적 접근 방향

지금까지 마케팅에서의 윤리적 접근의 필요성과 마케팅 환경의 변화로 인해 관심이 높아진 AI 마케팅에 대해 살펴보았다. 전통적인 마케팅과 AI를 이용한 마케팅 모두 마케팅의 기본은 변화되지 않았으며 단지 고객을 이해하기 위한 방법의 진화가 계속되고 있다는 것을 공감하게 되었다. 앞서 설명했듯이, 마케팅은 고객이 원하는 것을

---

18) https://www.forbes.com/sites/kashmirhill/2012/02/16/how−target−figured
−out−a−teen−girl−was−pregnant−before−her−father−did/#3f31514
c6668.

파악하고 이것이 반영된 제품 및 서비스를 생산하여 판매하고 궁극적으로 고객에게 가치를 제공하는 일련의 과정을 의미한다. 그러므로 이 모든 마케팅 과정에서 마케팅 담당자들은 AI를 이용하여 기존에는 고려해보지 못했던 여러 가지 형태의 데이터와 변수들을 이용하여 조금 더 정밀하게 고객이 원하는 것을 알아낼 수 있게 되었다. 또한 이렇게 출시된 제품 및 서비스에 대한 고객의 반응을 실시간으로 수집하여 실제로 고객에게 높은 가치를 제공하고 삶의 질을 향상시키는지에 대해서도 파악하여 다시 마케팅에 반영할 수 있게 되었다.

또한 AI 마케팅에서 제기되는 윤리적 이슈들을 살펴보면서, 기존의 마케팅 활동보다도 더욱 윤리적인 접근이 필요하다는 것을 실감하게 되었다. 그렇다면 이제 AI 마케팅을 수행하는 데 있어서 윤리적 접근방안을 몇 가지 논의해보자.

그림 10-3 마케팅의 윤리적 접근방향

1. 윤리적 AI 마케팅활동이 기업의 경쟁우위가 될 것이다.

최근 LG 및 삼성에서는 AI세탁기 및 건조기와 에어컨을 출시하면서 가전에도 AI가 적극적으로 도입되고 있다. 이러한 AI 가전들은 인공지능 알고리즘이 적용되어 사용자의 사용 습관과 주변 환경을 감지해 자동으로 최적의 상태를 추천하고 유지해 주는 방식이다. 하지만 고객들에게는 편안하지만 새로운 기술에 대한 불신과 우려가 항상 동시에 존재한다. 이러한 경우, 기술에 대한 우려감을 낮출 수 있는 신뢰를 쌓는 것이 해당 제품 및 서비스의 존폐를 넘어서 기업과 소비자의 관계를 장기적으로 유지해 줄 수 있는 좋은 방법일 것이다. 즉, AI 알고리즘이 어떻게 작동하고 우리의 어떤 데이터들을 수집하여 반영하게 되는지 등을 미리 홍보하고, AI 사용의 윤리적 기준과 보상방법을 명시하여 판매하는 것이 고객의 기술에 대한 우려감을 낮춰주게 되는 것이다. 궁극적으로 이러한 활동은 AI가 제품에 적극적으로 응용되는 시대에 관련 기업이 경쟁우위를 가질 수 있는 전략적인 마케팅 방법이 될 것이다.

요즘 기업들은 과거 보다 윤리적 방식으로 기업 활동을 해야 하는 것에 대한 중요성이 높아지고 있다는 것을 알고 있다. 이러한 변화를 적극적으로 수용하고 있음을 고객들에게 전달하는 것이 필요하고, 이를 전달하기 위한 가장 실질적인 방법은 광고나 홍보와 같은 마케팅 커뮤니케이션 활동일 것이다. 기업의 윤리적 활동을 광고 및 홍보를 통해 소비자에게 더 많이 전달하려고 노력한다면, 장기적으로는 이러한 활동이 기업의 사업 모든 분야에 긍정적으로 반영될 것이다. 즉, 우리 기업의 AI의 윤리적 마케팅 활용도 마케팅 커뮤니케이션 활동을 통해 소비자들에게 효과적으로 전달한다면, 그 노력은 기업의 좋은 평판으로 돌아올 것이다. 그러므로 무엇보다 윤리적 마케팅 활동을 규제 준수 문제로 보기보다는 하나의 마케팅 기회로 인식하는 것을 제안한다.

특히 애플(Apple)은 AI 알고리즘에 기본이 되는 개인정보 취급과 관련하여 윤리적 활동을 마케팅 기회로 전환하려고 노력하고 있다. 그결과 제품의 기술력 만큼이나 이용자들의 프라이버시를 무엇보다도 중요하게 생각하는 기업으로 잘 알려져 있다. 애플은 자신들이 엄격히 준수하려고 노력하는 프라이버시 정책과 알고리즘의 투명성을 강조하며 애플과 iOS 앱 개발자들이 확인할 수 있는 것과 없는 것을 공개적으로 명시하여 소비자의 신뢰를 얻고 있다. 예를 들어, 수집한 익명 데이터의 경우 애플은 아이폰과 아이패드 고객들을 위한 맵스(Maps)와 시리(Siri)의 성능 향상 등을 위해 수집하겠다는 명확한 이유를 제시하고 있다. 이를 통해 고객들에게 자신들의 개인정보 수집활동이 어떤 곳에 쓰이고 또한 필요한 데이터만을 수집하고 있다는 것을 투명하게 보여주고 있으며, 궁극적으로 이를 통해 고객들이 받게 될 혜택이 무엇인지 알려주고 있다.

애플은 향후 새로운 운영체제 iOS 14를 통해 강화된 사생활 보호기능을 추가하여 사용자들에게 앱별로 추적을 허용 또는 거부할 수 있는 기능을 제공할 것이라고 밝혔다. 또한 이와 함께 애플의 새로운 신규 아이폰 광고를 통해 그들의 개인정보보호 정책을 강조하려는 강력한 의지를 고객들에게 유머러스한 어필방법을 통해 보여주고 있다. 광고에 등장하는 사람들은 개인 ID와 비밀번호, 이혼 변호사 검색, 직장 동료 험담 등과 같은 민감한 자신의 정보를 많은 사람들이 있는 곳에서 외치며 공유하고 있다. 과도한 개인정보의 노출 및 공유의 위험성을 보여주고 있는 광고이다. 또한 마지막에는 자물쇠 모양의 애플 사과로고가 애플의 개인정보 보호 기능을 소비자에게 재차 강조하고 있다.

이러한 광고는 개인정보 유출과 과도한 사생활침해로 걱정하고 있는 소비자들에게 어필하여 그들이 경쟁자보다 애플을 선택하게 만드는 강력한 동기가 될 것이다. 결과적으로 소비자들의 정보를 보호하고자 하는 노력을 기본으로 하는 애플의 윤리적 마케팅활동은 AI 마케팅 시대에 장기적인 경쟁적 우위를 가져오게 될 것이다.

특히 마케팅에 있어서 고객에게 AI가 하는 일을 알려주는 것은 기업의 활동에 대한 투명성을 확인시켜주고 AI기술에 대한 우려감을 낮춰주는 동시에 AI 마케팅 활동에 신뢰를 쌓게 되는 것이다. 즉, 고객이 스스로 학습해서 진화하는 AI 속에 어떤 내용이 들어 있고 정확히 어떤 일을 하는지 확인할 수 있게 만들어야 할 것이다. 현재까지 AI가 고객의 선택을 도와주고, 필요로 할 것을 미리 예측하여 추천하고 있지만, 대부분의 AI 알고리즘은 블랙박스와 마찬가지다. 즉, 개발자나 기업이외에는 아무도 어떤 변수들을 통해 이러한 결과를 얻어 내는지 알 수 없으며, 알고리즘이 고려하는 기준들이 옳은 것인지 혹은 위험한 것인지조차 알 수 없다는 것이다. 예를 들어, 너무 다양한 신용카드가 존재하고 어떤 신용카드가 나에게 맞는지를 추천받는 경우를 생각해보자. 실제로 얼마 전까지 다양한 고객들의 니즈 및 욕구를 반영하기 위해 세분화를 진행해왔기 때문에 한 개의 카드회사에도 수십 종이 넘는 신용카드 종류와 하위브랜드가 존재하고 있다. 그래서 나에게 맞는 카드를 선택하는 것은 굉장히 오랜 노력과 시간을 쏟아야하는 작업이 되어버린 지 오래되었다. 그래서 이러한 고민을 덜어주기 위해 카드사들은 자신의 홈페이지에 고객이 접속하면 간략한 기본데이터들을 고려하여 해당고객에게 유용한 카드를 제시해주는 서비스들을 개발하여 왔다. 하지만 예를 들어, 어떤 카드회사에서 다양한 고객의 데이터를 바탕으로 높은 마케팅 성과를 얻기 위해 AI를 도입했고, 그 알고리즘이 그 사람의 정치성향이나 부모의 인종을 따진다면 이것은 공정하지도 윤리적으로 옳은 방법도 아닐 것이다. 그러므로 이러한 추천 및 선택이 어떠한 알고리즘에 의해 진행되는지 또한 나의 어떠한 정보들이 수집되어 진행되고 있는지를 고객들이 파악할 수 있게 쉽게 보여주는 작업이 필요할 것이다. 즉, AI 마케팅 담당자들은 AI의 행동 및 작동 프로세스를 잘 설명하고 보여주는 도구 및 시각화를 제시해야 한다. 예를 들어, 제품마다 동봉되는 설명서, 온라인 쇼핑몰 등에 추가 페이지로 제작하여 AI 알고리즘과 수집되는 자료들을 알고자하는 고객들에게 쉽게 전달되어야 할 것이다. 이러한 노력들이 고객들에게 신뢰를 형성하고 궁극적으로 윤리적인 AI 마케팅을 수행할 수 있게 된다.

2. 인간의 삶의 질을 높이기 위한 알고리즘과 제품개발이 필요하다.

AI의 알고리즘을 적용하고 이를 통해 제품을 개발하는데 있어서 '인간의 삶의 질을 높이겠다' 고 하는 기업의 철학이 바탕이 되어야, 마케팅에 있어서 윤리적인 AI 사용이 가능하다. 이것을 논의하기 위해서는 우리가 먼저 알고리즘이 무엇인지 명확히 알 필요가 있다. AI를 통한 알고리즘을 이해한다면 이제 알고리즘으로 윤리를 헤치지 않고 우리가 할 수 있는 좋은 일들이 많다는 것을 알 수 있을 것이다.

우리의 라이프스타일일 수도 있는 쉬운 예를 들어보자. 아침에 일어나서 전자레인지에 즉석밥을 넣고 1분 20초를 돌린다. 허둥지둥 나가는 시간을 휴대전화 알림으로 체크해놓고 밥을 먹었다. 집 앞 버스정류장에서 333버스의 도착위치를 휴대전화 앱을 통해 확인하고 도착한 버스를 타고 학교로 등교했다. 수업이 끝나고 친구와 점심식사를 하기위해 카카오톡으로 톡을 주고받았다. 집에 돌아오는 길에 온라인 쇼핑몰에서 최신유행의 의류를 구경하고 작은 가방을 하나 결제했다. 돌아와 스웨터를 세탁하기 위해 세탁기에 넣었고 세탁기는 스웨터에 적당한 물 온도와 시간을 자동으로 측정해 세탁을 시작하였다. 저녁식사 후 잠자리에 들기 전에 페이스북에 오늘 먹은 저녁 사진을 올리고, 친구가 올린 사진에 '좋아요'를 누르고 잠이 들었다. 이처럼 평범해 보이는 우리의 일상생활 속 모든 곳에 알고리즘이 있다면 믿어지겠는가?

요즘 다양한 채널을 통해 많은 사람들에게 알고리즘이라는 용어가 회자되고 있다. 하지만 단순히 컴퓨터가 구동되는데 사용되는 것 정도라고 어렴풋이 감을 잡을 뿐, 실제로 알고리즘이 정확이 어떤 것인지는 아는 사람들이 드물다. 알고리즘은 어떠한 문제를 해결하거나 계산해내기 위한 명령의 집합을 의미한다. 간단히 이해를 돕기 위해 설명하자면, 태블릿에 있는 카메라와 검색엔진, 인스타그램에 올리는 포스팅을 관리하는 프로그램도 모두 알고리즘이다. 또한 우리 생활 여러 분야에 활용되어 곳곳에 스며들어 있다. 버스 정류장에서 버스가 도착하는 시간을 알려주는 프로그램, 교통 상황을 알려주는 위치항법장치(GPS, Global Positioning System)의 위치정보와 자동현금인출기(ATM)를 작동하는 프로그램도 알고리즘의 하나이다. 이처럼 현재 알고리즘은 우리가 있는 모든 곳에 존재한다. 즉, 알고리즘이 사람을 대신하여 자동화기기 및 AI에 언제, 무엇을 해야 하는지 명령을 하게 되는 것이다. 전기밥솥이나, 엘리베이터, 자동차 계기판도 알고리즘의 명령에 따라 움직인다.

그렇다면 이렇게 우리생활 깊숙이 들어와 있는 AI 알고리즘을 가지고 마케팅 담당자를 비롯해 우리가 해야 할 일은 무엇인가? 전문가들은 MS 채팅봇 테이(Tay) 사태[19]에 대해 신기술을 가지고 새

---

19) 유저들이 나쁜 의도를 가지고 MS의 인공지능 채팅봇에게 대화를 통해 편견들을 학습하게 만든 후, 채팅봇이 성·인종차별 발언 등을 트위터에 쏟아내어 서비스를 선보인 지 16시간 만에 중단하게 된 사건이다.

로운 영역에 적용할 때는 항상 이것이 누구에게 도움이 되는 일인지를 먼저 질문해야 한다고 지적했다. 즉, AI 개발자와 마케팅 담당자들은 기술을 발전시키고 그 기술을 마케팅에 적용하는 데만 몰두하지 말고, 그전에 그것의 대상이 되고 이용자가 되는 소비자 즉, 우리 삶의 질을 높이고 보호하는 문제에 관심을 가져야 한다는 것이다.

그러기 위해서 마케팅 담당자들도 인문학적 소양을 늘려야 할 것이다. 왜냐하면 인문학이란 인간의 삶을 연구하는 학문이기 때문에 우리의 삶을 이해하는데 큰 도움이 되기 때문이다. 흔히 인문학적 소양이라고 하면, 소설책을 읽고, 역사, 음악, 미술에 대한 공부를 해야 한다고 오해하는 사람들이 있는 것 같다. 하지만 소설, 역사, 음악, 미술 등은 인간의 삶을 반영하고 있으며 그들의 삶의 단편을 들여다 볼 수 있는 좋은 방법이기 때문에 강조되는 것이지 그것이 인문학의 전부는 아니다. 그러므로 인문학적 소양을 갖기 위해서는 무엇보다도 나와 타인의 삶에 관심을 갖고 이해하려는 마음가짐이 가장 중요하다. 이를 위해 마케팅 담당자들에게 기업의 경영과 마케팅 기법들 이외에 다른 영역에 대한 관점을 넓히기 위해 다양한 영역의 직·간접적인 경험을 늘리기를 추천한다. 예를 들면, 마케팅 담당자가 되기를 원하는 대학생들에게 우리는 친구들과 미술관도 가보고 백화점의 명품관도 자주 가보라고 추천한다. 평범한 대학생들에게 백화점 명품관은 자신들의 라이프스타일과 동떨어진 곳일 가능성이 높고, 전공이 미술이 아니라면 중고등학교 때 수채화를 그려본 것이 마지막이었을 수 있기 때문에 미술관과 또한 자신과 관련 없는 장소라고 생각할 것이다. 무엇보다도 그런 곳들이 내가 마케팅을 하는데 어떤 도움이 되는지 이해할 수 없을 것이다. 하지만 윤리적인 마케팅 활동을 위해서는 인간의 삶의 질을 높이는 것이 중요한 기본 철학이기 때문에, 마케팅 담당자들은 인간으로서 소비자에 대해 잘 이해하기 위해서는 자신이 경험하지 못했던 환경에 대해서도 잘 알아야 한다. 그래야만 내가 아닌 다른 많은 사람들의 시각에서 그들의 심리와 환경을 이해할 수 있게 되는 것이다. 이것이 바로 미술관과 명품관에도 가보아야 하는 명확한 이유가 되는 것이다.

이제 앞선 논의들을 통해, AI 알고리즘을 개발하거나 적용하기 전에 우리가 인간의 삶의 질을 높이려는 철학을 갖게 되었다면, 지금부터는 AI 알고리즘을 실제로 마케팅에 적용하여 윤리적이고 긍정적인 마케팅 효과를 얻어야 할 차례다. 마케팅 담당자들은 알고리즘을 통해 매우 많은 일을 할 수 있다. 마케팅 담당자 대신 정보를 찾아내고 파일을 정리한다. 또한 이렇게 수집하고 정리한 데이터를 분석하고 계산할 수 있고 궁극적으로 많은 마케팅 활동과 관련된 여러 결정을 도와준다. 이처럼 AI 알고리즘의 지원으로 마케팅 담당자들이 할 수 있는 인간의 삶의 질을 높일 수 있는 일명 '좋은 마케팅'은 무수히 많다.

은행 및 대출기관들은 보통 신용점수를 이용해서 돈을 빌리려는 고객들의 신용도를 판단한다. 예전에는 은행 상담원들이 직접 상담과 소득, 세금납부 현황 등을 바탕으로 고객의 신용도를 평가하였지만 지금은 신용평가회사와 협업을 통해 대출업무를 수행하고 있다. 또한 현재는 이러한 신용평가에도 AI를 이용하는 경우들이 늘어나고 있다. 즉, 대출을 신청할 때마다 AI 알고리즘이 이전에 대출을 신청한 이력이 있는지, 대출금은 잘 갚고 있는지, 연체한 이력은 없는지 등을 분석하여, 신청하는 사람들의 신용점수를 계산하게 된다.

개발도상국의 자영업자들도 경영을 하면서 대출이 필요한 경우들이 많을 것이다. 하지만 은행이 개발도상국의 영세한 자영업자들에게 대출을 해주기에는 돈을 빌려줘야 할지 말지를 판단할 신용기록 등의 객관적 근거가 없는 경우가 대부분이라는 게 문제였다. 기존에는 대출 기관들이 직접 직원을 현장에 보내어 영세한 자영업자들을 만나 신용도를 평가하게 했는데 이를 통해 발생하는 비용이 상대적으로 높아 소액대출의 이자율 또한 높아질 수밖에 없었던 구조이다. 이러한 상황에도 고객을 만족시킬 수 있는 대출기관들의 성공적인 마케팅이 가능할까? 물론 가능하다. 즉, 앞서 설명한 인간의 삶의 질을 높이려는 철학을 바탕으로 윤리적이고 긍정적인 알고리즘을 마케팅에 사용할 수 있다.

그 좋은 사례가 바로 탈라(Tala)[20]의 시스템이다. 탈라는 개인의 휴대전화에 축적된 문자 메세지, 통화기록, 위치 정보, 연락처 같은 방대한 양의 개인 데이터를 활용하여 대출을 필요로 하는 고객의 일상생활을 기반으로 대출 유무를 판단한다. 탈라의 시스템은 먼저 돈이 필요한 고객이 탈라 모바일 앱을 스마트폰에 다운로드받아서 간편하게 대출을 신청할 수 있는 플랫폼이다. 편리함을 추구하는 현대소비자들의 심리를 반영하여, 이러한 간편대출 플랫폼들이 요즘 많이 늘어나고 있다. 하지만 탈라(Tala)의 알고리즘은 자금이 꼭 필요하지만 전통적인 신용평가기준 만으로는 아쉽게도 대출할 수 없는 안타까운 고객들을 위한 알고리즘을 이용한다는 큰 차이점이 있다. 몇 가지 기준들을 소개해보면 다음과 같다.

밤 10시 이후에 전화를 더 많이 거는 사람일수록 더 좋은 대출자라고 판단한다. 이러한 기준을 알고리즘에 적용시킨 이유는 전화요금이 더 저렴한 심야시간의 전화를 거는 것은 자신에게 주어진 선택사항에서 아끼고 최선을 다하고 있는 사람일 것이라고 판단할 수 있다는 것이다. 또한 전화 통화를 대부분 4분 이상 하는 사람들이 상환에 있어 위험이 더 적은 대출자라고 판단한다. 왜냐하면 탈라는 이들은 전화로 더 좋은 인간관계를 구축할 수 있는 사람이라고 판단

___
20) https://tala.co/.

하기 때문이다. 이 외에도 은행 인출기록이나 예치금, 인적사항 등 금융권에서 이용하는 전통적인 데이터를 포함하여 앞서 설명한 판단 기준을 비롯하여 대출자의 소셜 미디어 등 많은 데이터 자료를 평가하여 대출자에 대해 전체적인 평가를 내리고 있다.

요즘은 배달 앱을 통해 음식을 주문하는 일이 흔하다. 스마트폰의 보급확대와 여러 가지 사회현상 등이 점점 배달 앱의 인기를 높이는데 한몫을 하고 있다. 특히 배달 앱을 사용하는 데 있어서 소비자들은 무엇을 기준으로 입점해있는 여러 음식점들을 판단하는 것일까? 실제로 여러 음식점들이 입점 되어 있고 음식사진 촬영기술이 좋아져서 인지 어디가 괜찮고 맛있는지 알아내기가 어렵다. 이럴 경우 우리가 좋은 선택을 위해 기댈 수 있는 것은 다른 사람들이 올린 후기일 것이다. 하지만 우리는 괜찮은 후기를 보고 선택했다가 낭패를 보는 경우를 경험하게 된다. 흔히 우리는 '알바를 써서 작성한 후기'라고 말하기도 한다. 맛없으면 먹다가 버리고 다시 안 시켜도 되는 음식배달이라면 그 피해는 크지 않겠지만, 만약 중고자동차 구매나 고가의 전자제품 등을 구매하는 상황이라면 비윤리적인 마케팅에 악용할 의도로 작성된 후기나 상품평으로 인한 개인적인 피해는 심각할 것이다. 이러한 상황에서도 인간의 삶의 질을 높이려는 철학을 바탕으로 윤리적이고 긍정적인 알고리즘을 이용한 AI 마케팅이 가능하다. 배달 앱 '요기요'를 운영하는 딜리버리히어로코리아[21]는 입점 음식점에 대해 '가짜 리뷰'를 판별하는 데 AI 알고리즘을 활용하고 있다. 딥러닝 기술을 활용한 이 알고리즘은 불량 고객이 음식과 무관한 엉뚱한 사진을 올리고 후기에 따른 혜택만을 가져가 오히려 음식점이 피해를 보게 되는 경우가 발생하는 가짜 후기를 걸러 내준다. 이러한 AI알고리즘을 이용하여 소비자들의 후기

---

21) https://www.deliveryhero.co.kr/company.

에 대한 신뢰성을 높이고, 가짜 후기를 통해 피해를 보는 음식점을 줄이는 긍정적인 효과를 거두고 있다. 실제로 딜리버리히어로코리아는 가짜 후기와 허위 포토리뷰를 96% 수준까지 걸러낼 수 있다고 한다.[22]

제품개발에 있어서도 윤리적인 제품개발이 필요하다. 세계에서 가장 영향력 있는 디자이너 중 한 사람인 도널드 노먼(Donald Norman)[23]은 제품과 기업, 소비자에 대한 오랜 연구와 다양한 경험을 바탕으로 제품과 디자인의 패러다임이 인간 중심적이어야 하며, 특히 기술의 혁신은 우리 삶의 질을 높여야 한다고 주장하였다. 즉, 노먼이 주장하는 인간 중심 디자인의 핵심은 기술 제품을 보다 인간에게 이롭게 만드는 디자인 윤리인 것이다. AI 마케팅에서도 고객을 인간으로 보고 그들의 만족을 더 확장하여 인간을 이롭게 만드는 제품 및 서비스를 개발하는 윤리적 접근이 필요할 것이다. 제품이나 서비스에 적용되는 디자인 또한 노먼이 주장하는 인간과 정교하게 소통하고 그들을 이롭게 만드는 디자인 윤리를 가져야 할 것이다.

3. AI의 윤리적 마케팅 사용의 기본은 빅데이터 윤리다.

마케팅 부서에서는 무엇을 어떻게 팔아야 할지 그 방법을 알아내기 위해 여러 유형의 데이터를 교차 분석하게 된다. 단순히 연령, 성별을 이용하여 소비자를 분석하기 보다는 그 사람의 구매이력 및 방문횟수, 위치정보, SNS 게시물 등의 다양한 유형의 데이터들을 이용하여 보다 효과적인 마케팅 성과를 얻으려 할 것이다.

---

22) http://www.sisaon.co.kr.
23) https://terms.naver.com/entry.nhn?docId=2077950&cid=44546&categoryId=44546.

AI의 알고리즘이 이와 같은 고객의 데이터들을 수집하고 분석해서 고객의 쇼핑 성향뿐만 아니라 고객이 어떤 물건을 구매할 경향이 있는지 등을 알아내어 프로필을 작성한다. 이러한 데이터 분석을 바탕으로 고객이 온라인 쇼핑몰에 방문할 경우, AI가 알아서 미리 파악한 고객의 취향에 맞추어 상품을 제안하게 되는 것이다. 결과적으로 AI 마케팅에 기본이 되는 것은 빅데이터다. 그러므로 AI의 윤리적 마케팅 사용은 빅데이터 수집 및 이용에 대한 윤리적 접근이 우선되어야 한다. 만약 기업이 고객의 빅데이터를 투명하고 윤리적으로 이용하지 않아 윤리적 문제를 발생시키게 된다면 이것은 해당 기업의 제품과 서비스에 대한 불신으로 이어질 것이다. 결국 기업이 아무리 훌륭한 품질의 제품과 서비스를 출시하더라도 그들이 마케팅에 이용하는 고객의 빅데이터의 수집과 처리가 윤리적으로 이루어지지 않는다면 소비자는 그 기업과의 관계를 단절하게 될 것이다.

그러므로 AI의 윤리적 마케팅 사용을 위해 먼저 마케팅 담당자들이 빅데이터를 취급하는 데 있어서 윤리적이어야 한다. 즉, 빅데이터를 수집하고 사용하는 데 있어서 윤리적 기반이 필요하다.

그러기 위해서는 먼저, 브랜드와 마케팅 담당자가 데이터 사용에 대한 책임을 더욱 깊이 인식해야 한다. 둘째, 기업은 고객에게 무료 서비스를 제공하는 대가로 기업이 고객의 개인 정보를 수집한다는 사실을 반드시 알려야 한다. 셋째, 기업은 고객이 자신의 개인 정보가 어떻게 사용되는지 알 수 있도록 데이터를 투명하게 운영해야 한다. 또한 마케팅 담당자들은 온라인 사이트를 통해 불필요한 개인 정보를 수집하지 말아야 할 것이다. 다시 말해, 마케팅에 필요한 고객의 데이터를 수집할 때는 수집하는 목적과 이용되는 사용처를 투명하게 밝히는 것이 AI를 이용한 윤리적 마케팅에 필수적으로 필요하다. 넷째, 고객이 기업이 가진 자신과 관련된 데이터를 삭제해줄 것을 요구할 수 있는 쉬운 접근경로를 마련해 두어야 할 것이다.

빅데이터와 분석 분야의 기술 컨설턴트인 랜달 스캇 킹(Randal Scott King)은 빅데이터를 이용하는 프로젝트를 진행하는 데 앞서 다음과 같은 5가지의 질문을 통해 기업이 활용하고자 하는 빅데이터의 수집과 사용에 대해 윤리적인 기준으로 체크해 볼 것을 제안하였다.[24] AI를 이용한 마케팅에서 AI의 학습과 알고리즘에 반드시 필요한 고객들의 빅데이터를 취급하는 데 있어서 반드시 선행되어야 할 윤리 프레임워크일 것이다.

① 우리가 수집한 데이터는 익명인가, 또는 특정인을 규정하고 있는가?

② 데이터의 수집 방법은 어떠한가?
  −개인이 우리에게 데이터를 제공했는가?
  −다른 데이터로부터 추론되어 얻은 것인가?
  −혹은 구입한 것인가?

③ 이 데이터 사용은 일부 지역에서 불법으로 간주되지는 않는가?
  −데이터 사용에 있어서 불법적인 의혹이나 혐의가 있는가?

④ 데이터의 주인은 우리가 본인의 데이터를 사용하고 있다는 것을 알고 있다면 불편해 할 것인가?

⑤ 우리는 다른 사람이 우리에 대해 많은 것을 알고 있다는 사실을 받아들일 수 있는가?

---

24) http://www.kbig.or.kr/sites/default/files/bigdata_monthly/file/2_7%ED%98%B8_%EC%84%B8%EA%B3%84%EC%86%8D%EC%9D%98%20%EB%B9%85%EB%8D%B0%EC%9D%B4%ED%84%B0.pdf.

4. 명확한 책임과 보상체계가 마련되어야 한다.

우리는 어떠한 윤리적인 문제가 생기기전에 앞서 제시된 윤리적 접근법을 고려하고 적용해야 할 것이다. 하지만 기업에게 있어서 이러한 사전적 노력 이외에도 AI 마케팅으로 인해 윤리적 문제가 발생하였을 때 사후에 무엇을 어떻게 할 것인지도 중요한 문제이다. 그러므로 기업은 AI를 이용한 마케팅 활동에 있어서 소비자들에게 잘못된 추천으로 인한 피해, 사생활침해 , 개인정보 유출 등의 개인적 안전을 침해하는 경우 명확한 책임과 보상체계를 마련해야 할 것이다.

미국에서 전기차를 생산하여 판매하는 테슬(Tesla)라는 현재 배터리 성능과 자율주행기능을 공격적으로 마케팅하고 있다. 하지만 테슬라 차량의 '자율주행' 기능에 의지해 차량에 탄 상태로 맥주 파티를 벌이는 젊은이들의 모습이 소셜 미디어에 공개되어 논란이 되고 있다. 이 영상은 한편으로는 테슬라의 발전된 자율주행기술을 엿볼 수 있는 좋은 홍보영상이 될 수도 있지만, 많은 사람들이 음주운전의 위험성과 안전 불감증에 대해 우려를 표하고 있다.[25]

실제로 미국에서는 2018년에 첫 '자율주행 음주운전' 사건이 벌어져 운전자가 음주운전 혐의로 체포된 적이 있다. 테슬라는 사전에 책임소재를 명확히 하는 매뉴얼을 제작하여 자율주행 운전에서 발생하는 책임은 전적으로 운전자에게 있다고 강조하고 있다. 소비자들이 자율주행차를 타는 경우 AI에 의해 운전하는 것이므로 운전자에게 사고에 대한 책임이 없다고 생각한다면, 단순히 '자율주행 음주운전'에 있어서 해당 기업이 책임을 회피하기만 해서는 안 될 것이다. 사고 이후에도 기업과 소비자와의 관계는 지속되어야 하기 때문이

---

25) https://news.sbs.co.kr/news/endPage.do?news_id=N1005981139&plink=O RI&cooper=NAVER.

다. 자율주행 차량이기 때문에 AI 알고리즘 개발자의 문제인지 혹은 자율주행 자동차의 기능을 과장되게 광고하는 마케팅회사 및 마케팅 담당자의 책임인지 아니면 정말 운전자의 책임인지 그 책임 소재가 모호한 것은 사실이다. 하지만 해당 자동차를 판매하는 테슬라의 책임도 없다고 단정하기는 어려울 것이다. 혹시 법적으로 테슬라의 책임이 없다고 하더라도 고객들의 신뢰도 하락과 비난에서는 해당 브랜드가 자유롭지는 못할 것이다. 이러한 사태들이 소비자들의 집단행동으로 나타나는 것을 우리는 아주 많이 보아왔다. 이러한 상황이 발생했을 때, 이처럼 명확한 책임과 보상체계가 없다면 소비자의 불안과 두려움 등의 감정은 해당 제품에 대한 불신과 이탈로 이어질 것이다. 그러므로 무엇보다도 AI 마케팅 담당자들은 법적인 책임소재와 판단보다는 우선 소비자들에 대한 공감이 우선시 되어야 할 것이다. 그 다음으로 기업의 명확한 책임과 보상체계가 따라야 할 것이다.

앞으로 AI가 우리 생활 깊숙이 들어와 다양한 상황에 이용되고 급기야는 우리 스스로 AI의 존재를 인식하지 못할 정도로 익숙해진다면 AI가 내린 의학적 진단이나 법률적 판결을 의심 없이 받아들일 것이다. 하지만 이러한 상황에서도 우리는 여전히 그 결과에 대한 궁극적인 책임이 AI 알고리즘을 개발한 개발자나 혹은 그것을 이용하는 기업에게 있을 것이라 기대한다.

마케팅을 하는데 있어서 AI가 오류를 만들어냈을 때, 즉, 윤리적 문제를 일으켰을 때, 이것에 대해 책임지는 것은 마케팅 담당자 즉, 사람이어야 한다. 앞서 언급했듯이, 기계는 자유의지를 가지고 편견이나 비윤리적인 판단을 하지 않는다. 사실은 인간이 알고리즘을 만들고, 이를 통해 수집되고 분석되는 과정에서 투입된 빅데이터 중 편협하고 왜곡된 정보들이 비윤리적인 문제점들을 발생시키고, AI가 이를 지속적으로 학습하면서 문제점이 증폭되는 것이다.

이러한 문제는 언제든지 생길 수 있기 때문에 오히려 이러한 문제를 즉각적으로 해결해줄 수 있는 책임자 및 접수처가 있어야 할 것이다. 만약 AI를 이용한 마케팅활동 중 비윤리적 문제가 발생하여 사회적으로 큰 파장을 일으킨 후 뒤늦게 수습하는 것은 소 잃고 외양간 고치는 격이 될 것이다. 지금처럼 정보가 불특정 다수에게 실시간으로 확산되는 시대에는 이러한 부정적인 정보가 여과 없이 혹은 과장되어 퍼져 기업이 통제 불가능한 수준으로 확산되기 일쑤이다. 그러므로 AI로 인한 문제점이 발생하면, 기업은 그 문제를 접수하는 여러 채널들을 마련해두고 즉각적으로 처리하는 프로세스를 갖추고 있어야 한다. 이러한 장치들이 마련되어 있는 기업의 제품은 혹시 모를 AI 마케팅으로 인해 발생할 수 있는 윤리적 문제를 빠르게 해결하여 불만족한 고객의 마음을 만족으로 돌려놓을 기회를 얻게 될 것이다. 서비스마케팅 영역의 기존 연구에서는 이러한 서비스 회복 역설 현상이 자주 연구되어 왔다. 서비스 회복 역설(service recovery paradox)은 서비스 실패 후 기업에 의해 만족스럽게 회복된 고객들은 오히려 처음부터 서비스 실패를 경험한 적 없는 고객들보다 해당 서비스 기업의 서비스에 대해 더욱 만족하고 급기야 해당 기업에 대한 애호도가 높아져 호의적인 구전 활동에 적극적으로 참여하는 현상을 설명하는 용어이다. 즉, 고객의 불만족을 신속하게 처리해줄 경우 고객의 만족도가 오히려 더 높아질 수 있는 것이다.

5. AI 마케팅 담당자들과 기업의 윤리적 가치관 확립이 우선시 되어야 한다.

지금까지 크게 4가지 윤리적인 접근법을 논의해 보았다. 하지만 무엇보다도 중요한 것은 AI를 마케팅에 이용하는 마케팅 담당자들과 기업의 윤리적 가치관 확립일 것이다. AI에 대한 가장 생산적인 논쟁은 AI가 '비윤리적이다', '윤리적이다'를 판단하는 것이 아니라, AI를 다루는 사람, 즉 마케팅 담당자와 기업의 가치관이 윤리적이냐 아니냐를 검토해야 하는 것이다. 이유는 AI 알고리즘은 우리가 주는 데이터로 명령에 따라 작업을 시행할 뿐이기 때문이다. 그러므로 개발자와 마케팅 담당자가 처음부터 알고리즘에 과장·허위정보, 인종차별, 성차별 등을 고치는 방안을 마련해두지 않으면, 결국 AI는 기업의 수익만을 위해서 고객을 응대하거나 제품 및 서비스를 추천할때, 점점 더 편견과 차별을 가지게 되고 결국 과장 및 허위 광고를 서슴지 않게 될 것이다.

결과적으로, 마케팅 담당자와 AI 알고리즘 개발자 등 기업의 AI 마케팅 관계자들의 어떤 주관적인 선입견 및 편견이 AI 알고리즘에 반영되어 AI가 내놓은 그 마케팅 결과물이 편견으로 인해 비윤리적이고 옳지 못한 판단으로 연결되는 것을 주의해야 한다. 즉, AI가 직접 알고리즘의 연산 작업에 사회적 불평등과 비윤리적인 편견이 포함되는 것을 감지하고 골라내지 못하기 때문에 개발자와 마케팅 담당자가 윤리적 원칙과 기준을 확립하여 알고리즘에 반영해야만 한다. 그러므로 AI를 이용한 마케팅활동에도 역시 인간의 가치관 및 윤리적 원칙이 중요하다고 강조할 수 있다.

이를 위해 관련된 사람들은 항상 AI의 마케팅 적용에 대한 윤리적 접근법을 논의해야 한다. 효과적이고 올바른 방향으로의 논의를 위해서 오랜 경험의 마케팅 담당자들만의 모임이 되어서는 안 될 것이다. 보다 넓은 시각과 여러 차원에서의 윤리적 접근을 위해 기존의 마케팅 팀 위주의 접근 방식 자체가 바뀌어야 한다. 예를 들어, 철학자, 기술자, 데이터 엔지니어, 마케팅 담당자, 프로그래머가 함께 AI 마케팅에 대한 윤리적 접근 방향성 논의함으로써 다양한 시각에서 지속가능한 AI 마케팅의 발전을 도모하여 해당 산업을 발전시키게 되는 것이다. 이미 마이크로 소프트, 애플, 페이스북 등 유명한 글로벌 대기업들은 이미 그들의 프로젝트에 대한 윤리적 평가를 위한 과정을 개발하기 위해 철학자와 인문학자들을 모집하고 그들에게 컨설팅을 받고 있다.

지금까지 우리는 9장에서 마케팅의 개념과 관리 철학으로부터 시작하여 변화된 마케팅 환경 하에서 AI 마케팅을 어떻게 이해해야 하는지에 대해서 논의해 보았다. 또한 10장에서는 마케팅이 AI를 이용하면서 발생할 수 있는 윤리적 이슈와 AI 마케팅의 윤리적 접근방향을 제시해 보았다. 결론적으로 여기서 말하고자 하는 것은 마케팅 담당자로서 AI 마케팅의 윤리적 이슈 때문에 AI를 마케팅에 이용하는 것에 있어서 두려워하지 말았으면 한다는 것이다. 오히려 AI 마케팅의 윤리적인 이용이 고객 개개인이 진정으로 원하는 것을 파악하고 만족을 극대화시켜줄 수 있는 좋은 방법이 될 수 있다는 것을 잊지 말아야 할 것이다.

참고문헌

Armstrong, G., Adam, S., Denize, S., & Kotler, P. (2014). Principles of marketing. Pearson Australia.

Kotler, P., Kartajaya, H., & Setiawan, I. (2016). Marketing 4.0: Moving from traditional to digital. John Wiley & Sons.

김성영, 임채운, 이진용 옮김 (2013). 「핵심마케팅」, 서울: 생능출판사. (Kerin, R. A., Hartley, S. W., & Rudelius, W., 2007, Marketing: the core. Irwin, OH: McGraw Hill).

김현정 옮김 (2018). 「인공지능 마케팅」, 서울: 한빛미디어. (Sterne, J., 2017, Artificial intelligence for marketing: practical applications. John Wiley & Sons).

이지연 옮김 (2017). 「인문학 이펙트」, 서울: 마일스톤. (Hartley, S., 2018, The fuzzy and the techie: Why the liberal arts will rule the digital world. Penguin Random House India Private Limited).

임홍택 (2018). 「90년생이 온다」, 서울: 웨일북(whalebooks).

최윤희 옮김 (2018). 「히트 리프레시」, 서울: 흐름출판. (Nadella, S., 2018, Hit refresh. Bentang Pustaka).

색 인

[저자 소개]

정찬호

한밭대학교 전기공학과 부교수이다. 2004년 및 2006년에 서강대학교 전자공학과에서 학사 및 석사 학위를 각각 취득하였다. 2006년부터 2008년까지 LG전자에서 시스템반도체에 대해 연구 개발하였다. 2013년에 카이스트 전기 및 전자공학과에서 박사 학위를 취득하였다. 2013년부터 2016년까지 한국전자통신연구원에서 선임연구원으로서 근무하였다. 2016년 9월부터 한밭대학교에서 재직중이다. 석사학위 과정부터 현재까지 영상처리, 컴퓨터비전, 패턴인식 등에 대해 연구 중이다. Email: peterjung@hanbat.ac.kr

김효은

과학철학자, 실험철학자로 한밭대학교 인문교양학부 교수이다. 센루이스 소재 워싱턴대학교의 철학-신경과학-심리학 프로그램(PNP, Philosophy-Neuroscience-Psychology program) 과정에서 인지과학 석사, 이화여자대학교에서 의식 연구로 박사를 취득했고 뉴욕대 철학과와 듀크대 윤리연구소에서 객원학자, 고등과학원 초학제연구단 주니어펠로를 지냈다. 의식, 신경과학철학, 지각에 대한 논문들이 있으며 도덕판단의 본성에 대해 연구하고 있다. IEEE 인공지능윤리위원회 혼합현실분과 작성위원, 로봇산업진흥원 로봇윤리 가이드라인 공동저술을 했으며, 한국인지과학회 이사, 한국과학철학회 연구위원이다.
E-mail: hyoekim26@gmail.com

김창화

국립 한밭대학교 공공행정학과 부교수이다. 미국에서 지식재산법을 전공하였으며, 특허, 디자인, 상표, 저작권 등 지식재산 분야를 연구하였다. 그리고 한국지식재산학회, 한국저작권법학회, 지식재산경상학회, 산업보안학회 임원이고, 변리사시험 출제위원 등을 역임한 바 있다. 최근에는 온라인상 개인정보 처리 고지제도 개선방안, 전자문서 활성화를 위한 법제도 개선방안, 데이터 거래 가이드라인 및 표준계약서 개발, 콘텐츠 이용자 보호지침의 개정, 가상현실게임 법제도 마련을 위한 연구 등 신기술 분야로 연구영역을 확대하고 있다. E-mail: patzzang@hanbat.ac.kr

이성호

한밭대학교 융합경영학과 조교수이다. 고려대학교에서 경영학, 독문학 학사, 한양대학교에서 경영학 석사, 박사 학위를 취득하였고, 데이터를 기반으로 시장과 소비자의 트랜드를 파악하여 마케팅에 적용 가능한 연구를 진행하고 있다. 특히 최근 사회적으로 관심이 증가된 빅데이터를 이용하여 기존 마케팅 영역에 접목하는 시도를 진행하고 있다. 주요관심 연구영역은 유통 분야의 소매점 자산, 소매점 선택모형 등과 소비자행동 분야의 브랜드 팬십, 그리고 B2B영역의 서비스 품질 등이며, 현재까지 마케팅 분야에서 35편의 SSCI와 KCI 논문을 발표하며 활발한 연구 성과를 내고 있다.
E-mail: lsh33@hanbat.ac.kr

인공지능윤리 : 다원적 접근

초판발행	2021년 2월 10일
중판발행	2024년 7월 20일
지은이	인공지능과 가치 연구회
펴낸이	안종만·안상준
편 집	최문용
기획/마케팅	정연환
표지디자인	BEN STORY
제 작	고철민·김원표

펴낸곳   (주) **박영사**
서울특별시 금천구 가산디지털2로 53, 210호(가산동, 한라시그마밸리)
등록 1959. 3. 11. 제300-1959-1호(倫)

전 화	02)733-6771
f a x	02)736-4818
e-mail	pys@pybook.co.kr
homepage	www.pybook.co.kr
ISBN	979-11-303-3769-2 93360

정 가   14,000원